# 無頭之境，解壓之地
## 超越底線

D.E. 哈丁

作者：D. E. 哈丁
譯者：王雙禹
編輯：Tina Wang
出版：The Shollond Trust
87B Cazenove Road, London N166BB, UK
UK charity 1059551
headexchange@gn.apc.org
www.headless.org
ISBN: 978-1-914316-61-6

# 目錄 CONTENTS

## 第一部分　基本原則
第一章　你的角色和我的角色⋯⋯⋯⋯⋯⋯⋯⋯⋯⋯⋯⋯⋯⋯⋯⋯02
第二章　基礎⋯⋯⋯⋯⋯⋯⋯⋯⋯⋯⋯⋯⋯⋯⋯⋯⋯⋯⋯⋯⋯⋯05
第三章　應對壓力的急救措施 直面問題⋯⋯⋯⋯⋯⋯⋯⋯⋯⋯⋯15

## 第二部分　原則應用於日常生活
第四章　眼睛的壓力 眼睛的問題⋯⋯⋯⋯⋯⋯⋯⋯⋯⋯⋯⋯⋯⋯23
第五章　面部壓力 你的本來面目⋯⋯⋯⋯⋯⋯⋯⋯⋯⋯⋯⋯⋯⋯29
第六章　身體的壓力 具身化⋯⋯⋯⋯⋯⋯⋯⋯⋯⋯⋯⋯⋯⋯⋯⋯39
第七章　人際與社會關係的壓力⋯⋯⋯⋯⋯⋯⋯⋯⋯⋯⋯⋯⋯⋯⋯61
第八章　現代生活的壓力與節奏 四處奔忙⋯⋯⋯⋯⋯⋯⋯⋯⋯⋯76
第九章　無壓力致富 賺大錢⋯⋯⋯⋯⋯⋯⋯⋯⋯⋯⋯⋯⋯⋯⋯⋯95
第十章　如何得到你心之所願 得到你想要的東西⋯⋯⋯⋯⋯⋯⋯112
第十一章　壓力與人類困境 迫在眉睫的災難之壓⋯⋯⋯⋯⋯⋯⋯129
第十二章　超越壓力世界⋯⋯⋯⋯⋯⋯⋯⋯⋯⋯⋯⋯⋯⋯⋯⋯⋯145

## 第三部分　壓力與人生階段
第十三章　童年與青少年期 女巫及其七重咒語⋯⋯⋯⋯⋯⋯⋯⋯155
第十四章　成年階段⋯⋯⋯⋯⋯⋯⋯⋯⋯⋯⋯⋯⋯⋯⋯⋯⋯⋯⋯174
第十五章　老年⋯⋯⋯⋯⋯⋯⋯⋯⋯⋯⋯⋯⋯⋯⋯⋯⋯⋯⋯⋯⋯282
第十六章　死亡⋯⋯⋯⋯⋯⋯⋯⋯⋯⋯⋯⋯⋯⋯⋯⋯⋯⋯⋯⋯⋯290
第十七章　彼岸⋯⋯⋯⋯⋯⋯⋯⋯⋯⋯⋯⋯⋯⋯⋯⋯⋯⋯⋯⋯⋯309

## 第四部分　實踐方法
第十八章　實踐方法 兩種實踐途徑 ……………………………331

## 附錄 王子、蝌蚪與青蛙
《王子、蝌蚪與青蛙》關於自然孩童、攝魂父母、著魔孩童與破咒成人的探究 ……………………………………………………………339

# 實驗目錄

1. 指向
2. 手指按壓
3. 消失的壓力
4. 眼鏡
5. 你的兩張臉
6. 特殊內部信息
7. 一般內部信息
8. 向下、向內和穿過
9. 體內體驗?
10. 在袋子裡
11. 什麼在動?
12. 第三人稱圍繞第一人稱的軌道運行
13. 運動構建
14. 手中的現金
15. 距離不是問題
16. 選擇你的"所是"
17. 試戴安全帽，第一部分
18. 試戴安全帽，第二部分
19. 內外合一的世界
20. 再次在證據面前鞠躬
21. 孤獨之井
22. 再次向證據致敬
23. 世界的面貌
24. 360°視野

# 前言

*Dear Reader,* （親愛的讀者）

這是一本極度開放的書。這本書從一開始就直截了當地表達了它的觀點：即使你在第一次閱讀時半途而廢，你也能領會到要點，並不會錯過任何重要內容。事實上，只需看封面就能瞭解書的主旨。

這本書就像一個游泳池，你可以在淺水區盡情玩耍，或深入到腰部遊幾下，或進一步深入強力游泳，甚至到深水區潛水或從最高的跳板跳入水中，而不會觸底。但水的水療效果從頭到尾、從上到下都是一樣的。所以，如果你一開始只在淺水區感到快樂，不要擔心：在適合你的時間內留在那裏，然後再深入。

你或會問：既然開篇已闡明一切，為何還要續寫終章，讀者又何必卒讀？只因後續章節關乎如何實踐並活用前文發現。本書宣導的抗壓方法至簡至易，絕不會出錯，且其效果深入肌理，療愈即刻開啟；但持之以恆卻非易事。請量力而行，須知壓力生活刻印的舊習不會一夜消除。尚有功課待完成——這恰是我所知最令人愉悅之事——但卻至關重要。

正因如此我必須補充：若你在閱讀中途停滯——譬如讀完第二部後——請勿跳過書末第四部關於日常實踐的內容。遵循其中方法，你將能從容回溯並攻克第三部。

*Douglas Harding*
*NACTON*
*Suffolk*
*England*

（道格拉斯・哈丁，於 Nacton Suffolk, 英國）

# 第一部分　基本原則

如果你想找到什麼東西，沒有什麼比"看"更重要的了。
　　　　——J.R.R. 托爾金（索林在《霍比特人》中說）
　　（J. R. R. Tolkien (Thorin speaking, The Hobbit)）

無知者拒絕他們所見，但不拒絕他們所想。智者拒絕他們所想，但不拒絕他們所見。
　　　　——黃檗禪師（Huang-po）

像小孩子一樣坐在事實面前，準備放棄每一個先入之見；謙卑地跟隨自然引導你到任何深淵，否則你將一無所獲。
　　　　——赫胥黎（T. H. Huxley）

事物對我們最重要的方面因為其簡單和熟悉而被隱藏起來。
　　　　——路德維希·維根斯坦（Ludwig Wittgenstein）

# 第一章　你的角色和我的角色

很久以前，運輸的秘密被證明是所有發明中最簡單的——輪子。後來，數學的秘密被證明是所有想法中最簡單的——零。同樣地，無壓力生活的秘密被證明是所有經驗中最簡單的——簡單地指出，簡單地獲得，簡單地分享，簡單地更新。正如在接下來的幾頁中，你將親自發現的那樣。

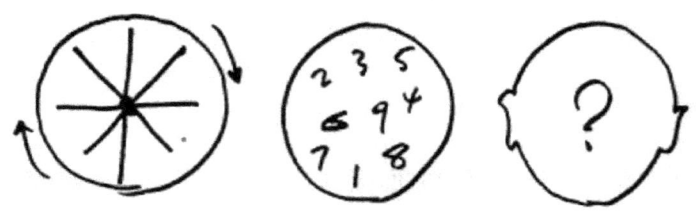

你的任務是遵守三條規則：

第一條是你要進行測試，我將要求你做一些簡單的實驗。如果你只是閱讀它們，什麼也不會發生，你將浪費時間。

第二條是你要根據自己的發現行事，認真對待實驗結果。這意味著至少在每次測試期間，忽略你從小被灌輸的信念，親自去觀察。這意味著從頭開始，相信自己的發現。這意味著要準備好發現你比你曾經夢想的更幸運。我會告訴你如何進行實驗。但這些實驗都是關於你的，而你是自己最終的權威。只要按照我的要求去做，鼓起勇氣，對自己敞開心扉，你就不會出錯。

第三個規則是你要實現你的收益，並加以利用。這意味著要利用你從一開始就擁有的抗壓資本。如果你們只是讓它躺在銀行裡，不願"開支票"，你們將繼續過著貧窮的生活——而且因為內心深處知道自己的貧窮是自找的，所以壓力更大。用通俗的話說，利用你的發現，對自己好一點。

請儘量遵守這三條規則。至於我，我將向你展示一種減壓的方法，這種方法有五個特點：

學習不需要時間。

你立刻就能看到該做什麼，以及如何去做。

你不會做錯。

切換到無壓力狀態是瞬間的。

之後，如果你認為自己失去了訣竅，那你錯了。是它失去了你：你的注意力被轉移了。

擺脫壓力——多麼美好的前景！但甚至在我們開始這項工作之前，這就提出了一個問題："如果沒有壓力的生活意味著沒有問題、完全和平的存在——這是我真正想要的嗎？我不會因為沒有任何東西來挑戰我而感到無聊（或無精打采）嗎？事實上，我會不會只是把我現在麻煩生活的壓力，換成了更糟糕的單調和無聊的壓力？"

這本書解決了我們一方面渴望和平生活，另一方面又渴望興奮和冒險之間的矛盾。除了它主要保證即時進入無壓力之地外，還保證你不會錯過壓力之地的任何挑戰、刺激和跌宕起伏。

　　這一切聽起來是不是難以置信，太美好以至於不真實，至今只是模糊的概述？我同意。所以讓我們馬上開始正事，你就會明白我的意思。

# 第二章 基礎

## 無物，無壓力

壓力是施加在物體上的一系列力，以及它對這些力的反應。例如，這本書到處都被大氣壓迫，在某些地方被你的手指壓迫。它還被重力向下拉。它處於壓力之下。

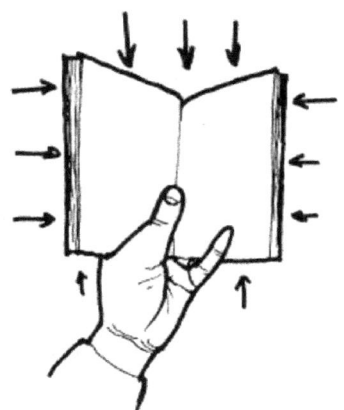

地球上的每一件事物都處於壓力之下。這包括液體和氣體，不亞於固體。我們呼吸的空氣和我們飲用的水都承受著巨大的壓力。外太空的事物也無法免除。事實是，構成宇宙的每一個物體都不斷地受到每一個其他物體的影響：仿佛每個物體都以充當其他物體的陪練為生。所有這些都被困在一個巨大的蜘蛛網中，無法逃脫。

那麼，你有什麼希望能擺脫呢？為什麼，你能夠坐直閱讀這本書，而不是癱成一堆，唯一的原因是你肌肉在用力拉扯你的骨頭。有兩條逃脫路線向你敞開。第一條是變得如此之小，如此空虛，如此排他，以至於你沒有任何東西，沒有任何可以被觸及的東西，沒有任何可以作用或反應的東西。第二條與此相反。它是變得如此之大，如此充實，如此包容，以至於在你之外沒有任何東西可以觸及你，沒有任何東西可以給你施加壓力或影響你，完全沒有任何東西讓你去反應。

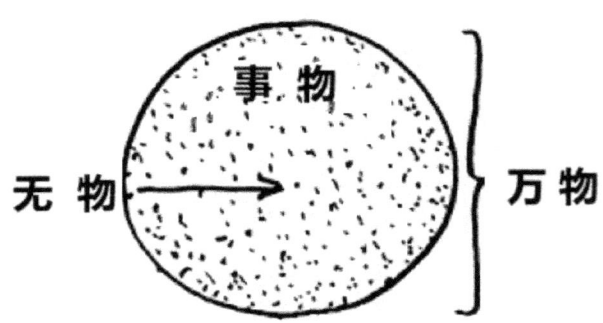

讓我們換一種說法。特定的東西會受到壓力。如果你是"無物"，你就將無壓力。相反，如果你是"萬物"，你也將再次無壓力。而且，如果，出於極大的幸運，你兩者兼備——如果你同時是無物和萬物——那麼你將雙重無壓力，無疑地自由。這樣，你將避免成為那些不幸的中間事物——那些既不夠空也不夠滿以至於無法擺脫壓力的東西。你將避免落入完全空虛和完全充實這兩者之間的兩難境地，而是同時穩坐在這兩張凳子上。作為無物和萬物，你將安然無恙。你將既安全又舒適。你已經達到了我們的目標。你已經確立了在承諾的無壓力之地，無論你需要多長時間來感到賓至如歸並適應環境。

好吧，我說你已經坐得很穩了，你有這樣的好運！

不：我不是要求你相信這些話中的任何一個字，只是讓你對這種可能性敞開心扉，即你如此幸運。我的任務是設置測試，讓你自己對這個最重要的問題做出判斷。你的任務是根據這些實驗向你展示的內容來行動。

## 距離造就了你

自從你在人類舞臺上出現以來，那個舞臺就一直在向你轟炸這樣的信息：你是固體的、不透明的、有顏色的和有形狀的：這意味著你是某物，這意味著你會受到壓力。

當然，這就是人們看到你的方式。當然，他們從他們的位置來看是對的——從那邊。而你也應該接受他們的觀點，並利用你的想像力，"看到"他們如何看到你——比如從兩米遠的地方。但故事還沒有結束。從更遠的距離來看，比如200米遠，你看起來完全不同：你成了風景中的一個斑點。同樣，通過顯微鏡從更近的距離來看，比如一釐米遠，你又是另一種風景中的另一種斑點。這些對你的看法——近、中、遠——只是你的無數外觀中的

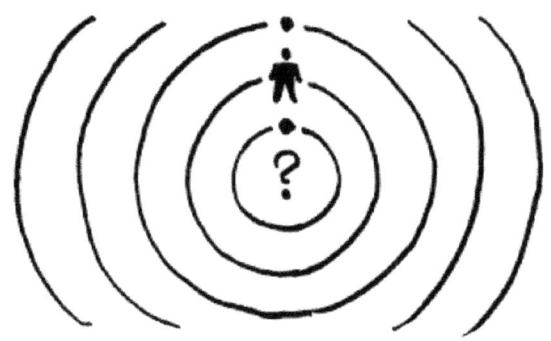

三種，這些外觀在數量和種類上都是無限的。它們都屬你——所有這些，而不僅僅是精心挑選的一些中距離的、作為人類的你。

但有一個關於你的觀點非常特別。那就是你如何看待自己，這一次不是通過想像，而是實際在零英寸的距離上，就在你所在的地方。這不是另一個從不同觀察點看到的你的無數局部形象之一。它是這些形象的本質。它是產生所有這些形象的核心現實。這是你的內在故事，僅向你揭示。它不是你的外貌。它是你本身。

它獨一無二，與你曾經遇到的任何事物完全不同。不要相信我的話。自己去看。

這帶我們進入第一個實驗。

請記住，除非你真正進行這個實驗以及其他實驗，否則繼續下去是沒有意義的。無論多麼簡短，都要放下記憶、想像和信念，而依據當下的證據，依據現在展現出來的東西。保持足夠的謙遜去觀察，並認真對待你所發現的。假定在你開始圍繞著它思考、從中抽身而出的思考，或者在你給它疊加各種想法之前，所呈現出來有一些重要的東西要告訴你。

## 實驗1：指向

指向前方的牆壁……看看它是多麼堅實和不透明……

現在慢慢地將你的手指向下，直到它指向地板……你仍然在指向某個東西，一個表面……

第二章 基础

接下來,將你的手轉過來,指向你的腳……你的腿……你的軀幹……你的胸部……這些也都是某些東西,也都是表面……

最後,指向你胸部以上的地方……你的脖子……你的臉……你的眼睛……或者更確切地說,指向人們告訴你那些東西所在的地方……

**你現在指向的不是任何表面,是完全的無物……**

檢查它是否沒有特徵……沒有顏色……透明……無邊無際……繼續指向,凝視這片空無……看這片空無有多寬……有多深……有多高……這是你那指向內側的手指所對應的"無物"……

然後看到,正因為它的空無一切,它也為一切而空。看到它充滿了整個多彩且變化的場景——天花板、牆壁、窗戶以及窗外的景色、地板、那些腿、那個軀幹,還有那根指向的手指本身。看到你所是的"無物"正是所有展現出來的萬物。

你曾經是除了這個"無物/萬物"、這個無壓力的排他性與無壓力的包容性的完美結合之外的其他東西嗎?此刻,你可以看到你的內在沒有任何東西,在那根指向的手指的你的這一側,你沒有任何屬自己的東西可以被壓迫，沒有任何東西可以被觸及。同樣，你可以看到這個"無物"，你的這片空無，向上、向側面、向下都沒有界限，沒有任何邊界之外潛伏的外來者可以對你施加壓力。基於這兩點，你永遠擺脫了壓力，因為你——真正的你，那個無物／萬物的你——從來都無法被壓力所影響。

恭喜你！

現在，我將請你體驗那些中間的、特定的東西中的壓力樣本，同時體驗你從那種壓力中解脫的自由。

## 實驗2：手指按壓

伸出手，用力將食指壓在拇指上。

留意壓力在哪裡，根據當前的證據——即在那些事物中。留意沒有壓力的地方——即作為無物的你，接受那些事物，連同它們的形狀、顏色和不透明度。注意你是如何不受手中壓力的影響，就像你不受手的形狀、顏色或不透明度的影響一樣。作為對所有事物及其特質和壓力的空無，你無法不與這一切不同。這是你的本質，保持不受影響，如同你的電視屏幕不受屏幕上肆虐的

## 第二章 基础

謀殺、槍擊和燃燒的玷污和傷害，毫無壓力。就像你的鏡子，忠實而無選擇地映照一切，卻始終純淨無瑕。

在接下來的章節中，我們將把這一基本發現應用於生活中的問題，探索如何在那些至今仍被認為充滿壓力和痛苦的領域中具體運用它。我們將探討有意識地成為"無物／萬物"是多麼重要和實際，以及僅僅成為介於這兩者之間的無數事物之一是多麼不切實際（也不真實）。在這個探索過程中，你已經產生的疑問和反對意見將得到回應，不是通過討論，而是通過進一步的實驗。

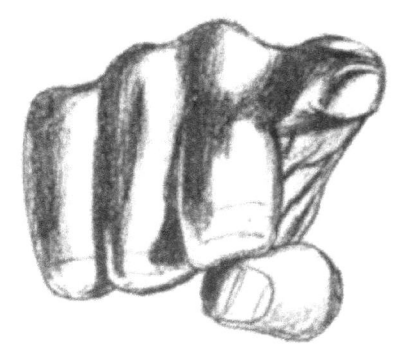

與此同時，每當你懷疑自己本質上是否能免於事物所遭受的一切痛苦時，只需留意你宇宙中那個沒有佔據者的地方，那個不受事物影響、因此也不受壓力影響的地方。不要再忽視這個被嚴重忽略的點，你生命的中心點，一旦審視，它會立即擴展成整個宇宙，一切都會變得清晰。

## 三個案例

為了說明本章的發現如何在實踐中應用，讓我們通過三個真實的案例來結束這一章。第一個人是一位法國人，他因為太過徹底地把自己當成某種東西，緊張而笨拙，甚至到了可笑的地步：或者更糟，簡直是個行走的災難。從某種意義上說，他根本不是一個真實的人，而是一個活生生的謊言。第二個是一位加拿大女孩，她從自己的"無物"真相中生活，優雅而自在——可以說是行走的愉悅。第三個是一位美國人，他發現自己所在之處正是那不可壓迫的"無物"，結果成為美國較為令人欽佩的總統之一。

讓-保羅·薩特（Jean-Paul Sartre），這位著名的法國作家，正坐在一家咖啡館裡，著迷於觀察一名服務員的行為。

他的動作敏捷而前傾，略顯過於精准，略顯過於迅速。他邁著稍快的步伐走向顧客，身體前傾得略顯過於熱切；他的聲音、眼神，對顧客點單表現出的關注略顯過於殷勤。最後，他返回時，試圖在步伐中模仿某種自動機器的僵硬，同時端著托盤，帶著走鋼絲的人的那種勇闖勁兒……他的所有行為在我們看來都像一場遊戲。他專注於讓自己的動作像機械般連貫；他讓自己展現出迅捷和不帶情感的速度……他在扮演咖啡館的服務員。

讓我們繼續這個故事。如果他不再扮演咖啡館的服務員，而是看到在自己當下的體驗中，他就是咖啡館本身，包含那裡發生的一切（包括他那些自行其是的四肢），那麼，這個虛假而低效的服務員就會變成截然相反的人。如果他不再假裝自己是某種東西，而是放下這種偽裝，成為"無物"：如果他為自己做真實的自己，那麼在別人眼中，他就會成為巴黎最好的服務員之一，而不是最差的。忠於自己的真實，他對任何人來說都不會顯得虛假。

他會像我們的第二個案例——凱倫，一位加拿大女孩，她在九歲時寫下了這首小詩：

你是否曾覺得自己什麼也不是——

只是空氣中的一粒微塵——

周圍都是人，

而你卻彷彿不在那裡？

凱倫擁有純真和勇氣去相信自己的體驗。她原本可能繼承老一輩的傳統，變成一個在滿是大人的房間裡緊張而害羞的小東西。幸福而幸運的凱倫！如今她已成年，我希望她並未完全失去那種至高無上的藝術：消失於無形，放鬆成為一個對她自己而言的"無物"，簡言之，成為一個真實的人——即一個讓別人去關心她外表如何，而她自己則專注於她是什麼的人——那就是，對他人而言不可壓迫的容器。

我們的第三個例子是伍德羅·威爾遜（Woodrow Wilson），美國第 28 任總統。他寫道：

作為好看的人我並非明星——

還有遠比我英俊的人——

但我的臉：我並不介意，

因為我在它後面，

前面的人才會受刺激！

　　並非偶然，這個寫出如此智慧打油詩的人，能夠如此勇敢而富有創造性地應對工作中的壓力。他找到了一條通往總統形象及其緊張表像後無壓力區的道路。結果對他周圍的人來說（我們可以肯定），並不像他玩笑中所說的那樣令人受到刺激。。

# 第三章　應對壓力的急救措施

## 直面問題

　　生活總有辦法讓我們動搖，讓我們偏離中心，措手不及。一些意想不到且令人不安的事情發生，我們就會遭受劇烈的壓力侵襲。可能是房屋維修賬單高達我們預期的三倍，或是朋友不經意間說出的一句刻薄話，或是親人的去世。但我們也可能在沒有明顯原因的情況下感受到壓力。或許我們感到緊張、壓抑、沮喪、被貶低或內心撕裂，卻完全不知道為什麼。這種無從解釋的壓力可能表現為頭痛，或身體任何部位的不適。

　　在這些時候，我們需要急救措施。本章討論的是此類緊急措施，需在必要時不時採取，以補充我們主要關注的持續性抗壓基本方法。

　　如同所有急救措施一樣，首要且顯而易見的做法是盡可能去除問題的原因。例如，你可以質疑那張高額的房屋維修賬單，與施工方詳細核查，希望能"消除"那些經不起推敲的項目。再比如，與其回避那個傷害你的朋友，你可以主動接近他，或許會發現他那句傷人的話其實並無惡意。正是因為你退縮，才將小事化大。至於你那位去世的親人，或許哀悼的時期已經過去，你已準備好意識到，儘管他短暫的人世形象已不在，他的真實本質依然觸手可及。你們倆都是"無物"的這個覺知是永恆的，在看到你是這個"無物"時，你或許比以往任何時候都更靠近他。實際上，在那個喪親之痛及其壓力永遠無法滲透的地方，你就是他。

我們的煩惱、壓力和痛苦，在驚人的程度上，都是因為我們與之保持距離，甚至逃避它們的結果。當我們直面它們時，它們就像海市蜃樓一樣消失了。這一應對壓力的急救措施的初步步驟，確立了整個治療的方向。本書貫穿始終的規則是相同的：靠近問題，深入其中。通往自由的道路是向下、向內、穿越其中，而不是向上、向外、逃離。

此刻，你可能並未遭受劇烈的壓力。但你可以輕易找到一些潛伏的身體緊張感，來嘗試我們的急救措施。現在請花一分鐘左右，定位一個壓力區域——無論多麼輕微——某個感覺過於緊繃、過於明顯、酸痛或實際疼痛的部位……可能在你的脖子……嘴或眼睛周圍的區域……或者身體的任何地方……

好的，你已經選定了你的壓力區域。請在接下來的實驗中堅持關注它。最重要的是，慢慢來，仔細根據當前的證據回答每個問題，然後再進入下一個問題。要成功，你需要至少花五分鐘來進行：

## 實驗3：消失的壓力

根據當前的證據，你現在在房間的哪個具體位置找到這個緊張區域……？它離地面有多高……？離天花板有多遠……？離前方的那堵牆有多遠……？

它是一個整體，還是分成兩部分……？或者更多……？

它有多大……？試著確定它的邊界……向兩側……向上……向下……

它的形狀是什麼……？方形……？圓形……？透鏡狀……？

它是什麼顏色，如果有顏色的話……？粉紅色……？灰色……？

它是固定的……？還是在移動……？

它在脈動……？還是完全穩定……？

如果你認真進行了這個實驗，並花了幾分鐘時間，你可能會發現越來越難以找到任何需要關注的壓力。很可能它已經完全消失了，至少在這一刻。

當然，在"消除"了這種緊張或疼痛之後，你可能會通過思考它而輕易地讓它"重新出現"，這意味著你又在退避。要讓問題消失，你必須與它合而為一。

事實是，身體的緊張無法承受真正近距離的審視——只要給予足夠的時間和注意力。這是因為它們是你身體的屬性，而身體（如同其他一切事物）在被覺察時會消失。正是距離讓你和你的壓力成為"某種東西"，而消除這種距離則讓你和它們成為"無物"。

不要讓生活一再讓你措手不及、偏離中心、茫然失措。只要回歸家園，只要成為你本就有的"無物"，一切都會被照料好。就像颶風中心有平靜一樣，在生活的風暴中心也有壓力的解脫——那是你永久的居所。效仿那只通過鑽進龜殼逃離饑餓烏龜的甲蟲吧。直面危險的焦點就足以讓它消散。

在我很小的時候，我的父親有一種神奇的方法能"讓疼痛消失"。有一個場合至今記憶猶新。我摔倒了，腿上受了傷。他拿出一枚便士（一種老式的、大的英國便士）貼在我的瘀青上。魔法生效了。我專注於讓我哭泣的原因——然後失去了它。正如我父親承諾的那樣，疼痛確實從我身上消失了，因為我不再逃避它。

這一切同樣適用於精神壓力和負面情緒。它們也因回避、因距離而滋長。著名的壓力專家漢斯·塞利（Hans Selye）博士寫道："眾所周知，僅僅瞭解傷害你的東西是什麼，就具有內在的治癒價值。"你感到受傷、悲傷、憤怒或擔憂？沒關係，就接受這樣的狀態！不要回避傷害或假裝它不存在。它就在那裡。深入地感受它。真正去瞭解它是什麼樣的。然後發現當它不再是"那裡"，而是"這裡"時，會發生什麼。

## 急救措施與長期治療

因此，我們發現，應對壓力的急救措施本質上與我們的基本和長期治療相同（讓我們再次提醒自己，長期治療是停止忽視我們本就依存的無壓力中心）。區別不在於藥方的配方，而在於其應用方式。長期治療可以（也應該）貫穿於我們的日常活動中。因此，它遠不會妨礙你照料烹飪和嬰兒、口述複雜的信件、安全駕駛或主持會議，反而可以幫助這些工作順利進行。但急救措施則不然。直面並"消除"你的頭痛需要時間和專注於此的注意力，這會耽誤家裡、辦公室或其他任何地方的工作。在某些場合甚至可能是危險的。你需要根據情況酌情應用這兩種壓力治療方式——一種是每天、最終全天持續進行；另一種則用於緊急情況和特定的問題點，需謹慎使用。

我必須補充一句警告：我們的壓力急救措施與普通的急救不同，因為其結果難以或無法預測。其原則——我們靠近的事物就會消失——沒有例外。然而，這一原則的應用，尤其是我們專注的程度和持續時間，則是另一回事。我們有充分的理由全力嘗試這種治療，但沒有理由認為它是萬無一失或一定能在我們期望的層面上取得效果。它可能創造奇跡，但也可能看似完全無效。

好消息是，我們的急救措施不僅僅是單純的急救，或僅僅是應對危機的權宜之計。它還能強化長期治療。心理學家和經驗告訴我們，伴隨巨大壓力時刻的環境會對我們產生深刻的影響。我記得大約七歲時，有一次在鎮上被一隻兇猛的狗追趕。逃避麻煩當然只會招來麻煩：我本該勇敢面對。我清楚地記得那個場景，圍觀的人群和飛馳而過的房屋——這一切都因那一刻我極度的壓力和痛苦而被終身銘記。

你可以積極利用這一原則。通過將歡迎壓力事件視為返回無壓力家園的緊急警告，你可以在不適與其緩解之間、在你的壓力與你那不可壓迫的核心之間建立有益的聯繫。在一切順利時"去除物化"的自己是養成良好習慣的練習。但在一切糟糕時"去除物化"的自己則更好。那一刻的回歸會留下更深刻的印象，未來的生活也因此更不容易讓你措手不及或懈怠。

# 第二部分　原則應用於日常生活

　　人們離開了自己的國家、父母、家庭、親戚和家族，從印度到信德，穿著鐵靴直到磨破，只為尋找一個帶有彼岸世界芬芳的人。多少人因未能遇見這樣的人而悲痛而死。而你，在自己的家中已遇見這樣的人，卻背對他而去。

——魯米（Rumi）

　　對自我的遺忘是一切痛苦的根源。

——拉瑪那・馬哈希（Ramana Maharshi）

　　我們的大多數緊張和挫折，源於強迫性地扮演一個我們並非之人的角色。

——漢斯・塞利博士，《生活的壓力》

（Dr Hans Selye, The Stress of Life）

**第二部分**討論的是在壓力出現時對其進行的日常處理。

我們將從眼睛、面部和整個身體的壓力開始，逐步擴展到與他人的關係，以及對整個世界的態度。貫穿每一層次的仍是"向下－向內－穿越"的原則，但我們會發現其應用方式變化多端，帶給我們許多驚喜。

# 第四章　眼睛的壓力

## 眼睛的問題

每個人都會時不時地感受到不必要的肌肉緊張。這些緊張在你的脖子和臉上尤為明顯，特別是在你的眼睛周圍。它們對你有害。

芝加哥大學的埃德蒙・傑克遜（Dr Edmund Jackson）博士聲稱，如果你能放鬆眼睛的肌肉，你就可以忘卻所有煩惱！他估計，眼睛周圍的緊張可能消耗你身體神經能量的四分之一。受到這些說法的鼓舞和警示（儘管不必完全信以為真），我們將在本章中探討如何應對眼部緊張及其對我們生活的損害。

## 開啟你的第三隻眼

有一種古老且備受推崇的體驗，在東方比西方更為人知，稱為"開啟第三眼"。根據東方圖像學的描述，這一神秘器官位於雙眼之間，略高於它們。

許多人認為，開啟你的單一或第三眼只是比喻性的，與其說是一種你用以觀察的改變，不如說是一種你所觀察內容的改變。他們說，這意味著你因某種原因突然擁有了一種開悟的、神聖的或統一的生命觀。少數人過於字面理解這一信息，甚至（信不信由你！）在他們的額頭上鑽了洞。但也有人宣稱，從一個中央之眼看世界的體驗完全不是比喻，而是真實無比的，並且它掌握著我們幸福的秘密。一位靠近東方的老師將擁有一隻單一之眼與享受充滿光明的身體以及進入生命聯繫起來；而將擁有兩隻眼睛與進入地獄聯繫起來。而"地獄"，我們可以理解為壓力的國度。

一個世紀前的著名印度聖人拉瑪克裡斯納（Ramakrishna）的人生轉折點，是一位游方聖人走近他，用一塊玻璃碎片刺入他雙眼之間的位置，並告訴他專注於那裡。經過短暫的適應期後，羅摩克裡希納的生活變得異常自發、充滿活力卻又放鬆無壓力，以至於他成為那個時代激勵印度民族復興的偉大人物之一。我提到他的歷史貢獻，是為了讓你不要低估他身上發生的事情，或者輕易否定即將發生在你身上的體驗。（不過別擔心：我們這裡進行的操作是一種更溫和、不需手術的方式來開啟你的"第三眼"——但效果同樣顯著。）

## 實驗 4：眼鏡

根據你自己的體驗，你現在是用幾隻眼睛在看世界？

如果你戴眼鏡，請將眼鏡伸直手臂拿遠。如果你不戴眼鏡，用你的手指模擬一副眼鏡。

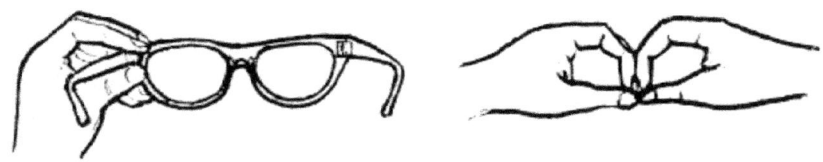

現在非常緩慢地……把它們拿過來，觀察它們的變化……戴上它們，然後放下你的手。

在實驗開始時，你覺得自己是從幾隻眼睛裡看出去的？現在呢……？你體驗到是從幾隻眼睛裡看出去的？

看看那副雙框眼鏡在拿過來的過程中是如何完美地被重塑，變成了一隻整潔的單框眼鏡，適合那只單一的眼睛。

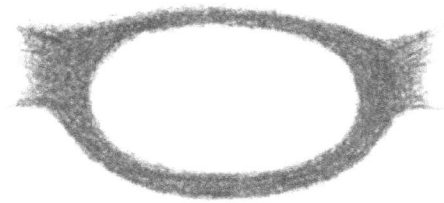

你的單一或第三眼已經完全睜開。恭喜你！你曾經從其他眼睛看出去過嗎？

你可以非常輕鬆地檢查自己眼睛睜得多麼出色——你的第三

隻眼有多麼巨大。用你伸出的雙手勾勒出它的範圍和形狀，雙手張得那麼開，幾乎要消失；然後你會發現它與其說是一隻眼睛，不如說是一扇敞開的窗戶——一個巨大的、橢圓形的、無玻璃、無框架的、面向世界的開口，一個洞。不是某物上的洞，而只是一個洞，沒有邊緣，遍佈整個世界。（想像那些荒謬的人試圖用他們的電鑽來打開這個！）這個洞是雙重無壓力的——顯然裡面沒有任何東西會承受壓力，外面也沒有任何東西會施加壓力。

不要讓別人告訴你，你是從什麼看出去的。他們完全沒有資格說，離真相差了十萬八千里。那古老而著名的第三眼體驗是完全真實且顯而易見的（一旦你開始去看），它有效，你隨時都可以擁有它。試試它來緩解眼部疲勞。

我們所承受的壓力和緊張，我們浪費的能量，試圖在無法存在事物的地方建造事物！在這種情況下，試圖按照別人的指示，在我們這個萬物宇宙的空曠中心，設置一對用來觀看的東西——這些東西只會礙事，擋住視線。甚至試圖假裝事物能看見任何東西。難怪動物和嬰兒的臉龐，他們從不嘗試這些不可能的事，總是睜著大大的眼睛，平靜安詳，毫無一絲皺眉。他們都通過他們的單一之眼去看，不假裝有其他方式。或者說，與其說是通過它去看，不如說他們就是它。

瞭解幼兒如何看待他們的眼睛是很有啟發性的。我想到的是那些不再是嬰兒、仍無意識地以單一之眼看待世界的孩子，以及尚未成年、確信自己有雙目的孩子。有些孩子畫自己時畫了一隻眼睛。其他孩子長得很快、從周圍面孔中獲取線索的孩子，會畫兩隻眼睛。兩歲三個月的約翰尼卻有不同的想法。他讓媽媽畫一

第四章　眼睛的壓力

幅畫。媽媽畫了一個圓圈作為臉，然後問：接下來畫什麼？約翰尼要求加上鼻子，然後是褲子、腳、手。接著他想要眼睛，於是媽媽畫了兩隻。但他堅持要更多、更多的眼睛，直到整個臉上佈滿了眼睛。只有這時，他才宣佈畫完成了。

　　長期以來，智者們，包括我之前提到的那位靠近東方老師，一直告訴我們，最重要的經驗教訓要向孩子們學習。我們當然可以從年幼的約翰尼那裡得到啟示。本章旨在持續實踐的是"全神貫注"（正如我們所說的），也就是有意識地對場景完全敞開，以至於你就是那個場景。同時注意到你在看什麼和你是通過什麼去看的，是如此簡單、舒適和自然；活出埃克哈特（Eckhart）大師那句話——"我們無法用可見之物看到可見之物，只能用不可見之物"——是如此簡單、舒適和自然。畢竟，還有什麼比在你和前方的場景之間插入一對幽靈般的、錯位的眼球更不自然、更沒必要的呢？（那邊的人——包括鏡子裡那個——有臉來裝眼球；而在這裡，你完全沒有這種東西。）我不知道有什麼比這種經過驗證的第三眼開啟更簡單、更愉悅、更隨時可用卻又不引人注目

27

的方式來應對壓力。而笑話在於：雖然人們可能注意到你眼中新的光芒，以及眼周肌肉異常的放鬆，他們卻完全猜不到你的秘密——那就是，在你所在的地方，你已經擺脫了那些東西！

在本章開頭，我引用了傑克遜博士（Dr Jackson）的觀點：只要你能放鬆眼部肌肉，就能忘卻所有煩惱。現在，你有了一個精確的方法來驗證這個宏大的說法：一個終身的實踐。

與此同時，請確信這一點：要消除眼部壓力，就不要通過任何眼睛去看。此時此刻，你可以看到，接受這些印刷文字的是無物，它是完全放鬆的。

# 第五章　面部壓力

## 你的本來面目

本章討論的是你臉部、頭部和頸部區域的壓力。同時也介紹了一種非常基本且有效的美容方法。

萬物皆有壓力。想像自己是那些事物之一，你就會承受它的壓力。但當你看到自己實際上對那個事物是空的，你就會釋放它的壓力。讓我們來看看當那個事物是你的臉時會發生什麼。

### 實驗5：你的兩張臉

如果你沒有橢圓形或圓形的手鏡，普通的矩形鏡子也可以。舉起鏡子，在鏡中找到你的臉，並在整個實驗中保持這個姿勢。

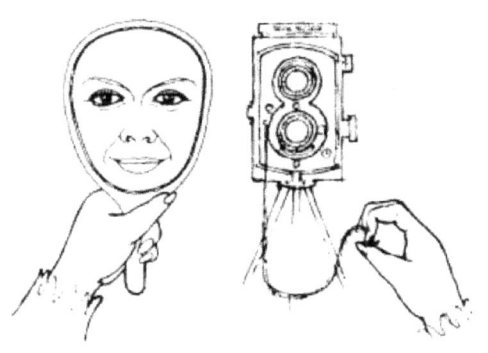

放下信念和想像，看看那張臉在哪裡呈現……注意你放置它的地方——在你手臂的遠端……

這也是其他人看到它的地方。他們會在這裡舉起相機來拍攝它。你也會在這裡放置相機來拍自畫像。它從未比這更靠近你，也從未比這更遠離你。

而且，你現在可以看到，那個東西不在，也從未在你手臂的近端，安裝在這些肩膀上……

在那兒，大約一米遠的地方，是你的人類面孔，你後天獲得的臉上，你的外貌。它是一物。而這裡，就在這裡，是你的非人類面孔，你本來面目，你的真實存在。它不是一物。現在看看它們之間的對比有多大。看看這一張的面容是多麼無瑕、沒有皺紋，它的表情是多麼寬廣、平靜、多麼放鬆：是的——多麼美麗！而那邊那張小小的、封閉的臉？嗯，那是周圍的人需要去面對的。是他們在受到刺激。

這不是一種新奇且未經檢驗、不可信的治療方法。相反，它有著悠久而受人尊敬的歷史。一部有千年歷史的佛教文本描述了你在鏡子近側所見之物為你的"明亮而迷人的本來面目"。如果給予足夠的時間和關注，這種明亮與迷人的特質很可能會影響到鏡子遠側，那個截然不同的臉。事實上，一部古老的印度文本向我們保證，這種影響確實會發生。文本講述了一對王室夫婦的生活方式逐漸分道揚鑣的故事。與王后不同，國王忙於事務（無論是國家大事還是其他，我們不得而知），沒有時間去探索自我。在一起多年後，國王突然察覺到王后身上的變化。"你為何如此迷人？"他問。王后告訴他，原因在於她找到了自我：她洞悉了自己的真實本性。故事的其餘部分——國王如何不安,如何將王后逐出宮殿,如何最終意識到自己也需要發現真實身份,如何退隱到森林並在那裡找到了他的導師(原來是王后喬裝的)——這些都非常有趣,但並非我們討論的重點。我們這裡的重點是,當王后持續看到你現在所見之物(我假設你真誠地完成了實驗5)——即她那中心的、非人的臉——這種內在洞察對她外在的、人類的臉產生了無法掩飾的影響,即使對她那心不在焉、忙碌的丈夫來說也是如此。

這一切發生在很久以前的遠方。它講述的是區分你的兩張臉並將它們各歸其位的長期益處。現在,讓我們來看一個截然不同的近期故事:這個故事既關乎急救般的即時效果,也關乎長期結果,但傳遞的信息卻是一致的。

瑪喬麗,十八歲,容貌姣好且聰慧,是在一所昂貴的精修學校就讀的年輕女子之一。我應邀在那裡舉辦了一場工作坊,期間我們進行了前面提到的大多數實驗。第二天,她滿懷痛苦地來找我。她說自己之前太過困擾、太過緊張,無法專心參與工作坊的活動。事實上,幾個月來,她一直有自殺的念頭。她說,生活沒有價值,主要原因是她覺得自己"毫無吸引力"。她的臉——尤其是她的鼻子——"很可怕"。她希望我能幫助她,但對此深感懷疑。

告訴瑪喬麗她的鼻子遠沒有她想像的那麼扁平,或者她的外貌實際上高於平均水平,都無濟於事。她根本不相信我。建議她去閱讀眾多優秀的減壓手冊、尋求心理治療、進行冥想或放鬆練習,也沒什麼用。她已經絕望了,需要的是立竿見影的措施。只有一種即時的"臉的提升"才能解決問題。我只是向她展示了那個"可怕的東西"被她安置在何處。我清楚地告訴她，在那一刻，那個東西是我的責任、我的問題（或者說是我的榮幸），而不是她的問題。這就夠了。足夠在那一刻通過緩解她的壓力，讓她的臉煥然一新……後來，我得知她的老師們對她的變化感到震驚。此後，我與瑪喬麗的偶爾的聯繫證實了這種"臉的提升"的效果持續了。她的外貌原本沒有任何問題，問題只在於它的定位。

## 沒有回頭路

通常，像瑪喬麗這樣的困擾在我們青少年時期最為嚴重，因為那時我們大多數人最終接受了後天獲得的"臉"，而失去了我們的"本來面目"。更早的時候，儘管我們已經給鏡子裡的那張臉取了名字並承認它屬自己，但我們仍然大部分時間是自由的，仍然能夠且樂於與我們的世界融為一體。甚至更早的時候，鏡子裡的那張臉也不過是這個世界中的一個普通事物。四歲的凱特隨父母來到我家，我家的客廳裡有幾面全身鏡。凱特指著鏡子裡的自己問："那個小女孩也有媽媽嗎？"不用說，凱特的臉放鬆而美麗，完美得讓人無可挑剔。

這讓我想起了另外兩個孩子。第一個是兩歲的瓊，她被送到浴室去洗髒臉，卻開始洗鏡子裡的那張臉——當然，她真正的"臉"是一塵不染的！第二個是三歲的安德魯，他在一次車禍中受傷。他帶著一面鏡子去看他的朋友——為了向朋友展示他臉上的縫線！

當你還很小的時候，你看到鏡子裡的那張臉時，會把它看作

"寶寶"，看作另一個存在，看作遠處的那個小朋友，而不是此處的你。但你學會了接管那張臉，把它（假裝把它）從鏡子後面的遠處一直"搬"到你肩膀所在的此處，在這個過程中放大並扭轉了它。於是，你用那張毫無壓力的"本來面目"——因為它無形無物——換來了那張充滿壓力的後天的臉——因為它是一個有形之物。現在，你正在反悔那個糟糕的交易，把那個"有形之物"歸還到它實際上一直所在的地方——手臂可及的距離。你正在洗淨自己，停止對自己玩弄那個最為複雜的騙局。

這是真正的美容治療。因為當你戴上了你真實的"本來面目"（真實，因為它在此處）時，你是迷人的；而當你戴上虛假的臉（虛假，因為它不在此處）時，你就變得不那麼迷人，甚至毫無吸引力，或者實際上令人反感、讓人退避三舍。這必然如此，因為你那真實、無遮掩的臉，自身一無所有，是一切事物和來者的開放邀請。它必須接納它們。它像真空需要被填滿一樣需要每一張面孔。它像磁鐵吸引鐵屑一樣吸引它們。相反，那個虛假的臉——你的面具——作為眾多面具之一，為了被辨認出來，必須將其他面具拒之門外。就像所有物體一樣，它佔據了一個空間，排斥所有其他物體。

我們是如何學會這種充滿壓力甚至致命的伎倆，將鏡子裡的那張臉拆解並在此處重建的呢？嗯，通過各種各樣的方式。通過犧牲我們的真實體驗，去迎合那種堅持你我"面對面"的語言。通過假裝你站在我的位置上，用我的眼睛看你自己，而我站在你的位置上，用你的眼睛看我自己。還有，通過與媽媽玩耍時她的遊戲帶來的樂趣，比如這個遊戲：

她一邊重複這首童謠的每一行,一邊依次用她的手指(或寶寶的)點在他的額頭、眼睛、鼻子、嘴巴等部位:

額頭彎曲,

眼睛偷窺,

鼻子流涕,

嘴巴吃食,

下巴砍刀,

敲敲門,

拉拉鈴,

掀開艙蓋,

走進來……

我們成年人無法通過退回到所有這些遊戲、詭計和教化的背後,重新找回失去的純真,從而緩解我們的壓力及其在臉上留下的明顯痕跡。儘管如此,許多人還是試圖通過酒精和其他藥物來做到這一點。雖然這種方式代價高昂且效果短暫,但結果卻可能與真實的體驗驚人地相似。我的朋友威爾弗雷德・戈瑟姆告訴我,他的父親有一次在團部晚宴後搖搖晃晃地回家,臀部口袋裡揣著一瓶烈酒,卻不幸摔倒,摔碎了酒瓶。第二天早上,威爾弗的母親驚訝地發現臥室的鏡子上貼著醫用膠帶!酒後吐真言(In vino veritas)。

不,你無法通過回到鏡子裡那張臉完全不屬你的時光來擺脫壓力。你必須繼續前行,承認那張臉是你的,就像你的腳底、你的房子、你的國家以及億萬其他事物都屬你一樣,但它們沒有一個是你——或者與你有絲毫相似之處。你的鏡子曾是一個壓力製造者,但現在你可以將其更好地用作壓力消除器,通過凝視它來看到你不像什麼!

從現在起,每次你瞥見鏡子裡那張臉,你都可以對它說:"謝天謝地,我一點也不像你!無論你看起來多麼放鬆、多麼好看(或者並非如此),我都比你迷人無數倍!在這裡,作為這個'真空',我吸引著整個世界向我靠近!"

## 洞見者

我們在本章中所做的發現——它們對於我們追求的無壓力生活的意義和重要性——可以通過歷史的視角來評判。特別是禪宗和蘇菲主義的東方修行傳統的悠久歷史。唐代早期的禪宗(禪)大師們將他們的體驗描述為"看見本來面目",並將禪宗生活視為從這一洞見中生活。用我們的術語來說,這意味著(過去和現在都是)將我們後天獲得的人類的臉歸還到它所屬的地方,即鏡子遠側那些充滿壓力的其他事物之中;同時不再忽視我們近側的真實、非人、無特徵(因此無壓力的)臉。後來的禪宗發展出了許多複雜的形式,尤其是各種公案,或用於冥想的話題。然而,根據日本大師大燈國師(1281-1337年,國立教師)的說法,禪宗全部1700個公案的目的在於引導我們超越概念性思維,清晰地看到我們的"本來面目"。他說:"當年頭放下時,本來面目即顯現。"

蘇菲派最偉大的大師和詩人是賈拉魯丁·魯米（1207-1273）。以下是他關於我們真實無形面目的眾多評論中的幾段：

每個人都喜歡鏡子，卻不知自己的臉的真正本質。畢竟，鏡中的反射能留存多久？

養成凝視反射源頭的習慣⋯⋯

他的形體已消逝，他已成為一面鏡子：除了他人的臉的影像，別無他物。

那看見自己真正的臉的人——他的光芒超越眾生的光芒。即使他死去，他的洞見永存，因為他的洞見是造物主的洞見。

我本可以引用其他傳統中其他著名洞見者的類似論述，但信息已經很明確了。這個信息是：在所有人中，這些看見自己真正的臉的洞見者（無論他們信仰何種宗教或無信仰）最有信心，他們已經克服了壓力，抵達了幸福。

他們所見的，正是你，親愛的讀者，再次凝視這根指向的手指所指之處時，所看到的東西。

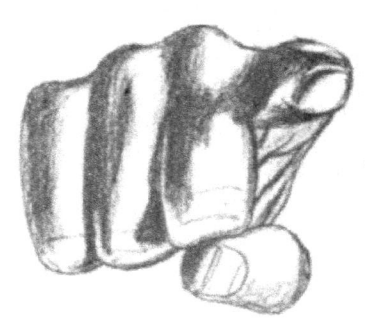

## 廣告商

這一切（我聽到你說）都過時了，不適合今天。那麼，讓我們來看看當代的例子。還有什麼比我們精彩的消費社會及其價值觀，以及致力於讓它保持沸騰、狂熱頂峰的廣告行業更與時俱進的呢？

有理由說，這個行業的微妙和創造力被廣泛討論，尤其是通過潛意識說服，運用那些未被有意識察覺的圖像。確實如此。舉個例子吧。你計劃向我推銷商品（順便說一句，其中很多商品會引發壓力）來緩解我的壓力。聰明的方法是這樣的：無論產品對我有害（如香煙和伏特加），有益（如睡前的舒緩麥芽飲料），還是純粹荒唐（如配備花哨儀錶盤和更花哨車牌號的新車），都沒有區別。在任何情況下，你都針對真實的我，而不是我表面上的樣子。你在我完全沒有察覺的情況下（或許你自己也沒有清楚意識到）進行操作，到底發生了什麼。在那些美化所有無法緩解我壓力的商品的藝術畫面下，潛藏著一個未被察覺的"真正的好東西"，它總是能緩解我的壓力——如果我有智慧去接受它的話。

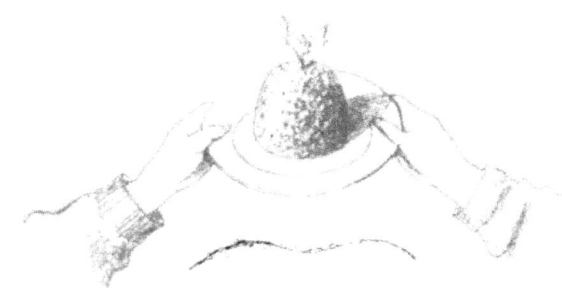

正是這兩種元素的邪惡（即便不是有意為之的冷嘲）並置——公開但虛假的緩解承諾與隱藏但真實的緩解承諾——讓公司的銷

售曲線奇跡般地上升。廣告文案確實以無與倫比的清晰度展示了我的壓力解藥，但卻在這樣的情境中，使其療愈屬性似乎從商品的感知者轉移到了商品本身。哦，真是精妙！這些媒體人比我們想像的更需要密切關注！

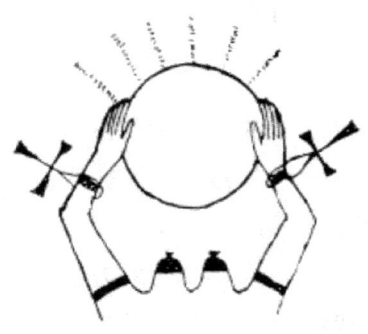

或者，如果你要推銷的是一種宗教產品，你不妨從古埃及女神塞爾凱特（Selkhit）那裡汲取靈感，她有時以第一人稱的方式被描繪，而不是第三人稱的方式。在這裡，她推銷太陽崇拜作為緩解壓力的良方，她的銷售說辭（帶著你可能期待的2500年前商業廣告的精妙）似乎針對的是市場中的女性半邊。這半邊市場在內心深處肯定知道，曬黑的膚色不夠深層，也不夠持久，而最好的美容治療是一張毫無壓力的臉——毫無壓力到它根本不存在！

當然，這要歸功於她那神奇但價格低得不可思議的"隱形面霜"的每日使用！

# 第六章　身體的壓力

## 具身化

我們已經探討了特定身體部位的壓力——你的眼部區域，以及面部和頸部區域。現在，我們來談談你的整個身體，談談那種與擁有身體本身相關的、不那麼局部化的壓力，談談你為具身化或化身為人、成為"某人"而非"誰也不是"所付出的代價。

顯然，只要你活在世上，你似乎註定要承受某種壓力——至少是那種與具身化相伴的慢性、低強度的壓力。看起來，只有在死亡時，才有擺脫之法，徹底從所有壓力中解脫出來。好吧，讓我們來看看。首先，讓我們評估一下你此刻的實際處境。你的"身體狀態"，可以說，是怎樣的呢？

這是一個奇特的處境。在世界上無數的事物中，只有一個是特別的。它看起來並不特別，與其他事物頗為相似。它的特別之處在於，你在它裡面，正如人們所說。只有你擁有關於它的內部信息。顯然，你居住在其中。你發現自己被困在這個你稱之為"身體"的東西裡。一個簡單的測試就能揭示這種狀態是怎樣的：

### 實驗6：特殊的內部信息

將你周圍此刻存在的事物作為世界上眾多事物的一個代表性樣本，其中據說有一個事物是你"身處其中"的。

環顧四周。你不在那堵牆裡、那幅畫裡、那個桌子、那盆植物、這本書裡……

但你在握著這本書的手裡……

這在實際中意味著什麼？

這意味著你能體驗到那只手正在發生的事情，但無法體驗到那盆植物或其他事物正在發生的事情。例如，用另一隻手的手指去感受那只手，來回移動。結果：在那裡有觸感……

現在用力捏那只手。結果：那裡出現另一種感覺……

現在以同樣的方式對待那盆植物（或這本書），撫摸、撥弄、按壓它的葉子，注意你無法感知到那裡正在發生什麼……

現在讓我們繼續，找出你擁有哪些整個身體的"內部信息"。

### 實驗7：整體內部信息

開始時注視你的腳，然後慢慢地（我是說向下）感受你的身體，留意在這一過程中身體內部的感覺。

# 第六章 身體的壓力

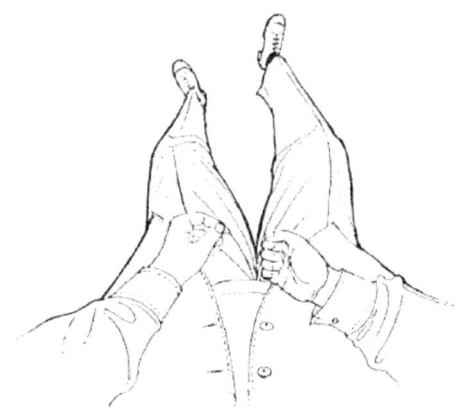

注意特定的感覺,比如疼痛,但也要關注那種不太明確的感覺——無論是否有疼痛——僅僅是駐留在你所注視的這個東西裡的感覺……

當你逐漸感受到你的大腿……腹部……胸部……檢查一下是否有一種逐漸增強的質量感、堅實感、密度感、具體感……一種被束縛和壓縮的感覺,一種重量感,一種塊狀感……從這些詞語中挑選適合你的,或者添加你自己的詞語,以喚起你對這種稍縱即逝但根本性的體驗的注意——具身化的體驗,成為物質的體驗……

如果你此刻正被憂慮壓得喘不過氣,或者感到沮喪、心頭沉重或灰心喪氣,你會非常清楚我在說什麼。另一方面,即使現在你的身體裡沒有嚴重或持續的壓力或疼痛,至少你也能感受到一些類似的感覺——各種不適、緊張、壓力、溫暖和瘙癢,這些感覺(儘管大多被忽視)始終存在,作為你具身化體驗的恆常提醒。無論是否被承認或忽視,這些感覺共同構成了你作為一個個體、而非所有人或誰也不是的強烈存在感。這種感覺如此根深蒂固、普遍且持續，以至於我們常常將其視為理所當然，幾乎察覺不到它的持續存在——即使我們正處於痛苦之中。

## 囚禁？

我們現在來到了一個令人震驚的事實——在西方，這個事實要麼被忽視，要麼被斷然否認。或者我們可以稱之為我們一直在審視的這枚硬幣的另一面。把它翻過來，對比是徹底的。

幾個世紀以來，東方大師（尤其是印度教大師）一直堅持並傳承的一個最持久的教導是：認為自己是身體，或身處身體之中，就是束縛、幻象、壓力，以及各種痛苦的根源——總之一句話，就是地獄。而天堂、解脫或自我實現，無非是在此生之中，從身體這座監獄中獲得釋放。發現自己自由無拘、無形無體，如風般自由無界——據那些聲稱已突破束縛的人說，這便是擺脫肉身固有的煩惱，抵達涅槃極樂的時刻。例如，在佛教《巴利文大藏經》（Pali Canon）中，清晰地區分了"生活在狹小硬殼中"的人和"生活在無垠之中"的人，並且毫不含糊地指出，誰過著天堂般的生活，誰過著地獄般的日子。

這裡我們面臨一個看似無解的謎團。那些最為強調我們應從身體中解脫的大師們，是最受尊崇的。他們被視為格外智慧和幸福的人。然而，在這種情況下，他們如何能在外表上與我們毫無二致（像你我一樣吃飯、喝水、排便、排尿，同樣可被稱重、測量、拍照，並且容易生病）的情況下，否認身體內部的感受，否認他們完全身處身體之中，而不陷入自欺或乾脆撒謊呢？感到自己如此自由、如此無拘無束，或許是令人愉悅的，或許是極度振奮和靈性的體驗；但如果這種愉悅是偷來的，就必然伴隨著代價。如果這種提升是以犧牲其物質基礎為代價換來的，最終將付出高昂的代價。把自己與唯一能攀登珠穆朗瑪峰的基地營割裂開來，對於登山者來說就是在積攢麻煩。至於我們自己現在，如何調和這兩種看似不相容的關於我們處境的描述——既被困又自由，既被框住又跳出框外，既渺小又浩瀚，既被包含在世界的一個事物中又無法被任何事物包含？

嗯，這是可以做到的，也必須做到。更重要的是，這種調和可以而且必須在生活中實現。在本章中，我們將看到如何做到：如何在不逃避現實、不自欺的情況下逃離身體的監獄；如何擁有我們的身體而不被身體所擁有；如何兼得兩個世界的最佳狀態，最終因真正物質而真正靈性，因真正靈性而真正物質。是的：我們為自己設定的是一項雄心勃勃的任務。這就是為什麼本章內容較長。它是我們探究的核心。

作為鋪墊，讓我們先簡要審視他人嘗試過的三四條逃脫路徑，然後再確定我們自己的路徑——那條對我們現在來說切實可行、且無需撒謊的路徑。

## 逃脫路徑（i）：筋疲力盡與痛苦

諾曼·F·艾利森是第一次世界大戰期間在弗蘭德斯（Flanders）作戰的一名英國士兵。有一次，他在惡劣的條件下行軍了許多英里，筋疲力盡、渾身濕透、凍得發抖、饑腸轆轆，超出了忍耐的極限。那是他人生中最糟糕的一夜。他在日記中寫道：

然後，一種驚人的變化發生在我身上。我突然清晰地意識到，我脫離了我的肉身。我以一種完全超然和客觀的方式，看著那個身著卡其色軍裝的身體所承受的不適……那個身體完全可能屬別人。

後來，他的戰友們報告說，他原本陰鬱的沉默突然被機智和幽默取代，他開始若無其事地聊天，仿佛正坐在舒適的壁爐前。

許多類似的案例都有記載。我記得讀到過一個關於魔鬼島囚犯的故事，他被反覆套上緊身衣，作為懲罰，綁帶被越拉越緊。很難想像還有比這更嚴苛、更具壓力的身體內在體驗。然而，他後來表示，事實恰恰相反——這成了一種放鬆的、脫離身體的體驗。當時，他的折磨者們困惑地發現，他突然顯得快樂而輕鬆。

## *逃脫路徑（ii）：瀕死之門*

現代復蘇技術催生了一種文學現象和一個縮寫——NDEs，即瀕死體驗（near-death experiences），關於這一主題的書籍層出不窮。越來越多的患者被救活後講述他們的奇特經歷，這些經歷常常包括脫離身體的感覺。他們描述自己如何從上方俯視床上那個一動不動的身體，被護士和醫生照料，或者在車禍中血肉模糊地躺在地上——仿佛在觀看一部電影或戲劇。大多數人報告說，起初他們想回到自己的身體，但不知道該如何做到。其他人則不那麼急切。他們感到異常平靜、輕鬆，毫無恐懼，也完全不想被拖回那個沉重、痛苦不堪的物質軀體中。

我的朋友莎拉・內格爾描述了她在一次漫長而嚴重的術後經歷的一次瀕死體驗。她感覺自己漂浮在天花板附近，輕盈而自由，漠然地俯視著忙碌於那個身體的醫護人員。回到身體對她來說是一場折磨。她清楚地記得，不僅僅是疼痛，還有那種"巨大的沉重感和壓力"。這種死一般的重量通常因其熟悉而被忽視：但一旦像莎拉這樣暫時"離開"後再返回，這種身處身體的體驗是多麼沉重、多麼令人痛苦地受限！

## *逃脫路徑（iii）：靈性和迷幻的出路*

一些人聲稱自己擁有"星體旅行"的天賦，能夠隨意脫離身體，進入太空，讓身體在床上處於一種懸浮狀態。我自己既不具備也不渴望這種能力，但我沒有理由否認其他人（不僅僅是薩滿）擁有這種能力。從古至今，各種文化中都有大量關於這類旅行的記載。如果你想發展這種超常能力，你可以向專家尋求訓練，據說在西藏、印度和墨西哥等地可以找到這樣的專家。所需的時間和努力代價無疑很高，而且不保證成功。然而，一旦掌握，這種脫離身體的體驗無疑能提供一種從肉體存在的痛苦和壓力中解脫的愉悅假期。在那裡如幽靈或幻影般滑翔，與其說是像太空本身那樣巨大而空曠，不如說是與下方那些堅實、匍匐的小小身體相比，感覺多麼輕盈、多麼自由！哈姆雷特的祈禱——"哦，願這太過、太過堅實的肉體融化！"——能以如此奇妙的方式得到回應，必定是一種解脫，儘管不是通過擺脫身體這個載體，而是通過短期的"停車"。

迷幻藥物也能提供類似的身體外旅行體驗，有時確實能實現這種效果。而且，人們不必持續依賴藥物也能從中獲得一些益處。少量的實驗就足以讓許多藥物使用者明白，擺脫身體牢籠是可能的，並體驗到這種狀態可能是怎樣的，這鼓勵他們去尋找更安全、更合法的途徑來達到同樣的目標。至少（他們指出），現在人們對自己在追求什麼有了一些概念。

## 我們自己的路徑

由於種種原因，這裡提到的這些逃離身體的路徑對我們來說都不可行。除非我們是根深蒂固的受虐狂或宗教狂熱者，否則我們不會追求極端的痛苦和筋疲力盡，因為無法確定這些不會讓我們進一步陷入身體壓力的深淵，反而可能感到無法釋放。我們也不願意等到瀕死之際才獲得這種解脫：我們追求的是現在就能擁有的東西。至於靈性和迷幻的脫離身體牢籠的方式，它們提供的自由太過不確定且過於短暫。很快被重新"逮捕"是意料之中的，很可能隨之而來的是更嚴密的禁錮和其他懲罰。簡而言之，第一種和第二種路徑的缺陷在於它們現在不可用；第三種和第四種路徑的缺陷在於（在重要方面）它們與我們的目標背道而馳。它們選擇逃避而非解決問題，向上向外，遠遠逃離。而我們的路徑是向下、向內並穿越其中。

# 實驗8：向下、向內並穿越

這是我們第一個實驗的一個變體，它仍有許多啟示等待挖掘。這個實驗怎麼做都不嫌多。如果領會了其中的要點——又怎會錯過呢？——每次都像是第一次。慢慢來。

從你身體的頂部（我指的是頂部）開始，指向你的腿，注意三重且大致對稱的結構：

物體（手指）……空隙……物體（腿）

感受那些腿部的感覺……

繼續向下，將你的手指轉向你的大腿……

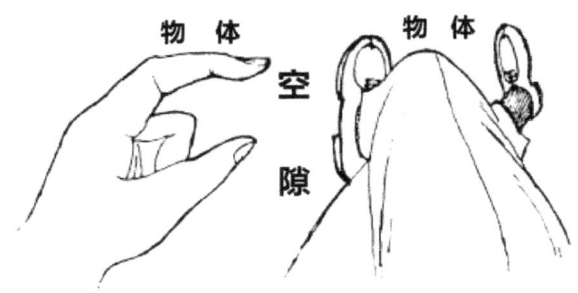

繼續向下，將你的手指轉向你的腹部，注意同樣的三重結構……

在這裡停留片刻，感受那個物體內部的重量、壓縮和密度……這種感覺在你心臟區域附近逐漸增強……

當你呼氣並稍稍屏住呼吸時，感受自己身處其中，被壓得越來越沉、越來越沉……仿佛世界上所有的沉重都沉澱在那裡，沉到了最低點……

停留片刻，直到重量和束縛的感覺完全顯現……

現在抬頭，直視前方，將你的手指轉過來，直到它指向你胸部以下——那個最低點，你向外注視的點……

看一看這時的結構如何突然變為：

    物體（手指）……**無空隙**……**無物**

凝視，凝視，凝視你向外注視的那個點……

什麼點……？

看一看，在你最低的點，在你最強烈內爆的點，你突然突破了……你爆炸般地擴展，成為廣闊、廣闊的世界……

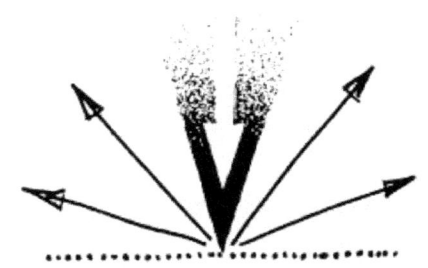

現在，注視你的浩瀚……從你的浩瀚中……

成為那浩瀚……

有什麼核爆能在範圍和力量上與這種無聲的爆炸相比？

再次凝視，驚歎于你曾一度相信自己被關在那個被稱為人體的狹小物質團塊中的幻覺⋯⋯

## 越獄

讓我們暫時回到之前的狀態，在我們選擇向下、向內並穿越的路徑之前：回到你對自己所謂的"正常"感知。

你是一個囚犯。更糟的是，你被關在懲罰區，與無數獄友一起，被自己的皮膚緊緊束縛，像穿著緊身衣，服著終身的刑期。你要麼渴望自由，要麼已經變得如此適應監獄生活，成了老囚犯，甚至放棄了那種渴望，切斷了與曾經屬你的自由的最後聯繫。

你能想像比這更充滿壓力、更絕望的處境嗎？或者一個看似更難以逃脫的處境？

在《天路歷程》（Pilgrim's Progress）中，基督徒和他的旅伴希望者發現自己處於幾乎相同的困境。絕望巨人在他的地牢中囚禁他們，唯一的光顧就是用他的山楂木棒毆打他們。他們躺在那裡，瀕臨死亡，直到最後基督徒恢復了理智。

在天亮前不久，善良的基督徒仿佛半驚半醒，激昂地喊道："我真是個傻瓜！"他說，"竟然躺在這個惡臭的地牢裡，而我完全可以自由行走！在我胸膛裡有一把鑰匙，名叫'應許'，我相信它能打開疑惑堡的任何鎖。"希望者說："這可是好消息，好兄弟；把它從你胸膛裡拿出來，試試看。"

於是，基督徒從胸膛裡取出那把鑰匙，開始嘗試打開地牢的門。當他轉動鑰匙時，門閂應聲退開，基督徒和希望者雙雙走了出來。

所以，囚犯們並沒有強行逃出。他們是悠然走出的。要從身體的監獄以及最終（即便不是現在）的絕望中逃脫，你需要從你的胸膛（或附近）取出那把名叫"注意力"的萬能鑰匙，在鎖中整整轉動180度，然後冷靜地讓自己走出去。就像你剛剛做的那樣。

當然，顯而易見的事實是，你從未一刻被真正關在裡面。要擺脫這個驚人的幻覺，你只需恢復你的理智。

很少有人能做到這一點。要瞭解這種幻覺是多麼被視為理所當然、多麼普遍，你只需保持耳朵敞開。人們說"我在身體裡"，就像說"我在痛苦中"或"我在戀愛中"一樣，毫不期待被反駁。他們說："我是有形體的，是血肉之軀，居住在這泥土之屋裡；我是一個人（在法律和常識中，我的'人'就是我的身體，對它做的和由它做的就是對我做的和由我做的）；我是有肉身的，被包裹在這個凡胎之中……"等等。描述各異，但主旨相同。這種迷信是多麼根深蒂固：仿佛在出生時，人就被神秘地判處（如同由某個無從上訴的秘密法庭判決）終身監禁，極少或從不被假釋，只有到死亡時才會被釋放。甚至（輪迴論者讓我們相信）還會被再次"逮捕"，被判另一個終身監禁，轉移到另一個監獄。用一些老囚犯的話說，就像被倒進另一個罐子、瓶子或冷藏器裡。魯米（Rumi）說，社會是一種策略，旨在將國王裝進一個小小的品脫壺中。而我們必須補充：還要說服他，蓋子是緊緊關上的。只要反復地、大聲地告訴他，他就會相信任何事——尤其是壞消息，他會更加不加批判地接受。以下實驗的目的，是讓這位"國王"告訴我們，當他說自己"在裡面"時，到底是什麼意思。

## 實驗9：體內體驗？

（這是實驗6的延續——本章的第一個實驗，試圖探索你手的內部。當然，你的手和手臂只是你"泥土之屋"的附屬建築或側翼，我們將其作為整體的一個樣本。稍後我們將繼續探索這座"房屋"的其他部分。）

注視握著這本書的手，並不斷回看它。依據當前的證據，依據現在展現的事物，慢慢進行。

如果你在你的身體裡，那麼你就在那只手裡，你應該能夠說出那裡現在是什麼感覺，並回答以下問題：

那裡是黑暗的嗎……？是昏暗，還是漆黑一片……？

那裡狹窄嗎……？像外人看來那樣受限和局促嗎……？（建築物的外觀往往無法完全反映其內部：我們需要"住戶"的視角。）

那裡黏糊糊的嗎，濕漉漉、亂糟糟的嗎……？

那裡擁擠嗎，塞得滿滿的，完全沒有活動空間嗎……？如果是這樣，你的意識在哪裡……？

這些問題的重點在於它們無法回答而且荒謬。當你擺脫盲目的信念和幻想，你會發現此刻你對那個手腕的"內部信息"並不比對那個手錶更多。對你身體的其他部分也是如此。

這不是顯而易見的嗎？你既不在那個你能看到的肢體裡面，也不被它塑造或束縛。我認為，當你關注那些你看不到的身體部分時，這一點更加明顯：

根據現在的證據，你的血肉之軀的臀部在哪裡停止，椅子的座位從哪裡開始……？

你的背在哪裡停止，椅背從哪裡開始……？什麼背……？

你能數出有多少個腳趾嗎……？什麼腳趾……？假設我是一個魔法師，聲稱我把你的腳變成了蹄子，每只蹄子只有兩個巨大化的腳趾，你怎麼知道我沒有成功……？

現在讓我們試試另一端。根據現在的證據，你有多高……？十英尺……一百英尺……一千英尺……？

你的頭是什麼形狀，根據現有證據……？什麼頭……？你有什麼辦法能證明我沒有用魔法把你變成一個長著十七個頭的、醜陋不堪的怪獸……？

我想你會同意，無論你此刻所謂的身體感覺和壓力是什麼，它們都完全不足以將你關進一個身體監獄。它們完全不足以構成一個人的形狀或任何形狀……更不用說一個你可以居住其中的形狀……

例如，現在選擇並關注某個壓力、緊張或不適的區域，所謂"在你的脖子"或"在你的肩膀"。花點時間去感受它……它的形狀是什麼，根據現有證據……？它是否遵循它所在區域的輪廓……？或者它僅僅是脫離了具體形態的感覺……？

## 第六章　身體的壓力

最後，儘量聳起你的肩膀，收緊你的脖子和臉部……然後確認（即便如此），在那些區域，你仍然是無形的、廣闊如常……好了，現在放鬆吧……

這一切歸結為一個問題：你有多大？有一個傳統說法稱耶穌曾說："一個人如果只從外部看自己，而不從內在看，就會讓自己變得渺小。"偏離中心，從一米左右的距離外觀察自己，你確實是在貶低自己。給自己畫一個邊界，你就把自己物化了，你給自己施加了壓力，最終你會毀了自己。

去看，去感受。現在，你的徹底內爆已經引發了你的徹底爆發的浩瀚，看看你是如何可笑地認為自己被困在某個分裂產物中，被任何物體所包含。所有事物顯然都在你之中。不需要經歷痛苦和筋疲力盡的折磨，不需要等到你在死亡之門前崩潰，不需要靈性或迷幻的旅行，也不需要在神秘的印度、西藏或墨西哥尋找，你現在正在享受一種完美的脫離身體的體驗。更重要的是，你可以親眼看到，你從未有過其他任何體驗。你已經回歸到嬰兒和幼兒時期的清醒狀態。

為了以自己的（成年）代價換來一場痛快的笑聲，問自己這樣的問題：

這個囚犯和監獄一樣大嗎，還是像一個小豌豆在大豆莢裡，或者骰子在骰盅裡那樣，在裡面某處晃蕩？他是如此龐大——還是他的監獄如此狹窄——以至於他填滿了每一寸空間，沒有一絲餘地：這是一起駭人聽聞的過度擁擠和侵犯人權的案例？這是怎樣的夢境啊：在這個茅草屋頂、四翼雙窗的監獄裡，硬塞進一個與監獄完全重合的囚犯？一個監獄形狀的囚犯？因此承受著最可怕的壓力？

你必須同意，對這種荒唐事的唯一恰當反應是大笑不止，以及對這場白日噩夢竟然持續如此之久的震驚喘息。

# 偏心

這種瘋狂的想法是如何產生的？沒有哪只野生動物會愚蠢到接受這種想法，這種只有人類才會有的偽裝，認為觀察者——仿佛被某種不可抗拒的魔法迷惑——被困在他所觀察的微小片段之中？通過何種黑魔法，一個"成長中的"孩子幾乎在一夜之間從宇宙的維度被修剪成人形的尺寸？

答案是，孩子從大人（實際上是"縮小的大人"）那裡感染了一種傳染病——偏心病，表現為不在自己之中、心神渙散、魂不守舍。這種病症的受害者——仿佛在某種魔鬼般的芭蕾或迪斯科舞會中，或被嚴重的聖維特斯舞蹈症（St Vitus' dance）折磨——不斷地從自己身上躍出一米遠：在半空中轉身，回頭看自己，然後把自己變成某種東西。這種狀態在某種意義上當然是完全虛構的，但在另一種意義上又太過真實。多麼完美的壓力配方！難怪許多受害者似乎永遠扭曲了；大多數人如此疲憊，以至於需要每晚七八小時的睡眠——從偏心回到同心的緩解期——來從今天的扭曲中恢復，並為明天的扭曲做準備。

用不同的臨床術語來描述這種狀態：這種偏心病疫情的一個顯著症狀是患者產生幻覺。他"看到"鏡子裡的臉被反轉、放大，並被遠遠地轉移、牢牢地種植在別處——實際上，就在他的

# 第六章　身體的壓力

肩膀上。他把那邊的當作是這裡的。他錯置了事物——就好像他看到自己的腳從胸口長出來！

另一個症狀是，無論患者在其他領域多麼才華橫溢，在這個領域卻奇特地缺乏能力。無視證據，他是一個絕對主義者，而不是相對主義者。他固守這樣的信念：事物是固定的，無論從哪裡看，它們始終保持不變。

不言而喻的真相（其對我們的重要性怎麼強調都不為過）是，事物的本質取決於觀察者的距離。距離不僅僅帶來魅力：它還賦予形態，當觀察者靠近或遠離他所注視的點時，會呈現出無數異質的形態。他稱之為星星的那個可愛的小光點，當他冒險靠近時，竟變成了尼布甲尼撒（Nebuchadnezzar）的烈焰熔爐的超高溫版本：為了方便，他對這兩種事物都貼上"星星"的標簽，這欺騙了他和我們，讓我們誤以為它們是"同一個東西"。你也是如此。無論是你自己還是他人，站在距離你一米（或一釐米、一公里，甚至一光年）遠的地方，都無法說出你在其他距離下是什麼樣子——更不用說你在中心、距離自己 0 釐米時的樣子。事實上，你的物質存在是你在所有距離下呈現的所有樣子的集合，圍繞著那個中心——那個你與自己零距離時所是的"無物"，在那個你不再偏心的地方。

我們幾乎所有人，幾乎在所有時間裡，都生活在偏離中心的、距離中心大約一米的地方。這種"不在自己之中"的麻煩——既有分裂的意義，也有瘋狂的意義——不在於它過於物質化，而在於它不夠物質化。這是逃避身體，回避真相的行為。是拒絕走近、接受並保持你被賦予的真實樣子。這是一種後天習得並被刻意培養的否認事實的行為，是為了追逐你的影子而刻意拒絕你的實質。這條路的走向是向上、向外、遠離物質的核心，罔顧事實，路上鋪滿了壓力。而真正的路是向下、向內、穿越直達核心的核心，擁抱事實，它引領你越過壓力，抵達無壓力的狀態。那些"不在自己之中"的人是不自然的人，他們的狀態並不好。他們不喜歡自己的身體。他們虛無縹緲。他們沒有接地氣。他們給彼此帶來不快的衝擊。

要回歸自然並再次居中，你只需恢復你的感官，留在你的身體裡，而不是逃離它。你只需重新連接到那個你從未離開的地面——防震且抗地震的地面。

## 恢復你的所有感官，無處不在

在這裡，你不再是囚犯。你並不是通過翻越監獄的圍欄逃脫了身體的監獄，而是搬進了監獄長的辦公室。你通過最終成為真正的物質存在，完成了對物質陷阱的唯一真實且完美的逃脫，而這與成為真正的靈性存在並無不同。

但在這種情況下，你作為囚犯所感受到的那些束縛和沉重的感覺怎麼樣了？它們消失了嗎，永遠不再回來？

乍看之下，似乎要麼你仍然感受到這些感覺，它們威脅著將你重新拉回囚禁之中；要麼你壓抑它們，終究成為一個自欺的逃避者。然而，實際上還有第三條路，這條路合情合理、誠實且行之有效。它並不否認你的感覺，而是將它們安置在合適的位置。它將這些感覺置於它們的語境中，從而糾正它們。本章的其餘部分

# 第六章 身體的壓力

將解釋具體如何做到這一點。

你在中心內爆後引發的巨大爆炸,並不是將物質轉化為非物質。恰恰相反,它是你向你需要成為且真正是的物質存在的爆炸,進入屬所有層面的你那真實的、遍及世界的"體魄"。它是你那些不可或缺的低於人類和超人類的"器官"的恢復,而這些器官在你的想像中被截肢,以將你縮減到人類的維度。

這是你擴展到你唯一真實的"身體"——宇宙的過程。任何比這更小的東西,你都不完整、不可存活,只是一個片段。

你這真實的"身體"通過各種感官呈現給你。在這裡,距離不僅決定了形態,還決定了這種形態如何被呈現。因此,你的天堂化身(例如,星系、恒星和行星)是通過視覺感知的;你的地球化身(例如,人、動物和機器)是通過聽覺和視覺感知的;你更近的地球化身(例如,可食用的東西)是通過觸覺、嗅覺和味覺感知的;而你更親密的化身(例如,器官和組織)則是以各種方式被感覺到的——例如,被感知為我們在本章早先探討的堅實感和重量。

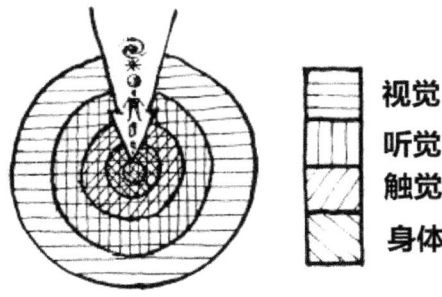

所有這一切——你的各種感官以及它們揭示的遍及世界的"體魄"——都應如其所是地接受，因為這是當你停止割裂自身必需部分，並接納成為你所需的一切時，你的存在方式。我們這裡的問題是：這種接納可以是無壓力的嗎？這種新的、爆發的生命比舊的、部分內爆的生命有所改善嗎？獲釋的囚犯如何避免帶著監獄生活的負面態度和感受離開？

**對所有這些問題的回答分為三個部分：**

(i) 作為你不是之物——一個有限的物體，僅是人類，而非其他——你仍然充滿壓力。這種壓力是你的其餘部分的巨大推拉力，無形地試圖恢復你作為部分與你作為整體、器官與有機體之間的每一環節。

(ii) 作為你所是之物——同時是那個整體及其空無的中心——你完全沒有壓力。原因在於：整體之外沒有任何東西可以施加壓力，而中心之內沒有任何東西可以接受壓力。

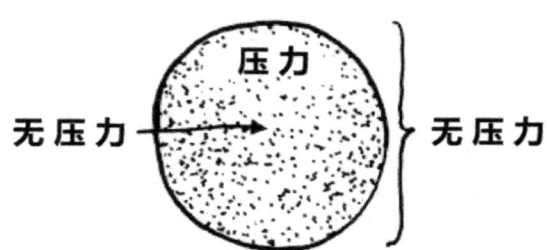

內爆－爆發讓你同時處於事物的中心與外圍，這是你對抗中間事物所承受壓力的絕對保障。

(iii) 然而，當然，你感知並包含了這些中間的、有限的事物，以

## 第六章 身體的壓力

及使它們成為其所是的壓力。你無法完全擺脫這些，也無法挑三揀四，這是你的組成部分，你的內容。從下方那個黑暗沉重的身體到上方的星辰，所有這些都是由壓力構建並由壓力維持的，因此你不可避免地充滿了壓力。實際上，現在比以往任何時候都更是如此，因為你已經接納了世界上的所有事物，每一個都以其獨立性存在，不遺漏一絲一毫。

改變一切、挽救局面、確保（超越一切、在一切之下、儘管如此）你幸福的關鍵，歸結為一個詞：不對稱。

現在去看，去感受。正如為了呈現握著這本書的手的形狀，你必須沒有形狀；為了呈現它的顏色，你必須無色；為了呈現它的不透明，你必須透明；為了呈現它的複雜性，你必須完全簡單和清晰——同樣，為了呈現它的壓力（當它通過對書的相反壓力握住書時），你必須沒有壓力。這適用於你整個"身體"的每一部分，從最低到最高。所有這些都是由充滿壓力的東西構成的，你既是這些東西，又從中解脫。你超越一切，同時又植根於一切之中。

要瞭解這種感覺在生活中如何體現和運作，你必須去活出它，去見證。以下是一個提示，告訴你如果你帶著真誠和興趣去實踐，可能會得到怎樣的結果：

根據《多馬福音》（Gospel of Thomas），"光人（Lightman）之內有光，它照亮整個世界。"這不是一根微弱短暫的蠟燭，在燭臺上搖搖晃晃，而更像是埃迪斯通燈塔（Eddystone Lighthouse）。想像這座建築要履行其功能所需的一切：從頂部明亮、清晰、輕如羽毛的光束，到基座的黑暗、堅實、重量和壓力，這些構成了基礎和它所建基的岩石；再加上介於兩者之間的所有工程設計。每一個層面、每一個部分,所有這些內置的對比,都是整體運作所必需的。當你將本章關於身體壓力的發現(你完全從中解脫又完全參與其中)付諸實踐時,你會發現自己就像那座燈塔。你的覺知之光越明亮、越穩定、越深遠,其物質基礎就會感覺越深厚、越實質,也必須如此。你已經充分擁有這兩種珍寶和生命中對立的需求——光與岩石——並且清楚地知道它們如何契合,如何共同克服你的壓力,而不否認它的絲毫。你需要做的只是越來越成為真正的自己。

為了激勵自己,你可以反思:在這裡,你與世界傳統智慧是一致的。日本的達摩不倒翁(Daruma doll),底部加重以始終能自我恢復平衡,代表了開悟的禪者——用我們的話說,就是懂得如何應對壓力的人。印度教的《奧義書》(Upanishads)特別強調將靈性之光與堅不可摧的岩石結合在一起。並非無緣無故,在大主教威廉・坦普爾(Archbishop William Temple)稱為最物質化或物理化的大宗教——基督教中,那照亮每一個來到世上的人的光,正是永恆的磐石(Rock of Ages)。

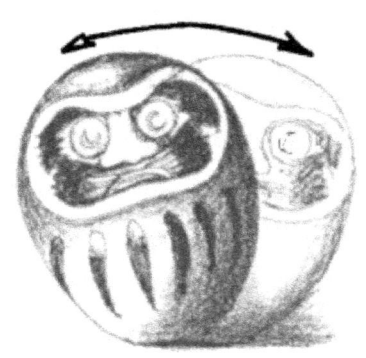

# 第七章　人際與社會關係的壓力

在開始討論人際與社會關係中的壓力之前，讓我們先確保我們真正瞭解它們是什麼。我們以為自己知道，但真的是這樣嗎？一個實驗很快就會告訴我們：

## *實驗10：在袋子裡*

你需要一個朋友，最好是兩個朋友，來幫助你獲得最佳效果。如果暫時找不到人，你可以用一張盡可能接近真人大小的臉部照片來代替。你還需要一個紙袋，大約30釐米×30釐米（12英寸×12英寸），底部被剪掉，形成一個管狀物。這個裝置的目的是，當你和你的朋友通過這個管子對視時，它能消除外部干擾，幫助你專注於實際呈現的事物。更重要的是，這是一個非常高效的去條件反射工具，也是我知道的治療幻覺的最佳方法。當你在這樣一個陌生的環境中看到熟悉的事物時，它們肯定會給你完全不同的感受。父母、老師——甚至語言本身——從未告訴你，當你置身於一個購物袋裡時應該看到什麼。他們讓你自由地去看你所看到的東西，所以準備好迎接驚喜吧。

你（A）和朋友B將臉貼近紙袋的兩端，而朋友C向你們提問。（如果沒有朋友B，你需要一張某人的照片，代替他放在那裡；

如果沒有朋友 C，你需要不時從紙袋裡出來閱讀問題，然後再回去尋找答案。）

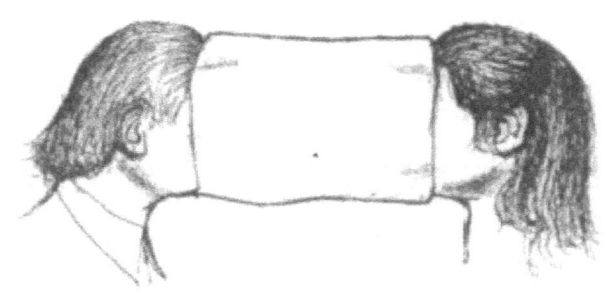

以下是問題，不需要大聲回答：

根據現在的證據，放下信念和想像，袋子裡有多少張臉⋯⋯？

你們在裡面是面對面，還是臉對空間⋯⋯？

觀察對面那張臉的人類特徵⋯⋯那些使其在眾多面孔中獨一無二的輪廓和形狀⋯⋯將這些與你自己完全沒有人類特徵——更不用說獨特特徵——的情況進行比較⋯⋯

觀察那張臉的顏色⋯⋯它的各種質感⋯⋯它的不透明性⋯⋯它的複雜性⋯⋯

將這些與你自己的無色⋯⋯光滑且毫無瑕疵⋯⋯完全透明⋯⋯整體一致性進行比較⋯⋯

有任何可比性嗎⋯⋯？

出來後，與 B 一起重複實驗，由 B 讀出問題，而你和 C 一起在袋子裡⋯⋯最後，你讀出問題，而 B 和 C 在袋子裡⋯⋯

## 對峙

這個實驗的目的是展示，你實際上從未有過充滿壓力的人際或社會關係——原因很簡單，你從未有過普通意義上的"關係"。你怎麼可能有呢？去看，去感受。在"交易"的近端和第一人稱端，總是"無物"，而"無物"是無壓力的。對你來說，沒有交易，沒有對稱，沒有對峙。

另一方面，去看，去感受，其他人——比如 B 和 C——總是彼此面對、彼此對峙。所有第二人稱和第三人稱的關係都像汽車靠汽油運行一樣靠對峙運行。而對峙靠壓力運轉，每一方對另一方施加作用並做出反應。試圖通過削弱這些對立力量來改革或安撫 B 和 C，就像讓他們用低級燃料來驅動汽車。試圖消除這些力量，就像試圖讓他們完全不用燃料來驅動汽車。只要有對稱，就有壓力。而正是壓力讓世界運轉。

而在沒有對稱的地方，就沒有壓力。在那個充滿壓力的世界的核心，存在著一個無壓力的樞紐。那就是你在紙袋近端時所是的東西，以及你所在的地方。這也是你現在的所是和所在。不再是在紙袋的近端，但仍然在你自己的近端，去看、去成為你的本來面目——你不可避免的樣子，無論你是否認可或理解它。

壓力不是用來對抗的，而是用來定位的。通過允許壓力在它存在的地方（那邊）出現，在它不存在的地方（你所在之處）缺席來應對它。看到作為第一人稱的你（你還能是什麼？）已經擺脫了它。試著有意識地按照你實際生活的方式生活——從這裡到那裡，也就是從無壓力的狀態進入有壓力的狀態。你的壓力解藥、你的準則、你高揚的旗幟，始終是不對稱和非對峙。"front"這個詞意為"前額"（forehead），而"confrontation"（對峙）意為"前額對前額"（forehead opposed to forehead）。同時，"front"也指"敵對的前線，敵人交鋒的地方"。你的平靜在於看到你並非為戰爭而生。或者（如果你更喜歡這樣說），你的平靜在於看到你已經是勝者，你絕對無懈可擊，你的防禦完美無缺，因為你無需防禦任何東西。

由此產生的日常實踐是簡單的現實主義，對你所謂的人際和社會關係的簡單真誠。它是在你與人的所有"對峙"中注意到，它們根本不是對峙或類似的東西。沒有人能與你發生碰撞，因為根本沒有東西可以碰撞。繼續看到這一點，遲早（也許比你想的更快），你會發現自己自然而然地、毫不費力地從真相中生活。你身上將不再有任何虛假。

並非你所有的朋友和親人都喜歡這樣。任何拒絕參與人們所玩遊戲的人，都容易被視為對遊戲玩家的挑戰、責備——或者至少是尷尬。以狄更斯（Dickens）筆下的多瑞特先生（Mr Dorrit）為例，他自私自憐、愛炫耀且自命不凡。而他的女兒艾米（Amy）則恰恰相反，是一個透明真誠、開放的靈魂。她根本不知道如何與人"對峙"。這讓她的父親極為擔憂，以至於他為女兒雇了一位名叫"女將軍"的陪伴者，專門來解決這個問題。這位老戰斧向他保證："如果艾米·多瑞特小姐能接受我微薄的幫助，並專注於形成一個'外層'，多瑞特先生就無需再焦慮了。"幸運的是，這個計劃失敗了。我們如何確保無數針對我們天生開闊性的陰謀和次要陰謀——無論來自家庭內部還是外部——都會失敗？方法是關注此處的空無，注意這裡沒有任何東西需要封閉、沒有任何東西可以形成"外層"、沒有任何東西可以用來與那些人"對峙"。

## 生活中的三個片段

現在我們來看一些實際的例子，以說明我們的發現是多麼實用，與現實生活多麼相關。在眾多可用的例子中，我選擇了自己的經歷，因為它是我所知的最引人注目的例子之一，而且也是我唯一能完全自信地講述的例子。具體的主題是恐懼——我對人的恐懼，以及我從恐懼中解脫的過程——通過我生命中的三個短暫片段來展示。

（i）大約五歲時，我發現自己和父母一起坐在一個宗教聚會上，面對一小群人。他們讓我著迷。我清晰地記得一位女士，我立刻覺得她像一隻坐著的大型雉雞。她的及踝長裙是赤褐色的，帶有白色斑點，質地柔軟如羽絨；她的帽子華麗而尖銳，裝飾著棕色羽毛；她的眼睛小而明亮，宛如鳥兒。她的目光鎖定在我身上，但這對我毫無意義。沒有一個感到被審視、需要自覺的小男孩，只有那位令人驚歎的女士……就在聚會開始前，我收集了一些看似死去的蝸牛。它們在我口袋的溫暖中蘇醒，開始爬下椅腿，爬到地板上，朝那位雉雞女士的方向前進。想像她的驚恐！我的蝸牛和我成了整個聚會的焦點，所有的虔誠都被拋諸腦後……但我在意嗎？我尷尬嗎？一點也不比我的蝸牛在意。原因在於：五歲的我，對那位女士、對我的蝸牛、對震驚的聚會是空的。空無歡迎這類事物，歡迎一切事物。

（ii）第二個片段發生在二十多年後。我將要為大約十五人的一次聚會講授邏輯學（確實如此），這由一位教育組織者安排——一位對我來說完全陌生的女士。我們通過電話約定了在鎮上的會面地點，在聚會之前。我們見面了。沒有任何明顯原因（這絕不是我作為講者的首次亮相），我卻嚇得僵硬、呆若木雞、渾身僵直、啞口無言。這對我來說是可怕的半小時，對她來說也不愉快；隨後的聚會也好不到哪裡去。很難想像還有比這更荒謬、更屈辱的表現。我在做什麼？剛才我用的那些形容詞暴露了真相：僵硬、呆板、石化、凍結、完全垮掉——這是"物性"的語言。我沒有給那位女士留任何空間。我對她完全不感興趣；我忙於成為（或者更確切地說，在想像中不合邏輯地構建）那個她凝視的可憐對象，以至於我幾乎沒看到她；後來，也幾乎沒怎麼留意那些渴望學習邏輯的聽眾。

這是我記憶中最糟糕的這類事件之一，但還有其他幾乎同樣令人痛苦的經歷。還有許多較小的插曲，比如我一次又一次地穿過馬路，只為避開迎面走來的熟人。我討厭被那些我覺得比自己優越的人注視，同時我也討厭不被注視——討厭被同樣這些人忽視或徹底無視！也許我是在遵循一種家族模式，被放大到了病態的程度。我的父親，以及他的父親，多少也有點這樣。特別是我的父親，極少能讓自己正視他正在交談的人……總之，你現在可以理解為什麼多年來我一直關注如何終結人際和社會關係中的壓力。我的"病"如此嚴重，我不得不找到治癒的方法。

(iii) 我確實找到了治癒的方法。第三個事件是最近發生的，是許多類似事件的典型。我清楚地記得站在科羅拉多州丹佛一個大廳的後方，帶著比平常更大的興趣觀察湧入會場的人群。我印象深刻。那些男人看起來比我高出三英尺，肌肉是我的兩倍，活力四射，行動和交談都輕鬆自如。或許最讓我震撼的是他們看起來多麼自信，以及他們似乎不太可能從這次活動中有所收穫：這是一場關於——嗯，不是直接關於壓力，而是關於其真正原因和治癒方法的研討會。但我在意什麼呢？當大約3000個座位逐漸被填滿時，一個朋友走過來和我聊起了我們的第一次會面。我立刻忘記了所有那些人：他和我們之前會面的主題完全佔據了我的注意力，排除了其他一切⋯⋯然後到了我走下中央過道、登上講臺、與那些人交談並進行實驗（包括我們剛剛做的紙袋實驗）的時候，整整三個小時，我都像之前在會場後方與朋友交談時一樣冷靜。我不緊張的原因正是這種"缺失"：在我站在那個講臺上的地方，根本不存在緊張的情緒。什麼緊張？我為自己是"缺席"的，取而代之的是那群觀眾。小時候，我不緊張卻不自知；年輕時，我背叛了自己，成了一團緊張的神經；年紀大了，我再次忠於自己。空無、無物、虛空是不會焦慮的。在我站在那個講臺上的地方，真的什麼都沒有，沒有東西會怯場，沒有那個會感到羞恥的臉。

為了說明問題，我從人際和社會關係壓力的廣闊領域中，選擇了其中一種壓力——病態的自我意識和害羞，這種我最為痛苦的恐懼。當然，還有許多其他壓力，涉及戀愛和性關係、家庭生活、與上司、下屬和同事的共事、與鄰居的相處等等。或許對你來說，此刻正有一些獨特的、與眾不同的壓力困擾的關係。疾病有無數種形式，但緩解只有一種方式。對你特定壓力的唯一根本治療方法，是有意識地停留在你本就所在的地方，那個對所有壓力免疫的地方。問題不在於壓力的存在，而在於它的位置。觀察一下，在正確的地方——在外部的那裡，有身體的地方——觀察到壓力是正確的，那是它們的構成。想像一下，在錯誤的地方——

在這裡，沒有身體的地方，在你世界的中心點——壓力是錯誤的，是誤解，是荒謬。因此，無論你的問題以何種形式出現，解決之道在於看清誰有這個問題，誰沒有這個問題。

讓你的關係運作的方法，是注意到它們根本不是所謂的"關係"。雖然這在理論上聽起來可能奇怪，但在實踐中卻非常簡單且合理。以本章中出現的兩位女士為例。第一位——那位雌雞女士——我對她的印象如此深刻，以至於至今仍能看見她。那是因為在她面前，我這裡什麼都沒有阻礙她。第二位——那位教育組織者——我幾乎完全沒有記住她。那是因為我在她面前放置了一團凝固的壓力。第一種關係如此完整，以至於等同於與那位女士的合一；第二種關係如此不完整，以至於等於完全沒有關係。

## 另一種方式

我已經描述了我如何應對自己所謂的關係問題：即通過間接方法，先擱置所有改善這些關係的努力，直到我確定涉及的各方到底是誰：先事實，後應對。這是我唯一有資格倡導的方式，因為這是我的方式——我知道它有效，因為我多年來一直在測試它。當然，這並不是說沒有其他方法。事實上，我能聽到有人以毫不含糊的聲音對我說：

年輕時的你，道格拉斯·哈丁，麻煩在於你把自己塑造成了一個消極、恐懼、不足的"某人"：出於某種原因，你培養了一個自卑的自我形象。如果當時你有幸或有智慧，構建了一個積極、勇敢、優越的自我版本，一個足夠的自我形象，那麼通過練習，你的社交表現肯定會穩步提升……嗯，看來最後一切都對你來說都好起來了。你找到了自己的迂回方式，在與個人或群體的交往中建立了自信，從而大大減少了焦慮和壓力。但這並不是一個對其他人肯定有效的方法，也絕不是他們唯一的選擇。有比為了他人而"消失"更直接、更少悖論和極端的方法來結交朋友和影響他人。事實上，恰恰相反的策略——眾所周知且經過驗證的、在此處有意構建一個"人格"而非摧毀它的方法，打造一個值得重視的"某人"而非瓦解成"不是誰"——對我們大多數人來說肯定是更明智的選擇。"來吧，振作起來，看在上帝的份上，讓自己成為點什麼！"那些成功的人對尚未成功的人說。誰能說他們錯了？想像一下，告訴一個懶散無精打采的青少年，他現在的想法是對的，應該繼續成為一個徹頭徹尾的"無名小卒"！

這是一個非常嚴肅且看似合理的反對意見。讓我們仔細探討這種"相反策略"，即用一個積極的"東西"來填補我們此處的"無物"狀態，以給他人留下深刻印象，並在我們的世界上產生適當的影響。

這種策略有著悠久且受人尊敬的歷史，甚至可以說是鼓舞人心的。例如，以莎士比亞（Shakespeare）筆下的亨利國王（King Henry）在戰鬥前對軍隊的演講為例：

那麼，效仿猛虎的行動；

繃緊筋骨，激起熱血……

咬緊牙關，鼻孔張大；

屏住呼吸，鼓起每一分精神

達到最高的高度……

你能想到比本章和本書的主張更相反的激勵，比這個命令更具體、更具說服力地堅持"物化"而非"去物化"自我嗎？換句話說，還有什麼比這更刻意製造壓力的？

風格完全不同，且旨在應用於整個生活而不僅僅是某些緊張時刻的，是過去一個多世紀以來無數流行書籍和培訓體系，關於"積極思考的力量"。然而，它們的目標與亨利國王的激勵並無太大差別。它們解釋（我引用）"如何通過視覺化和自我暗示創造奇跡"，"如何通過意志力和專注讓人們做你想要的事"，以及"如何通過心理魔法實現自己的抱負"。以下是拉爾夫·沃爾多·崔尼（R. W. Trine）（這種生活設計中較為不令人反感的建築師之一）所說的話：

想像自己處於一種繁榮的狀態。平靜而安靜地確認它，但要堅定而自信地相信它，絕對地相信它。期待它，持續用期待滋養它。這樣，你就把自己變成了一個磁鐵，吸引你渴望的事物。不要害怕去暗示、去確認這些東西，因為通過這樣做，你將樹立一個理想，它會開始以物質形式呈現。這樣，你就在利用宇宙中最微妙、最強大的力量。

（我要補充的是）通過這種方式，你正在成為一個在與人和事物打交道時熟練的奇跡創造者或魔術師。

這些"積極思考者"的方法是勸說你忽視或無視自己的"無臉性"狀態，轉而在它的位置上培養你的"臉"——一個精心設計但並非完全固定的外表（根據場合需要，可以是充滿愛意、迷人、有力、支配性的，最重要的是成功的），用來與人"對峙"。換句話說，在你的人際關係中實現一種運作的對稱性。而這種魔法

## 第七章 人際與社會關係的壓力

確實會生效——至少在一定程度上。你很可能會得到許多你心之所向的東西，包括一個足以與其他個性抗衡的強大人格。畢竟，這種積極方法有什麼令人驚訝或特別（更不用說可疑）的地方呢？它不正是從青春期的羞怯成長為成年人的自尊的正常且合乎常識的方法嗎？——只是被系統化了，並且在極端情況下被提升為一種信仰？

好吧。但仍需解決的問題是：哪種方式更實際，更可能在不付出過高代價的情況下成功——是培養你的"無臉性"狀態還是你的"臉面"，是你與他人的不對稱還是對稱？哪一種真正能應對你的壓力？從長遠來看，哪一種更具活力、更令人滿足：特別是，哪一種能促成健康且持久的人際關係？是那種試圖在你作為"屏幕"的本質上強加設計的自我形象構建方式嗎？還是那種自我形象摧毀的方式，它認識到這種強加是不可能的，"屏幕"根本無法接受——就像你的電視屏幕或鏡子無法承載它們所映現的事物一樣？最終，我認為你會發現，整個策略不過是人們玩的一種製造壓力的遊戲——實際上是所有其他遊戲和偽裝的源頭——這個遊戲是將"無物"物化，將"主體"物化的遊戲，是對峙的遊戲，及其所涉及的所有幻覺。

以下是一些進一步的考慮，幫助你決定選擇哪條路——自我發現還是自我推銷，覺知還是權力，順應自然還是扭曲自然。眾所周知，魔法會反噬，魔術師遲早會受傷。如果必須使用它（哪個成年人沒有在這上面花費大量時間和精力？），就得小心。那些專注於不惜一切代價獲勝、從不丟臉的傑出人物的傳記，讀來並不令人振奮。事實上，這些所謂魔法力量的問題不在於它們過於強大，而在於它們遠不夠強大。它們之所以微弱，是因為歸根結底它們是虛幻的；而真正的力量，那賦予一切力量的力量，正是你的真實本性，你那真正的、無形無相且不可能失去的臉，也就是你在那個不起眼的紙袋一端所發現的。大約2000年前在中國，它被稱為"道"，又名"常在"、"無物"、單純的"空"，如水般無味無色，看似如此脆弱，總是尋求最低之處。

然而，擁有"道"就意味著擁有一切的空間，依靠"道"就是依靠唯一真正存在的力量，依靠那匹"黑馬"。這匹黑馬看似毫無起跑的希望，卻最終成為贏家。我的建議是：押注於它，把你的全部賭注押在它身上。它從不失敗，從不讓你失望。正如道家所說：汲取這口井的水，它永不乾涸。我對你說，一如既往，不要被動地相信這些話。去測試這種力量。你就是它，它是你的本性，你的"無物"狀態，你的"第一人稱"身份，不需要遠求。試著讓它旋轉：或者更確切地說，讓自己被它旋轉。

當然，這需要你花一些時間。與此同時，你認為哪一種才是真正的積極思考？你願意投資於哪一種：是那種幻覺能力，在你所在之處僅僅幻化出一個小小的"某人"，還是那種洞察力，在此發現所有人，為整個世界留有餘地？

莎士比亞本人（與亨利國王及他筆下的大多數角色不同）不僅知道答案，而且有他自己直接進入中國人所謂"道"的方式：例如，通過《雅典的泰門》（Timon of Athens）中體驗到"無"（Nothing），它帶來一切事物。以及作為晶瑩剔透的本質，忽視它，我們肯定會在關係中墮落為憤怒的猿猴：

但人，驕傲的人！

披著一時短暫的權威，

對他最確信的東西——他的晶瑩本質——最為無知，

像憤怒的猿猴，

在高高的天堂前玩弄如此荒誕的把戲，

令天使為之泣涕。

當然，這對猿猴不公平，但我們明白了其中的要點：你面臨一個直接的選擇。你可以模仿（亨利國王和他的士兵），以第三人稱他們為模板，塑造第一人稱的自己，緊張地努力成為他們外在的樣子，從而發現自己與他們對立、衝突。或者，你可以（同意愛默生（Emerson）的觀點：模仿即自殺）做你本來的樣子，即那偉大的、無壓力的存在，一切生物皆從中而來，從而與它們和平共處，因為在本質上你就是它們。與其模仿任何人或任何事物，不如試著成為莎士比亞《雅典的泰門》中所說的"誰也不是"（Nobody）或"無物"(No-ting)，看看是否存在任何場合、任何危機（甚至血腥的戰鬥）—— 真誠會失效，做真實的你會讓你變成懦夫，你的"晶瑩本質"會讓你失望，而扮演憤怒的猿猴卻不會。特別是，看看是否曾經有必要，或者是否明智，去忽視或否認這個顯而易見的事實：在每一場"交易"的你這一端，始終存在著這個奇妙的本質——"道"，覺知本身。為什麼呢？即使是那位心理魔法的使徒，崔尼先生（Mr Trine），在某種程度上軟化了態度，（以令人驚訝但值得稱讚的不一致性）繼續大力讚美我們純淨的源頭，讚美我們背後支撐的無限及其令人敬畏的智慧，並敦促我們順從並信任它的神秘運作。

好吧，我已經闡述了基於禪宗所謂"本來面目"（完全的無臉）而非後天塑造的虛假面孔來建立關係的理由。不要認為我已經證明了這一點。去測試這兩種截然相反的處理社交和人際關係的方式——一種是試圖成為他人外在樣子的、製造壓力的方式；另一種是做真實的自己、消除壓力的方式。兩者都試試。親自找出哪一種更實際，哪一種適合你，哪一種才是真正的你。

這是生活中對你提出的最重大的問題，它要求從你出發，給出一個明確的答案。在做充滿壓力的"某物"和做無壓力的"無物/萬物"之間沒有漸進的過渡，沒有妥協。兩者的差異是不容商量的。

光靠思考是得不出答案的。你必須去看，去感受。你可以（像艾略特（Eliot）筆下的J·阿爾弗雷德·普魯弗洛克那樣）繼續試圖"準備一張臉去面對你遇到的臉"——或者，你可以去看，去發現這個任務是多麼不可能。被語言麻醉（那種最強大、最普遍卻未被察覺的致幻劑），你可以讓你的說話方式決定你的存在方式——例如，談論當人們攻擊你時要擺出一張勇敢的臉，談論當他們不注意時對他們做鬼臉，談論當不宜表露情感時要整理你的臉，談論面對某些事物要勇敢而對其他事物要冷臉反對，談論即使與你的愛人也是臉對臉——直到最後，你被"臉"堆積得如此之多，壓力大得令人難以置信。

或者，你可以戒掉這個習慣。你可以現在就看透那令人麻木的語言煙幕，抵達真相，獲得一直屬你的完美自由與清晰。相應地，你可以通過雙倍地成為他們，與所有來者建立一種全新的關係。現在，你可以對每個人說：

**我擁有你的外貌，我是你的本質。**

**這就是親密！**

# 第八章　現代生活的壓力與節奏

## 四處奔忙

我住在距離倫敦市中心八十英里的地方——倫敦並非世界上最大、最狂躁的城市，但在榜單上名列前茅。開車進城時，我感覺路上經過的人們身體越發僵硬，步伐越來越快、越來越機械，從鄉村到郊區，再從郊區到大都市本身。在這裡，人們似乎急著趕往某個地方，但他們緊繃的面孔似乎在說，他們並沒有更接近目的地。問題不僅在於城市生活的速度本身，還有挫敗感和速度的缺失。被困在交通堵塞、人行橫道、長長的隊伍中，等待遲遲不來的公交、地鐵或出租車，以及與時間賽跑中的其他各種阻礙，這些至少和賽跑本身一樣令人疲憊和充滿壓力。

我們都充滿了矛盾。在城市裡，生活的快節奏讓我們渴望鄉村的寧靜與安逸。而在鄉村度假時，鄉間的平靜又讓我們渴望再次動起來。最終，很難說哪種更糟——被迫停滯的壓力，還是被迫躁動的壓力。無休止的運動確實是一種懲罰，但丁（Dante）對此有所強調，他在《神曲》中將有罪的戀人保羅和弗蘭切斯卡置於地獄第二圈，那裡他們永遠被狂風拋擲。然而，詩人並未暗示相反的懲罰——在一個一切皆完美平靜的天堂裡，永恆的單調無聊，那裡的晴雨錶永遠停在"晴朗"，沒有一絲狂風吹過。

當然，針對過度活躍及其相反狀態，存在一些緩解措施或部分解決辦法。例如，我們可以定居在一個不太與世隔絕的鄉村小鎮，那裡的生活節奏緩慢（但不過分緩慢），並減少去城市的次數。有些人可以選擇更安靜、要求不那麼高的工作，並選擇像釣魚或觀鳥這樣寧靜的愛好，取代衝浪、輪滑或迪斯科舞蹈。當然，還有藥物可以讓我們放慢或加速節奏。

一些減速是我們無需外力就能做到的。畢竟，我們大部分的躁動並非現代生活從外部強加於我們，而是我們從內心自我施加的。我們四處奔忙是因為我們想要，而不是因為我們需要。至少在年輕時，我們往往更喜歡不安甚至狂熱生活的壓力，而非無聊帶來的壓抑壓力。然而，隨著年齡增長，我們大多數人尋求在過度成就的壓力與不足成就的壓力之間找到某種可行的折中。但這種中間道路很難找到，更難堅持。更糟的是，它往往成了一種逃避，一種在兩個極端之間的搖擺，一種因為無法承受生活的磨損而膽怯地拒絕全力以赴生活的態度。

這裡的真相是，中間道路永遠在"維修中"，無法通行。緩解措施和妥協無論看起來多麼合理，都行不通。它們不穩定，也無法治癒壓力。那是因為它們沒有觸及問題的核心——我們對自己本性及其運作的無知。本章的任務就是要驅散這種無知。

## 兩難困境

讓我們先來仔細看看我們想要什麼。

我們是瘋狂的生物，渴望互不相容的東西。無論我們的欲望是交替出現、相互抵消，還是將我們撕裂，它們都是不穩定（甚至可能爆炸）的混合物。我們想要從狂熱生活的壓力中得到休息治療，同時我們也想要（至少我們需要）從過於平靜生活的壓力中得到不安的治療。（我向那些覺得生活過於平淡和可預測的讀者推薦薩基（Saki）的搞笑故事《不安治療》（The Unrest Cure）。）我們想要悠閒地休息，雙腳翹起，坐在劈啪作響的壁爐前，旁邊放著一杯舒緩的飲料，腳邊有一隻忠誠的狗；同時我們也想要在狂風中攀登艾格峰的北壁。我們全心全意祈禱在這個時代獲得和平，哦，主啊，但我們卻把時間花在玩戰爭遊戲和觀看戰爭電影上——越是恐怖逼真越好。如此等等，在我們生活的許多領域中都是如此。

這一切毫無意義嗎？我們這個物種瘋了嗎？還是說這種與生俱來的矛盾在教我們關於我們真正是什麼的功課？我們的本性會不會在某種程度上調和了所有這些截然不同的對立面？我們手中是否握有治療這種奇怪疾病的藥方，我們自己是否就是這藥方？如果發現我們真正的本性不僅能修補人類給自己造成的深層傷口，而且我們的本性中就隱藏了我們健康的秘密，那將是多麼幸運，多麼大的恩賜！不可能嗎？前幾章已經從我們的詞匯中抹去了這個詞；並且做了很多工作，表明"荒謬"和"荒誕"這樣的詞遠沒有我們想像的那樣致命。我們不是一直在發現，我們的社會化生活是一場巨大的假裝遊戲，一場《愛麗絲漫遊仙境》中的茶會，一切都上下顛倒、內外翻轉嗎？

要真正應對我們的壓力，我們必須重新開始，質疑我們自童年以來視為理所當然的基本假設和信念。這敢於體驗我們的體

第八章 現代生活的壓力與節奏

驗，敢於做自己，敢於從我們所在之處——這裡——而不是從我們不在之處——那邊——來看待生活，敢於不再偏離中心。這是去探究我們被告知要看到的東西背後，我們實際看到的東西。並且繼續發現，我們的壓力中有多麼大的比例是由於我們放棄了直接體驗，轉而追求社會認可的公式；或者更直白地說，是由於我們驚人的輕信，我們願意——甚至急於——被蒙蔽。

## 不被蒙蔽

不被蒙蔽——這正是本章的主題，無論是在隱喻意義上還是字面意義上。運用徹底懷疑的方法——我們的重新開始技巧——來探討我們的主題，你需要問自己的問題是：四處奔忙、放慢速度、停下來，真正的體驗是什麼？你的實際經驗是什麼？我無法告訴你答案。沒有人能。只有你能進入那個答案完全清晰的地方。

一種找出答案的方法是放下這本書，走出去，開始沿著街道狂奔。或者，如果你的體力或精力不足，可以開車穿過城鎮，越快越好。或者，如果附近有機場，可以從那裡飛往某處。然而，有一種更便宜、更快捷、更安全（而且可能更方便）的方法讓你體驗高速運動。而且，這種方法非常適合我們現在的目的，因為它不常見。很可能你已經多年沒有以這種方式讓自己動起來了；也許這對你來說完全是全新的。那麼，再一次，從一個新的角度或新的情境看待熟悉的事物，很可能會成為一個奇妙的"開眼"機會，突破真相的屏障，穿過那層隱藏我們真實面貌的濃密習俗帷幕，而我們卻從未懷疑它的存在。

## 實驗 11：什麼在動？

如果有一個朋友在你進行實驗時讀出下面的指令和問題，會很有幫助。否則，你需要先通讀這些內容並記住它們——不一定是確切的措辭，但要記住大意。

站起來。伸出一隻手臂，直直地指向前方。

開始原地旋轉……一圈又一圈……

這確實是運動……

但根據現在的證據，什麼在動……？是你，還是房間……？

你說是房間……？

好吧，那麼加速——快到足以讓你也動起來……？

什麼？你做不到……？是牆壁、天花板和家具在加速……而你卻完全靜止……？

（如果你持續關注你伸出的手臂近端的事物……關注這裡 A 處的靜止……你就不會感到眩暈。這裡沒有"人"會遭受眩暈……）

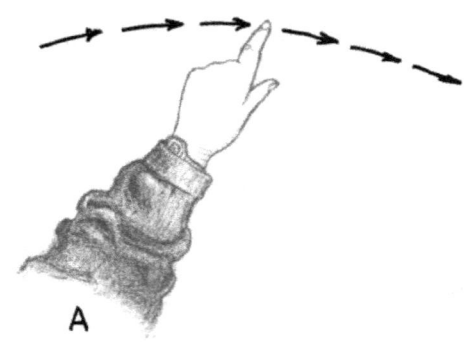

第八章　現代生活的壓力與節奏

好的，那麼，讓房間慢下來……逐漸地……逐漸地……

通過這個實驗（一如既往，親自做實驗至關重要，僅僅閱讀毫無用處），你會發現，與你所被告知和認為的一切相反，無論你多麼渴望，你永遠、永遠無法移動分毫。既然如此，為什麼還要擔心放慢生活的節奏，或在與時間和其他競爭者的賽跑中停下來呢？反正你從未離開起跑線。不管你喜歡與否，你永遠處於靜止狀態。"安息"現在就屬你，而不是某天刻在你的墓碑上。你能想像比這更奇特、更滑稽、更重要的事實嗎？幾乎所有人類（你現在是少數例外之一）一生都生活在錯誤的印象中，以為自己在一個穩定的世界中跳舞，而事實上，世界——比洶湧的大海或風吹雲湧的天空更不穩定——是在他們之中跳舞？

你從未移動分毫，也永遠不會。（當然，我指的是真實的你，而不是你的外表：是你在中心的樣子，而不是我們眼中你偏離中心時的樣子。）這就是你剛剛通過這個最短暫、最便宜、最可重複的實驗室實驗所做出的、字面意義上震撼世界的科學（再次強調，科學）發現。但自然地，為了滿足你對科學證明的標準，你需要更多證據來支持你的發現並確認你的結論。

## 更多關於你不動的證據

首先，這個結論真的那麼奇怪嗎？它不正是你可能預料到的嗎？早在之前，你就發現你的本質是"覺知的無物"、純粹的"容量"或"空"，誰聽說過這些東西會移動？想像"空"在追逐自己的尾巴，或者四處奔忙模仿它所包含的事物！事實上，我們又發現了一個例證，證明了那條法則：你不受你所體驗的事物束縛，你的本性恰恰是你當前所關注事物的對立面。抬頭向前看，注視前方的牆壁。

正如你現在為那個物體的形狀而空無，片刻之前，你也為它的運動而靜止。正如你現在是無色的，以容納那牆紙的顏色；是簡單的，以容納那複雜的花卉圖案；是透明的，以容納那不透明性；是寂靜的，以容納你現在聽到的任何聲音；同樣，你是靜止的，以容納一切運動的事物。你始終是這種對立面的理想結合。因此，事實上，我們的實驗之前就能預測到你的絕對不動。

再者，如果我懷疑你所說的作為第一人稱的你是靜止的，而我卻能看到你在快速奔跑，我只需要給你拍照就能消除我的疑惑。我可能像路西法（Lucifer）一樣撒謊，但我的相機不會。為了拍出一張完全清晰的你的照片，我需要跟隨並模仿你看似所有的運動，直到你完全沒有運動為止。同樣的道理，你一定注意到，在賽馬的影片中，馬匹的進展多麼微小，而賽馬場本身才是真正"跑動"的東西。

為了進一步確認你的靜止，你只需轉向你的日常生活，你所過的生活。每次你想確認你中心的寧靜時，絕不需要模仿旋轉的苦行僧，讓房間、街道、超市或機場繞著你旋轉。還有許多其他不那麼顯眼的方式來檢查你的靜止。

例如，儘管你說今天早上要去辦公室——你可以繼續觀察實際發生了什麼。開車（正如你所說）去火車站時，注意沿途的樹木、電線杆和建築物的行為——它們如何向你靠近、快速變大、加速，然後在兩側消失於你的靜止之中。注意那條路如何為你而拓

## 第八章 現代生活的壓力與節奏

寬,它的表面像一條瀝青之河,流入你稱為"自己"的神秘洞穴。注意方向盤上的雙手並非在轉動汽車,而是在讓整個街道轉動和扭曲。到達車站停車場時,注意實際上是停車場"來到"了你。你上了火車,據說它將帶你去城市終點站。但一句也別信。你的火車完全靜止不動。是其他的火車、車站、信號箱、橋樑飛快地從你身邊掠過。顯而易見的事實,耀眼的真相,不是你前往城市,而是城市向你走來。

(真相時不時會顯露出來。我的一位威爾士朋友聽到一名列車員非常認真地宣佈:"下一站是卡迪夫,將在十分鐘內到達!"我記得一架飛機的飛行員通過對講機對我們乘客說,新澤西的紐瓦克正在"從我們的左翼下方經過"。我看了看,確實如此,移動得非常緩慢。對飛行中的人來說,"飛行"意味著什麼?對旅行者來說,著名的"航空旅行的速度"又意味著什麼?他可以誠實地報告,這純粹是迷信,現實是他比任何紅隼或雀鷹更加一動不動地懸停在一個緩慢移動的景觀之上。)

最後,到達辦公室,你沿著走廊走向你的房間——享受著你根本沒有在做這件事的事實。是走廊在移動,像一朵為蜜蜂綻放的巨大花朵為你展開,融入你之中……是的:除了將你的運動卸載到世界上等同於卸載你的壓力這一事實外,你還額外獲得了永不褪色的樂趣。你擁有一個秘密,一個寶貴的秘密。

有時候,你幾乎無法對正在發生的事情保持無意識——機場接管了你以為屬你的運動,在你"起飛"時加速和傾斜;不停靠的火車站如此迅疾且壓縮,以至於你無法讀出它的名字;路邊的車禍場景(正如你所說)以每小時六十英里的速度"閃過"。這樣的真相時刻是正常的，如果是你身處事故中（"路沖上來撞了我"），或者你喝醉了（伯蒂‧伍斯特搖搖晃晃地沿林蔭大道走，"瞄準一個路過的路燈柱踢了一腳"），或者你非常年幼（維尼熊沒有從樹上掉進金雀花叢：是花叢沖上來撞了他，痛得很）。世界有各種方式，愉快的和不愉快的，堅持讓你——在它包含的無數事物中的"無物"——成為它的樞紐。停止抗拒你的獨特性。為什麼？因為你對自己撒的謊越少，你承受的壓力就越少。

## 自我中心

你沒有理由抗拒這個好消息，因為它會助長你的自負和自我中心，而這些（有些人會說）已經過分了。事實上，它恰恰相反：這是唯一真正的治癒之道。它驅散了那種自負，那種依附於鏡子裡那個本質上流動且偏心的人，試圖一次又一次讓那個人成為宇宙中心的自負。徒勞的希望！這種不可能的任務——試圖將邊緣中心化——所帶來的壓力是巨大的。你無法通過稍微緩和那種虛假的自我中心，或將自己稍稍推離那個自我中心、稍稍偏離那個自我來減輕這種壓力。不！唯一的解藥是真正的自我中心，它讓你一躍回到你從未真正離開的那個點，那個你無論搜尋多遠、多久都將找到的唯一真正的樞紐或靜止。

一個簡單的測試將使這種描述變得生動起來。再次強調，關鍵在於實踐，而非閱讀。

# 第八章　現代生活的壓力與節奏

## 實驗 12：第三人稱圍繞第一人稱的軌道運行

拿一面手鏡，找到並保持你的臉在鏡中，將鏡子伸到手臂的長度。

慢慢揮動你的手臂，讓那張臉進入軌道，沿著左側牆壁向上，穿過天花板，沿著右側牆壁向下，回到起始的位置……

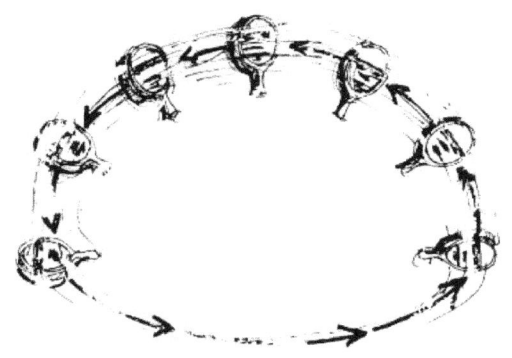

完成幾次軌道循環，隨意改變軌道的形狀和速度……

那張人臉，那個人，是你的太陽的行星。

現在看看你能否移動那顆太陽——那張"明亮而迷人的本來面目"——它在鏡子的你這一側，在那揮動的手臂的近端……試著帶它到房間的另一邊走一小段路……

然後發現你無法將它移動分毫，是房間在做所有的移動……

## 運動的世界

事物在移動，即使是最穩定的東西也是如此。大金字塔，若說有什麼是固定的，它當之無愧，但（他們告訴我們）它每天繞著地球的軸心旋轉，地球每年繞著太陽旋轉，太陽則繞著銀河系的中心旋轉。把這些運動加起來，你會看到金字塔在瘋狂地四處奔跑，表現得相當狂熱。這與你有多麼不同啊，你作為一切運動的"容量"，是絕對靜止的！這是你的"無物"狀態的自然結果，是你躁動和自我中心的解藥，也是直接體驗的事實。否認你是世界的靜止樞紐，那是教條主義和虛假的謙虛。在證據面前的謙遜意味著你接受它——並且，為了激勵自己，你會注意到科學本身在宇宙中找不到一個客觀的樞紐或中心的中心：它讓你自由地將任何一點視為中心，因為宇宙會像一群蜜蜂圍繞它們的蜂后一樣，殷勤地圍繞那一點自我排列。這意味著你完全有權利（或者說與其說是權利，不如說是必要性和義務）將那個你永遠不會偏離的點，那個你佔據卻完全不佔據的點視為中心。如果認為一絲震顫——更不用說生活的壓力、它的狂熱奔忙、它的磨損——能在這裡影響到你，那都純粹是幻想。

事物在移動，它們的構成本身就是運動。相比之下，作為這些事物的純粹"容器"，你既沒有外部運動，也沒有內部運動：可以說，你是靜止，並由靜止構成的。另一個小實驗將展示你作為無運動的"事物容器"與那些由運動構成的事物之間的區別。

# 第八章　現代生活的壓力與節奏

## 實驗 13：運動構建

快速抖動你的手……

繼續快速抖動，讓它構建成一個物體，雖然看起來不像那只手那麼堅實，但體積大了好幾倍……

一個原子通過其像行星一樣迅速旋轉的電子而成形並具象化。若讓它們停止旋轉，原子便會坍縮、內爆。原子上演著一種屬它自己的遊戲，正如我們小時候在黑暗中玩的一個遊戲——點燃繩子的末端，並飛快地旋轉它，使那發光的點變成一個光圈。要讓那個光圈重新變回一個點，我們只需停止旋轉。停止世界，世界便消失了。時間、運動和週期性構成了萬物本身。換句話說，萬物是凝結的壓力。靜止的生命即是死亡。因此，減少任何事物的緊張程度，在某種程度上就是在消解它。這意味著，那些僅僅通過減少負荷、放慢節奏、輕鬆應對來降低我們個人壓力的權宜之計，實際上是在回避問題而非真正解決問題。因為只要它們減少了壓力，也就在同樣程度上削弱了生命力。

**無頭之境，解壓之地　超越底線**

很有可能的是，在你消除掉壓力之後，你會以更加有活力、甚至可能更加充滿張力的方式生活。你的"靜止"之中的內容——那些構成你生命、體現你生氣勃勃的事物——很可能會變得更加活躍。試圖安撫它們是毫無意義的！事實上，情況往往正好相反：它們越是躁動不安，反而越能凸顯出你內在的平靜。正如你的"無物之境"並不會因為其中來來去去的事物和人物而被遮蔽，反而因他們而更加鮮明可見，你的"靜止"也是因外界的運動而愈加突顯。這樣的對比非常有力。因此你可能會發現（就像我發現的那樣），繁忙的城市街道、球賽、煙火表演、遊樂場——任何由移動物體組成的複雜景象，都不僅不會打擾你的靜止，反而很可能讓它更加顯明。

有一次，我發現自己躺在地板上，身邊是兩百個尖叫、吶喊、呻吟、掙扎、狂亂的人群。在那種狂熱之中（我沒有像活動組織者所鼓勵的那樣，變成那股狂熱的一部分），我體驗到一種格外深沉的平靜感。我至今難以忘懷那種平靜與周圍——更準確地說，是平靜之內——肆虐的風暴之間的巨大反差。問題不僅在於"內在的安靜"和"外在的喧囂"之間沒有矛盾，更在於它們是互為補充的。這也許意味著，你根本無需離開城市去鄉村，也不必改為釣魚、編織這類輕鬆的愛好。說不定，你還可以去參加一級方程式賽車呢！

那麼，這種對速度的熱情，在各種形式中的狂熱，背後到底是什麼呢？對有些人來說，是騎馬、飛車、快艇、風帆衝浪、特技飛行或者騎摩托車；對另一些人來說，則是遊樂場裡的過山車和摩天輪。它們之所以如此吸引人，很大程度上是因為，表面上加速了你的行動，從而確認了你表面上作為"一個實體"的存在。仿

第八章　現代生活的壓力與節奏

佛在說："我在移動，因此我存在。"靜坐不動、無處可去時，我感覺自己像個無名之輩，半死不活；而當我起身四處活動，速度越快越好，我就感到自己是"某個存在"，更加真實、更加有生命力——即便為此要付出極大的壓力與勞累，也是值得的。

不過，有一個重要而令人振奮的事實，那就是這種實體化或凝固自身的努力是有極限的。當速度達到某一點時，這一過程會突然逆轉。比如說，在每小時一百英里的速度下，我還能輕鬆地告訴自己，是我以這樣的速度穿越鄉村。但當速度上升到一百五十甚至兩百英里每小時時，事實就變得越來越難以忽視：我更可能感知到自己是那片靜止不動的存在，而鄉村則在我之中飛馳而過。在極高速下，人幾乎不可能不把運動歸因於周圍環境，而不是自身。我懷疑，這正是賽車運動對賽車手產生強烈吸引力的原因，也是他自己未曾察覺的、對這份工作的迷戀背後的深層動機。如果你把某種精神性或神秘主義的意圖歸因於他，他大概會感到驚訝。然而，事實上，他的加速過程確實讓他經歷了一種逐漸加劇的實體感，一直到達某個極限或屏障——在那之後，便是他"無物之境"的靜止。類似的體驗，長跑運動員也有

過記載：在經歷了一段漫長而艱難的征途後，他會到達一個極限的關口，在那之後，突然間發現自己鬆弛下來，安然自若，周圍的景象也仿佛在身邊輕柔地飄過。

我們這裡所關心的，是日常生活和日常實踐。我們並不需要做任何特別、危險、耗竭或困難的事情，以抵達那不可被壓力撼動的靜止。步行、駕車或乘車，以正常速度行進，使用公共交通工具——這一切都為觀察現實本貌、觀察什麼在運動、什麼沒有運動，提供了絕佳的機會。

## 安全駕駛

我可以想像，這裡可能會有一個很嚴重的反對意見：

當放鬆地坐在車上當乘客時，保持靜止、讓世界流動過去當然很好，但當我是駕駛員或飛行員時，我是有任務在身的。必須有一個負責任的身體坐在駕駛位上，做出正確的判斷和動作。如果僅僅成為交通流動中一塊"靜止"的空間，那無疑只會導致交通大亂！

我以一個問題來回應：無論做什麼事情，當我對現實情況保持警覺時，我的表現會變差嗎？而當我忽視或否認現實時，表現會變好嗎？還是恰恰相反——實事求是、不自欺，哪怕在開車時，也總是更有益的？大家都知道，在路上心不在焉、神遊天外、急於趕路，尤其是處於壓力之下，是事故發生的溫床。那麼，如果我在這種樸素的常識基礎上更進一步，徹底對自己講出全部的實情——承認眼前的狀況，承認自己坐在駕駛座上的狀態：這裡，其

## 第八章 現代生活的壓力與節奏

實只是一片空的靜止,用來接納飛速迎面而來的道路景象。如果我這樣做,並觀察這種覺察對我的路感和駕駛表現有何影響,會怎麼樣呢?

我對這種駕駛方式有著切身的體會——可以說,我的命就是靠它保下來的。我的朋友弗吉尼亞・帕賽爾(Virginia Parsell)開車,載著另一位朋友理查德・朗(Richard Lang)和我,沿著南加州通往棕櫚泉的一條狹窄的雙車道山路行駛。我們的左邊是陡峭的山坡,右邊則是懸崖。我們正駛向一個左轉彎。突然,一輛高大的卡車從彎道處迎面沖來,它因為轉彎速度過快,正在側傾,即將橫倒在路面上,完全堵住道路。令人驚訝的是,弗吉尼亞並沒有像常人那樣本能地猛踩剎車。如果她那樣做了,我現在就不會在這裡講這個故事了。她不是那樣反應的——她在一瞬間不僅看清了那輛沖過來的卡車,還看清了整個局面,於是加速沖向理查德和我眼中的"必死之地",在最後關頭成功閃過。原來,她一眼就看到了我們兩位乘客沒有注意到的一塊小小的、建在懸崖邊緣上的未鋪砌地帶,並猛打方向盤沖了進去。我們與那輛倒下的卡車擦肩而過,近得幾乎可以觸到,實際上還有一些貨物撒到了我們身上。

將弗吉尼亞的冷靜歸因於她的"身體缺席",以及她那種經過良好訓練的、時刻警覺的"能力",似乎很有誘惑力,她能夠應對一切發生的事情。事實上,她也承認,多年來,看到自己真正坐在駕駛座上的習慣極大地提高了她的駕駛表現,也無疑是那次關鍵時刻救了我們三條命的主要原因。

另一方面,我們每個人都有能力在自發的"奇跡"中,許多人甚至在生死關頭的緊急時刻，實際上也曾"自動"完成過這些奇跡。它們為我們提供了另一個突破真相壁壘的途徑——這次不是因為陌生的環境、疲勞、醉酒或極高的速度，而是因為危險。越過這個壁壘，我們突然發現自己從那種堅不可摧、不可被壓力動搖的"無物之境"中生活，而不是從充滿壓力的"有物之境"中活著。但是，為什麼非得等到絕望的時刻，真相才能顯現呢？讓我們在一切平靜、安寧的"靜止"狀態下做功課，在這種情況下，我們幾乎不可能被推向永恆。

這個建議特別適用於那些急於在高速公路上試驗我們真相技術的駕駛者。記住，長期的習慣不容易打破。那個新的觀念（與頓悟、看到的真相不同）——即沒有任何運動的身體佔據你的駕駛座——可能比舊有的觀念（即有一個運動的身體佔據座位）更危險。慢慢來，在那些風險最小的時刻和地方嘗試你的靜止/缺席，然後在接下來的幾個月和幾年中，去發現，做回自己、保持安寧是多麼高效、安全、愉悅。讓一切事物按照它們自己的方式和動盪自如地存在。這樣，每次開車時，你都在練習無壓力的狀態，而你也會成為一個更熟練的駕駛員，因為你學會了讓運動歸屬於運動的溫柔藝術。

## 觀察鳥類

在我住的地方，夏天常常可以看到很多燕子和紫燕，它們飛行時速度極快，翅膀一展就變成了拖長的光影。冬天時，天空偶爾會密佈著星鴉。然而，我從未看到過一次險些相撞的情況，更

# 第八章　現代生活的壓力與節奏

不用說實際發生碰撞了——即使這些鳥是不同種類的。它們這些無與倫比的飛行者根本不遵守任何交通規則，也沒有左右、上下的優先順序。它們的秘訣是什麼呢？是什麼讓它們的表現遠遠超越那些易出事故的人類飛行員呢？答案就是：沒有一隻燕子是"屬它自己"的燕子（就像你曾經也不是"屬你自己的"嬰兒），它是其他燕子、其他種類的鳥，當然還有蒼蠅、樹木、它的巢、它的蛋——所有這一切的容納者，它讓這些事物進出其間。它唯一不可能成為的，是一台裝備精良、操作嫻熟、控制自己飛行的高效飛行器。不是的！它依靠著那種"自動"駕駛，這種技術很快就會帶著它，使這只才破殼幾周的小鳥，從我在英國的花園一直飛到它父母早已為其選好的非洲某地。

那只鳥的資源、秘密和內在故事所依賴的靜止，正是你自己的資源、秘密和內在故事。它在你身上展現的技藝，絲毫不遜色於那只年輕的燕子。為什麼不從它出發，意識到它，活出它呢？或許還能帶著自然界那種張揚的風采和獨特的魅力。

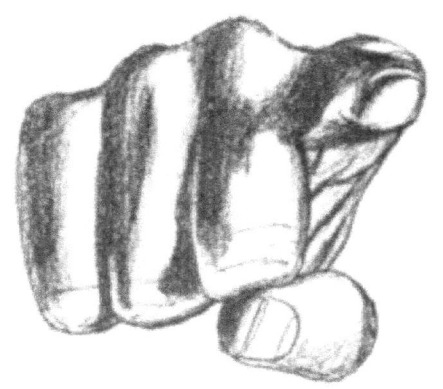

那麼，再一次，我們的方法和原則——這本書的核心——依然有效。讓我們回顧一下它是什麼：完美——並不斷進步！或

者，更詳細地說，提高你作為一個人的表現的最佳方式，就是去除不必要的壓力；而去除壓力的最佳方式，就是從那個沒有人類存在、沒有任何事物可以施加壓力的點出發；而做到這一點的最佳方式，就是看你所看到的，而不是別人告訴你應該看到的。就本章而言：有效地在這個世界上行動，就要在"家"中保持靜止。你有你的門鑰匙——那根指向的手指。不要讓自己被迷惑！

# 第九章　無壓力致富

## 賺大錢

很多人會告訴你，他們並不想致富，非常感謝。他們給出了各種看似合理的理由，解釋為什麼寧願保持貧窮。例如，獲取財富的壓力和緊張，以及隨後守住財富的努力，不值得那些回報；或者，富有在某種程度上是不體面或道德上錯誤的；或者，他們不夠狡猾、無情和執著，無法在追逐骯髒金錢的激烈競爭中勝出——謝天謝地！讓那些不介意骯髒和氣味的人去成為臭氣熏天的富豪吧！

這一切都是酸葡萄心理。要麼這些人對自己不誠實，要麼他們有些虛弱——如果不是真的病了。所有健康且真正充滿活力的人，無論男女老少，內心深處都渴望致富，深深地感到自己理應致富，某種程度上確信自己終有一天會致富，而現在的貧窮只是暫時的不適。

這種直覺——巨大的財富是你應得的——並非白日夢。它值得認真對待和尊重，而不是為此感到內疚。本章的目的是展示這種感覺是多麼有根據，並邀請你毫不壓力、毫不緊張、毫不延遲地去創造你的財富。又一個誇大的承諾？當然！僅僅是空話和鼓舞人心的話語，不太可能落實到實際增加你的銀行存款，或讓你從赤字轉為盈餘的層面？當然不是，我們很快就會看到。

　　什麼是富有？就是擁有你想要的東西。擁有你想要的東西，意味著在你想要的時間、地點，以你想要的方式擁有它們；同時，當你不想要它們時，能夠擺脫它們。是要確保它們安全。是要確保只有你有權擁有它們，不會被他人奪走。這正是真正富有的含義，缺一不可。此外，你還必須考慮這一切在壓力方面的成本。如果你的財富讓你比周圍那些所謂的窮人壓力更大，你就不是一個幸運的人，而是一個極其不幸的人。

　　是否存在一種通向巨大財富的道路，不僅不增加壓力，反而能減少和消除我們的壓力？

　　確實存在，而且這種方式提供的財富是真正的財富，擁有它們是真正的擁有。一個分為兩部分的實驗將清楚地展示這是什麼，以及如何讓它成為你的道路。

## 實驗 14：手中的現金

將一枚硬幣放在你張開的手掌上。

(i) 去看，去感受：這只手擁有這枚硬幣嗎……？

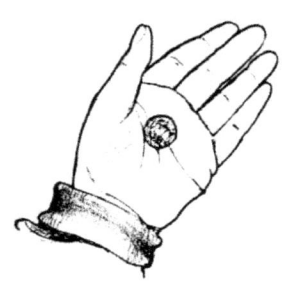

# 第九章 無壓力致富

誰能說不是硬幣擁有了這只手⋯⋯？

注意，事實上，兩者都不是，根本不是擁有，而是簡單地接觸，是事物彼此貼近⋯⋯

注意手和硬幣是兩個物體，每個都佔據自己的空間，將對方排除在外⋯⋯它們各自如何堅持自己和自己的獨立性⋯⋯沒有任何它們融合、相互擁有或接管對方的危險⋯⋯

(ii) 在繼續注視手臂遠端的手和硬幣時，注意手臂近端是什麼在接納這兩者⋯⋯

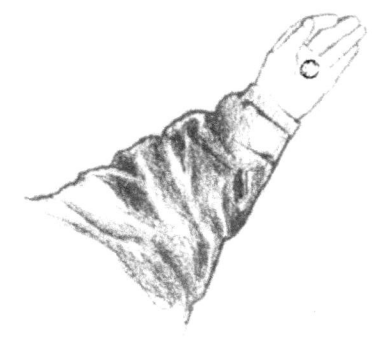

看見自己是這裡的空無，被那枚硬幣、那只手、那條手臂所充滿⋯⋯

看見自己是那個不存在於這三樣東西之中的無物⋯⋯不是在它們之外添加了第四樣東西⋯⋯不是與它們分開的⋯⋯

看見自己實際上就是這些東西，當下就是⋯⋯

這就是擁有。

## 擁有與持有

事物永遠無法擁有其他事物。它們相互排斥，相互擠壓，彼此對立。它們堅持自我，僅是自我。但覺知的無物之態（Aware No-thingness）卻不堅持任何東西，不抗拒任何東西，因此包容並成為它所持有的一切——假以時日，便是一切。而你何時何地能找到這覺知的無物之態？就在你所在之處，就在此刻。唯有它才是富有的——天生富有，無需努力或意圖。其中的人（作為人，作為第二、第三人稱）不過是稻草人，未清償的破產者，連身上的衣服都不屬自己。至於其中的事物，它們被剝得赤裸，是一貧如洗的典範。但你作為第一人稱（也就是真實的你）只需明白，正如特拉赫恩（Traherne）所說，"你的本質是容器"，一瞬間你的財富便成：你不僅"披上天空，冠以星辰"——你本身就是星辰，你本身就是天堂。此刻提供給你的一切，都是你真正的財產。為什麼？因為你生來如此，因為你以無法割捨的方式擁有整個世界。

但等一下。你怎能正當擁有這些散佈宇宙各處的事物？這些你永遠無法佔有的龐大財富有何用處、有何意義？一千平方英里的月球表面，附帶全部採礦權，或是你挑選的一千顆星星，在你能觸及之前，連一枚銅板都不值。

確實如此。但假設能安排將這些遙遠的財產完好無損地送到你家門口，距離不再是問題，那你將真正富有。它們將全屬你，安全地存放在家中，沒有任何距離將你與你的所有物隔開。像是一次不太可能的宇宙運輸壯舉？

如果在你睡夢中，這一切早已送達呢？好吧，讓我們來看看。讓我們測量你與你的財產之間的差距。為此,你需要一根標有英寸或釐米的測量棒——我想沒人會質疑這科學儀器的可靠性。一把學校用的尺子就行,或者任何類似的東西。

## 實驗 15: 距離不是問題

(i) 從你坐的地方,讀出任何物體與在場任何人之間的距離。如果你是獨自一人,則讀出任意兩個物體之間的距離⋯⋯

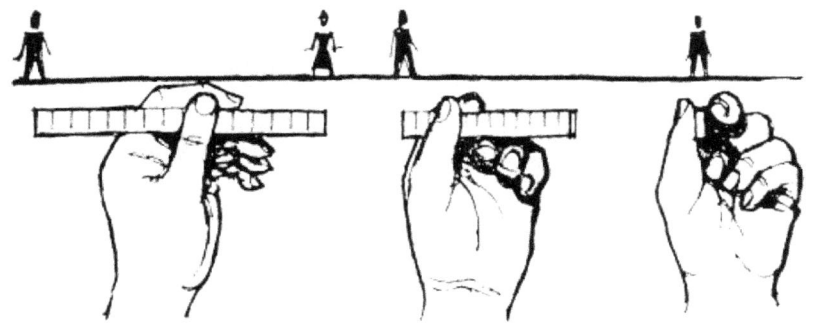

(ii) 慢慢地將尺子轉向你,觀察那些英寸逐漸縮短⋯⋯

(iii) 將尺子轉到與你端對端⋯⋯讀出你與物體之間的"無距離",英寸已縮為零⋯⋯

在你(A)與"最遠"的物體(B)之間拉緊的一條線,對你來說根本不是一條線:它是一個點。當然,你可以嘗試通過想像跳到 C 點,從那裡讀出 A–B 的距離,從而與 B 保持距離。

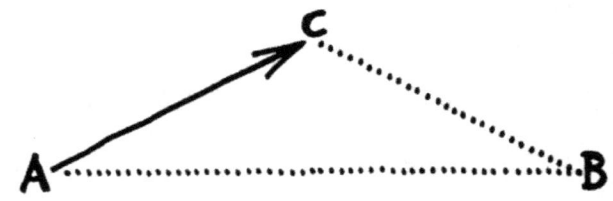

但是,假設你成功了,你(現在在 C 點)與 B 之間的距離仍然是零。事實是,無論你多麼努力,你永遠無法回避或放棄你那無限的遺產。說你"生來就含著銀湯匙"簡直是史上最大的輕描淡寫。你已經壟斷了所有的銀湯匙。

## 傾聽攝影師、生理學家、兒童和藝術家

畢竟,這不正是明智的常識嗎?每一位業餘和專業攝影師都知道,他所拍攝的人、山或星空並非遠在數碼、數英里或光年之外,也不是過去的歷史片段,而是現在就在他的相機中呈現,甚至在他自身中呈現。無論是他還是他的相機,都無法捕捉到別處或別時的事物。每一位業餘和專業生理學家也知道,他所感知的——他所感覺、聞到、嘗到、聽到和看到的——都在他所在之處,而無關物體被認為在何處。

小孩子們以他們自己的方式,同樣是明智而誠實的。他們抓向月亮,或將星星握在手中,是在接受給予的東西,在證據面前保持謙卑。當然,他們必須繼續學習假裝的藝術,假裝事物——如人、房子和樹木——保持同樣的大小;假裝它們不是一直在膨

# 第九章 無壓力致富

脹和縮小,而只是變得更近或更遠。但是,當他們越來越全心全意地參與這些成人的嚴肅遊戲,將事物的距離視為絕對真理而非僅僅約定俗成時,他們便失去了與生俱來的無限寶藏。結果:壓力與更多的壓力——這些壓力和痛苦源於他們被剝奪了與生俱來的遺產。難怪需要漫長而痛苦的成長歲月(實際上是削減的過程),我們才會接受這種強加的貧窮。即使如此,在內心深處,我們仍然對社會如此殘酷地欺騙我們感到憤怒。直到我們重新發現並 奪回真正的財富,我們所有人——不僅是吝嗇鬼、職業竊賊和詐騙犯——都會一生都在盡力奪回屬自己的東西。

你現在正在重新主張你的權利,並且(以最好的方式)最終奪回屬你的東西。你正在打開屬你自己的阿拉丁洞穴,那正是整個世界,以最佳狀態送到你的門前。它們被最美妙地縮小到合適的尺寸,既不擁擠,也不會讓你的家過於擁擠。不僅被縮小,還被放慢、冷卻、加熱,或根據需要進行其他調整:這樣你就不會被催促、被炙烤、被凍結或被電擊,諸如此類。

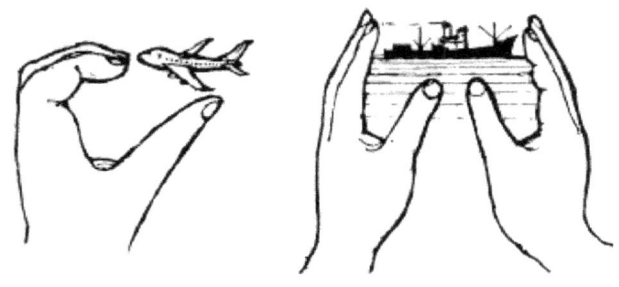

是小孩子們看清了正在發生的事情。一位小朋友興奮地告訴我,他看到了一架小小的飛機(是的,他確信裡面裝著更小的人),它移動得非常非常慢。另一位小朋友在和她父親沿著附近的河口散步後回到我家，告訴我她剛看到了一艘小船——她說著，用雙手比劃出六英寸的距離，說它有那麼大。當然，孩子們是對的。為了讓一個人的財富在這裡舒適地適應，它需要被適當地小型化。（事實上，這還不夠。飛機、船隻和人都是彈性的，它們的大小都是真實的。一個事物並沒有真正的尺寸，就像它沒有真正的重量、顏色或形狀一樣。一切都取決於視角。）

然後是藝術。在國家美術館漫步時，你的享受不會因為想到這些傑作缺乏深度而減弱：它們是試圖表現三維世界的二維嘗試。恰恰相反，它們的平面性不是缺陷，而是一種美德，一種啟示。傑出的畫家馬克斯·貝克曼（Max Beckmann）說，將高度、寬度和深度轉化為二維對他來說是"充滿魔法的體驗"，使他得以瞥見他整個存在所追求的維度。畫家們在讓你直面真實且呈現的世界，在你耳邊低語：這個場景和每一個場景都是你的場景，它與你佔據同一個平面，對你而言沒有遠近之分，它的特徵就是你的特徵。多麼驚豔的戰妝，多麼即刻而華麗的妝容，你現在卻找不到一張臉來妝點，因為所有表面都是你的表面！將國家美術館或泰特美術館當作你的美容院——這才是真正的奢華生活，這是真正的享受！

還有音樂。聆聽莫紮特時，聲音並非填滿你，而是取代了你。你並非為那些旋律而激動，而是你自己成為了旋律。你不是具有音樂性，而是成為了音樂本身：如此美妙的音樂，足以讓你淚流滿面。

## 成果——以金錢衡量

到目前為止，你可能會說，我們的發現雖然有趣、溫馨且能減輕壓力，但似乎不太可能讓我們的錢包鼓起來或銀行賬戶增加。好吧，讓我們來看看。現在是時候審視重新發現"世界是我們的寶箱"這一事實對我們的財務狀況和償付能力的可能影響了。至少有五個理由讓我們期待好的結果：

（i）我們花了多少時間、金錢和壓力去跟瓊斯一家攀比？為了匹配——我們希望能超越——瓊斯先生的新遊艇、鄉村別墅、泳池、汽車、溫室；加上瓊斯太太的最新款窗簾、超現代化廚房設備、夢幻浴室，更別提她為自己和狗狗頻繁更換的晚禮服和髮型；還有小瓊斯在與小羅賓遜家的軍備競賽中，為生日和聖誕節添置的、已然可怕的太空武器？沒人能贏得這場極具壓力的遊戲。為什麼要玩這個遊戲呢？有什麼地位象徵能配得上你作為星星之主的身份？誰能與你作為羅馬、珠穆朗瑪峰、你所珍視的每一幅大師名作的輝煌相提並論？做你自己，擁有無與倫比的富足與壯麗，停止與瓊斯一家玩那些不值得、貶低自我且無法獲勝的遊戲，然後數一數你省下的真金白銀。你會驚訝地發現，有多少東西是你不需要的反而更好。為什麼呢？因為你可能會發現，迄今為止你的大部分開支都用來取悅他人——卻讓自己感到壓抑：用那些反過來佔有你的財物來壓抑和負擔自己。但是，退出這場悲慘而荒謬的遊戲，愉快地向瓊斯一家、史密斯一家和羅賓遜一家認輸，開始為了表達自我而生活，而不是為了給別人留下印象。你將在許多方面獲得成功。作為額外的回報，你很可能會贏得他們的尊重。你無法永遠隱藏一個事實：你已經找到了嫉妒的唯一真正解藥（即擁有一切），以及社交攀比的解藥（即成為所有人）。

(ii) 其次，是你在鎮靜劑（包括化學的和非化學的）上的省錢。那些鎮靜劑會消耗你的活力；你在各種消遣上的花費，那些消遣最終變得跟你想要逃避的日常一樣無趣；還有那些度假，往往讓你度完假還需要另一次假期來恢復；以及你想從"物性"的牢籠中逃脫的各種嘗試——但總是以被重新俘獲而告終。所有這些針對壓力的"補救措施"，不過是在治療症狀的同時加劇了病因——那就是假裝自己是你並非的那個"東西"。

(iii) 還有，人們開始喜歡你了。他們很可能變得更加慷慨和樂於助人，因為他們感受到你不再與他們對立，而是接納他們，與他們合一。他們在不知不覺中感受到：你對他們完全敞開，真正地看見、聽見並欣賞他們的本來面目。這也促使他們以同樣的方式回應你。你不需要把你的秘密告訴他們——這個秘密就是，你無法不這樣做，因為你作為這個無限容納一切的"無物"，天然地對他們敞開，心胸寬廣。如果你把這種狀態歸功於個人的修為，或者濫用它來討好他人、從他們那裡謀取好處，那麼結果只會適得其反：那樣你就會退回到一種尤其令人遺憾的"物性"狀態之中，隨之而來的，是相應的壓力。"無物"（No-thing）對任何人沒有任何要求，本身已經擁有一切，本身就是一切。只要停留在這個狀態中，看看它是否不會在恰當的時刻，自然而然地帶來你所需要的東西——其中很可能包括那些你越來越不感興趣的錢——以至於你都想不明白為什麼你的銀行賬戶餘額總是能穩穩地維持在盈餘狀態。

(v) 這也引出了最後一點——也是最深層的原因——為什麼有

## 第九章　無壓力致富

意識地從你那絕對的財富出發生活，很可能會改善你在相對層面的財富狀況。事物（things）是靠不住的。它們帶來問題，它們會變化，它們終將消逝。而這個覺知的無物（Aware Nothing）卻不會。它是唯一可以真正依靠的存在。它不斷帶來各種事物——當然，這些並不是你想像中你想要的那些，而是真正、真正符合你內心深處需求的那些。這有什麼好奇怪的嗎？畢竟，所有的萬物——這座不可思議的宇宙——本來就是從這個無以言表、神秘莫測的無物之中誕生出來的，且無緣無故地誕生（為什麼不能呢？）。整個從誇克到星系的浩瀚工程，如此井然有序，如此運作自如，這並不是一項小小的成就！而這，正是你當下的無物所成就的事業。如果支撐著這個無限責任公司、這個"事業中的事業"的那股力量和智慧都靠不住的話，那麼世上還有什麼可以依賴的呢？如果它偶爾讓你的賬戶出現赤字（這種情況是可能發生的），請相信管理層（指背後的智慧）自有其用意。如果在它的引領下，你有時在某些方面稍感匱乏（很可能會如此），你也不會因此感到壓力。因為你有著強大的支持。

之所以至少應該暫時把部分信任投向它，繼而逐步把自己完全託付給它，有三個理由。首先，許多現今備受推崇的人類成員曾經聲稱，儘管表面上看似動盪，但他們發現這一資源絕對可靠，並且極力勸告每個人親自去體驗。第二，當你回顧自己生命中的危機時刻，可能會記起自己曾經從比平時更深的內在層面汲取力量，並取得了令人印象深刻的成果。第三，也是最重要的，這個我們所推薦的資源，正是你出發的地方，是你的真正自我、你的源頭、你真正的本性——如果連它都靠不住，那麼你確實處境堪憂。這個完全是你自身、比你還更是你自己的存在，同時又蘊藏著超越你的不可抗拒的力量——你的心、你的直覺（更不用說你的理性）難道不會呼喊著："我將自己交托給這存在，交托給我自己，承擔由此而來的所有後果！"嗎？

你不會後悔的。

## 一種新的記帳方式

信任是對抗壓力的一劑強大解藥。它的夥伴——感恩、對自己不可言喻財富的感激——也是如此。我這裡說的，並不是那種模糊溫暖的情緒，而是一種非常鮮明而具體的態度轉變，甚至可以說是一種全新的記帳方式。我稱之為第一人稱記帳法。一個平常的例子可以向你展示它與普通記帳方式有多麼不同。

你正沿著高速公路行駛，離最近的小鎮還有好幾英里，感到疲憊，需要休息和補充能量。你來到一個偏僻的路邊咖啡館，買了一壺咖啡，靠在椅背上，感到滿足……你付了一英鎊……當你離開時，你思考了一下：這一英鎊中，有多少便士是利潤，有多少是用來支付店鋪開銷的，又有多少是實際的原料成本——咖啡、牛奶和糖。你總結說，自己花的錢還算值，或多或少。你既不覺得感激，也不覺得被坑了。你繼續上路……

這種實用的經濟學方式，以及它理所當然的成本核算方法，當然是有用的，不必捨棄。但讓我們正視它的局限性：它是匱乏、稀缺、吝嗇和忘恩負義的經濟學。很明顯，它是不完整的、具有誤導性的，並且與事實不符。還有一種更加真實的記帳方式，它更多地依據你作為"無物"的現實，而不是你作為"有物"的表像。這種方式符合豐盛、感恩、慷慨和壓力放鬆的經濟學。回到我們之前的例子，新的記帳方式是這樣運作的：

你像之前一樣點了咖啡、喝了咖啡、支付了一英鎊，然後開始計算，在那樣一個偏遠的地點、恰好在那樣的時刻，為滿足你的需求而提供那壺熱咖啡、那張乾淨的桌子和那把舒適的椅子的實際成本。你的估算包括了：服務員的工資、店主的生活開支、咖啡館土地、建築和設備的投入及其後續運營費用，再加上供應牛奶的牧場的設立和運營成本，還有從巴西進口咖啡所需的海運和陸運費用，以及維持航運線路和公路網絡的成本……此時，你放棄了估算，並得出一個正確的結論：那一壺咖啡的代價是整個地球，甚至超過了地球。整個宇宙的結構與歷史，都為了在你需要的時候、在你需要的地方，生產出那一壺咖啡。當然，這種情形適用於你所享受的每一項服務。為你點單並端上咖啡的那位服務員，是一位女神，本身正是宇宙本身的深度偽裝。那壺不起眼的咖啡，本質上正是宇宙存在的最終產物與存在的理由。

不過，也許你對這種非常規的記帳方式並不是完全滿意。也許你仍然覺得，用傳統的方式來計算那壺咖啡的價格——即把所有成本平均分攤到所有顧客頭上——才是合理的方法。畢竟（你可能會說），在所有顧客中，有什麼特別之處，讓整個設置和所有投入的錢，都是為了其中一個人——就是你自己——而存在的呢？

那麼，讓我們同意通過參考事實來解決這個問題——通過關注在那家咖啡館中真正發生著的事情——並且把那些能夠反映事實的記帳方式，視為正確的記帳。

那麼，事實是什麼呢？如果我們暫停幻想，真正去觀察，會發現什麼？首先，讓我們看看當其他顧客喝東西時發生了什麼。各種飲料消失在他們面部上由嘴唇圍成的縫隙中，而你無法分辨他們喝的是水還是白葡萄酒，是濃茶還是咖啡，是熱湯還是冷湯。而當你喝東西時情況就不同了。各種飲料被吸入一個無唇、無面、無任何邊框的深淵中，而且你能夠立刻分辨出白葡萄酒和水、濃茶和咖啡、熱湯和冷湯的不同。如果你在那家咖啡館裡呆上好幾年，你也不會遇到另一個像你一樣的吃客或飲客。事實上，你是唯一真正的顧客，唯一一個得到了自己點的東西並真正因此得到滋養的人。而且，只有你離開咖啡館時，不會帶走一張仍然寫滿疲憊和壓力痕跡的面孔。

由此可以推斷，把你視為獨一無二的人、認為整個設立都是為了你而存在的那種記帳方式，才是真正符合現實的；而把你算作成千上萬個彼此無異的普通一員的那種記帳方式，則是不符合現實的。當然，常規會計法無視你的第一人稱獨特性，這並不是對它的指責。它的職責就是忽略你的獨一無二，而你的職責是去享受它。世上沒有另一個你。那杯在公路邊端到你面前的咖啡，是由無限者為無限者準備的，代價是無限的。

在本章開頭我們提到過，富有不僅是指你擁有你想要的東西，並且能在你想要的時間和地點擁有它們，還包括在你不需要它們的時候能輕鬆擺脫它們。這才使你成為那個咖啡館真正的擁有者：你只在想要的時候擁有它，不想要的時候便毫無負擔地離開。而那位名義上的店主可就不是了，他整天忙於經營，背負著運營的各種壓力，還不得不困在那塊荒涼之地，他是那家店的奴隸。同樣的道理，航空公司為了在你想要飛的那天，把你從世界

## 第九章　無壓力致富

的一端送到你選擇的城市，早已準備就緒。如果你乾脆買下整家航空公司而不是只買一張機票，它就會更"屬"你嗎？相反，它會變得不那麼屬你。它會立即增加你現在的壓力。再想像一下，假設上帝非常喜歡你，給了你星星作為他對你的欣賞的象徵——但他以一種讓它們成了麻煩且持續負擔的方式給你。然而，他給你的方式使得這些星星成為完美的禮物。你會把這些星星珠寶安全地存放在哪裡（而且偶爾展示一下呢）？你會把它們存放在天際的保險箱中。你能想出一種比現在更令人滿意的享受這種美妙禮物的方式嗎？你想要一份法律文件來證明你的所有權嗎？那不過是一張所有權的記錄證明吧？

幾年前，我觀看了一次已故的保羅・蓋蒂的電視採訪，他是世界上最富有的人之一。採訪者評論說，蓋蒂先生（可憐的蓋蒂先生）臉上顯得緊張而不快樂，並表示驚訝他的財富沒有讓他高興起來。他本不該感到驚訝。蓋蒂先生值得稱讚的是，他並沒有假裝自己是個快樂的人。實際上，像所有人一樣，他非常貧窮：因為他把自己看作是外界的某個個體，而沒有從內心看作是整個世界的一部分，因此他有理由感到痛苦。

作為你真正的自我，你擺脫了虛假的所有權所帶來的壓力，這種虛假所有權讓一個事物宣稱擁有其他事物，從而失去了一切；你獲得了真正所有權的放鬆，真正的所有權是無物，不索取任何東西，卻能獲得一切。你不再為自己沒有得到物有所值或被欺騙而煩惱，你享受宇宙無論付出多少都願意為你提供服務的喜悅。認同自己所不是的——一個身體，一個人格，一個事業，一家跨國公司，一個帝國——是在欺騙自己，破壞自己，以極大的壓力為代價。這是不現實的。而認同你真正的自我，認同那種沒有遺漏任何東西的無物，你將得到歷史上最好的交易。

## 中頭獎

一個有頭的人是貧民，而貧民是有壓力的。是什麼讓一個人一生都像在狂風中緊抓著帽子一樣抓住他的頭？是什麼讓另一個人，戴上它經歷了十幾年壓力後，能快樂地讓上帝的風吹走它？或者，更幸福的是，把它投入生命的遊戲中，失去它——然後贏得頭獎？是壓在肩上的異常沉重的痛苦嗎？還是堆積如山的屈辱？還是貧困如此壓迫，以至於最終將頭部拋光？還是更像是運氣的安排？如果我們幸運，幾乎任何事物——身體或心理的疲憊，個人危機，性放縱，甚至幾杯酒或一根煙——都能鬆動或卸下這個怪物。它能（儘管可能只有片刻）讓我們失去一個肉球，卻讓我們獲得一個宇宙。

有一個日本傳說在這裡非常貼切。一個貧窮的寡婦臨終時，留給她年幼的女兒的唯一遺產是一隻黑色漆面的沉重木碗，條件是女兒必須把它戴在頭上。這東西不像是堅硬的帽子或頭盔，更像是一個專屬的滅燭罩，而更糟的是，母親還堅持說，女兒自己是絕對無法將它摘下來的。小女孩出於孝順，照做了——結果過上了一個淒慘、貧困、徹底不幸的生活。不過，最終她在一家農舍的廚房裡找到了一份粗活。沒過多久，農家的兒子回家探親，偶然注意到了這位廚房女僕，愛上了她，並決心娶她為妻。儘管有她那副頭飾，儘管父母極力反對，也儘管女孩自己也頗為猶豫，婚事還是安排下來了。在婚禮上，在按照慣例喝了清酒之後，那只頭飾突然炸裂成碎片,一串串璀璨的珠寶和金銀幣傾瀉到她的懷裡。無論有意還是無意,她的母親早已安排好,讓女兒的苦難在既不太早也不太晚的時候迎來圓滿的結局;而且她還因此得到了一個不被表像迷惑的理想丈夫,外加一筆足以建造一座華麗新宅邸的財富。

我們不知道這對夫婦是否從此幸福地生活在一起。我覺得更有可能的是,舊習難改,那位主婦——面對那麼多種奇形怪狀的鍋碗瓢盆——忍不住一個接一個地試戴,看看自己戴上去是什麼樣子。有時候,其中某些器皿會卡在頭上很久,導致家用錢短缺,家庭糾紛不斷。不過,我更願意相信,她從未忘記,這些東西其實隨時可以輕鬆取下。最終,她甘願徹底摘掉所有頭飾,赤裸著頭——而因此,因為她披戴著整個蒼穹、頭頂著群星——她才是真正富足無比的。

# 第十章　如何得到你心之所願

## 得到你想要的東西

終結壓力、獲得幸福的方法，就是得到你想要的東西。

我年幼的時候，有一張著名的海報，畫著一個嬰兒正奮力去抓一塊梨牌（Pears）香皂。海報上的文字寫著："在拿到它之前，他不會快樂。"這句話一語道破了——不僅道出了那個嬰兒在浴缸裡的狀態，也道出了他未來的一生，以及你我的一生，無論各自身處何種境遇。不過，或者說，幾乎道盡了一切：只是沒提到，當他真的拿到香皂後，那些笑容和咯咯的歡叫會持續多久。很可能就在下一刻，他看見了姐姐的塑料小鴨子，一切又如常地重新開始，一樣充滿壓力。所以，其實並不是那塊可愛滑溜的香皂、也不是那只漂亮閃亮的彈跳小鴨子（或是稍後那套令人興奮的化學實驗套裝，或是又添了更多檔位和花哨裝置的夢幻新自行車，或是那個令人心動的女友，或是最新款的跑車，或是更高薪的工作，或是位於更好社區的更好住宅，或是終於能完善投資組合的那筆生意）——他真正想要的，並不是這些東西：否則，一旦得到這些東西，他理應安於現狀、放下壓力、放鬆身心、享受生活。

當我們最終得到自己追尋的目標時，我們的喜悅確實非常短暫。然而，那一刻是真正的喜悅。它唯一的缺陷就是太短暫了。很

## 第十章 如何得到你心之所願

快,這種喜悅就會轉變成,若不是明顯的幻滅和失望,至少也是一種冷漠。追逐那個特定獵物的動力、壓力和緊張感已經結束,而下一個目標又遲遲沒有出現。與此同時,越來越強烈的無聊感、在項目之間失去方向的壓力開始上升。所有那些努力、挫折和成就之後,我們實際上離真正的目標——持久的滿足感——並沒有接近一寸。我們仍然需要去發現,自己真正渴望的是什麼,那種真正的成功,只能用我們自己對持續內在幸福的標準來衡量,而不是用世俗表面的標準。

我們自然而然地會以為,這種似乎無法滿足的渴望,如果能夠佔有世上所有的香皂或塑料鴨子(或其他任何東西),或者設法攀登並抓牢自己行業的巔峰,或者最終獲得持久的聲譽和人氣,或者掌握無可挑戰的權力,就能得到治癒。但事實卻恰恰相反。亞歷山大大帝(Alexander the Great)在成為已知世界的統治者之後,是否終於滿足了?他在發現沒有更多國家可以征服時痛哭。很少有政治家能像溫斯頓・丘吉爾(Winston Churchill)那樣贏得如此多的欽佩,但他生命的最後幾年卻因感到國家對他的拋棄而變得痛苦。還有哪位作曲家比柴可夫斯基(Tchaikovsky)更輝煌、更受讚譽?然而在事業巔峰時,他試圖自殺。托尼・漢考克(Tony Hancock)則在被公認為英國當時最優秀的喜劇演員之一、幾乎無法再進一步時,選擇了自我了結。有多少輝煌的成功故事,從內部真正重要的地方來看,其實是輝煌的悲劇呢?

你也許還記得,在《鏡中奇遇記》(Through the Looking-Glass)中,白皇后給愛麗絲提供了一份非常不令人滿意的工作,每週兩便士的工資,還有某種形式的果醬:「規矩是,明天有果醬,昨天也有果醬,但今天絕對沒有果醬。」真正的成功,即擺脫壓力、獲得當下且持久的喜悅，似乎就像那果醬一樣難以捉摸。我們今天能嘗到的所有果醬，最多也只是路過時指尖的一點點滋味。很少能有一整勺，更別提整個果醬罐了。

果醬本身沒有問題。這不是要發現一種新的、更高品質的快樂（舊的、稍縱即逝的快樂已經足夠好），而是要延續那種普通的快樂，延長我們一生中那種至今只在勝利時刻品嘗到的滿足感。遺憾的是，隨著年齡增長，這些時刻變得越來越稀疏。嬰兒在抓住剛看上的玩具時的喜悅，與他後來在經過數十年努力後獲得夢寐以求的地位、財產或名聲時的喜悅，根源上是相同的；但嬰兒一天能體驗多次這樣的快樂。隨著我們長大，快樂變得越來越少，卻並不更持久，而且越來越容易出現在悲傷和壓力的背景之下。

## 獲得我們真正想要的

是什麼能讓我們永久擁有那難以捉摸的快樂？換句話說，在我們內心深處，我們如此渴望得到什麼，以至於一旦擁有，我們就不再追尋？在本章中，我們將找到答案。到目前為止，我們發現我們以為自己想要的東西——從浴缸玩具到統治世界——結果都遠遠不足以滿足我們。存在某種別的東西，某種不僅能滿足我們而且能持續滿足、永不逃離的東西。我們有理由相信它存在，原因有二：首先，因為我們有種直覺，一種與生俱來的信念，確信它的存在。我們追尋的持久性和強烈程度，那永不長久熄滅、不斷湧現的希望，表明我們無數的失望是我們尋找真正寶藏的漫長而曲折道路上的里程碑。其次,因為過去和現在都有人找到了那個寶藏,那些人每一天都是美好的一天,他們享受持久的滿足和沒有壓力的幸福。我們稍後將看看一些例子。與此同時,讓我們進一步探討我們表面的欲望與更深層欲望之間的區別。

心理學家們長期以來一直在強調這種差異。以下是他們指出的幾種典型例子。在餐桌上,你的丈夫——帶著明顯的誠意——向你保證他愛你,並想彌補你們最近的爭吵,但他的身體語言卻訴說著不同的故事:他小心翼翼地避免直視你,呼吸急促,雙手忙著把一塊面包皮撕碎。在辦公室,一位同事真誠地向你保證,他為你的晉升感到高興,並且如果是他被提供這個職位,他會拒絕:然而,他坐在巨大的辦公桌後,肩膀蜷縮,臉上帶著不悅的表情——這些都與他口中慷慨的言辭相矛盾。在你的運動俱樂部,你遇到一個熱衷於加入你組織的衝浪活動的人。但在最後一刻,他突然因嚴重的(且完全真實的)背痛而無法參加,終究沒能成行。他對此感到非常沮喪,但——你知道的,醫生的囑咐。真相是,他巧妙地(儘管是無意識地)安排好了這一切,確保自己永遠不會靠近那些他害怕卻不自知的可怕巨浪。這樣,他既確保了安全又保住了面子,避免向任何人——尤其是他自己——承認他的恐懼。

我們的隱藏動機未必比表面動機低劣。聖人多姆・約翰・查普曼(Dom John Chapman)說,聖人們確信自己是卑微的,但他們的行為卻訴說著不同的故事。或許大多數英雄和女英雄認為自己想要一種安全、舒適和為己的生活。然而,他們在緊急情況下的表現——無限的勇氣和能量——揭示了他們真正想要的,即在那個時刻完全奉獻自己。

無疑，你可能會想到其他類似的"雙重思維"或"雙重感覺"的例子，或許有些來自你自己的生活。這是我們人類的常態，內心不同層次之間存在衝突。我們的壓力源於我們以為自己想要的東西與我們真正想要的東西之間的差異，源於我們表面渴望與內心深處渴望之間的差距。這種差異越大，威脅要撕裂我們的緊張感就越嚴重。本章的任務是以某種方式將這些分離（甚至敵對）的意願區域整合起來，找到一種方法，將我們的全部意願——有意識的與較無意識的、個人的與超越個人的、自私的與無私的——統一成一個和諧的整體。

然後，我們就可以繼續過一種整合的生活，不再被撕裂，也不再被壓力困擾。

## 意願的三個領域

因此，我們回到了你生命中最大的問題：你的意願是什麼，你真正想要的是什麼？我們已經看到，這不僅僅是你有意識想要的東西。你的朋友有意識地想要去衝浪，但被他更強烈的留在安全家中的意圖所覆蓋；可以肯定，你自己的生活中也有很多類似的例子。事實上，我們可以將意圖或意願分為三個領域：（i）你以為你想要的，（ii）你真正想要的，以及（iii）所有其餘的，你所面對的，宇宙想要的。

# 第十章 如何得到你心之所願

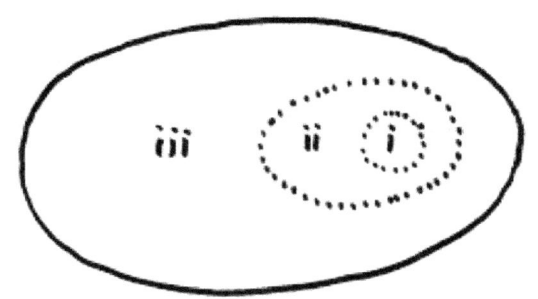

現在，如果這個第三個、極其廣闊的領域，恰好是你真正、真正想要的，而且你不僅包含了這個世界，還意圖這個世界，你想要這一切——（i）、（ii）和（iii）——都如其所是，那麼你將會非常幸福。如果你全心全意地選擇這一切，你所有的壓力都將被平息。

但遺憾的是，宇宙是一個艱難、危險、令人沮喪、痛苦且常常極其殘酷的存在。你如何能真誠地容忍這一切，更不用說贊同這一切，甚至主動計劃這一切呢？你的無壓力快樂難道不會以犧牲你的誠實、你的同情心、你對世界可怕不公的自然反感為代價，從而成為一種虛假的快樂，類似鴕鳥式的逃避主義嗎？這樣獲得的快樂真的會是無壓力的嗎？鴕鳥（我猜）的緊張並不比老鷹少。

與其進一步推測，不如讓我們來看看兩個以截然不同方式處理意願問題並在現實生活中真正解決它的人。

我的第一個例子幾乎再低調和平凡不過了。他是一個年近中年的普通士兵，行動笨拙、頭腦簡單，在戰爭期間曾短暫擔任過我的勤務兵。他腿腳不便只是他諸多困擾中最小的一個。他因戰傷持續忍受疼痛，而他的妻子正身患癌症垂危。然而，他是我遇過的最安靜、開朗、放鬆卻又高效的人之一，也是最不自憐的人。他的秘訣是什麼？嗯，我確信他根本沒意識到自己有什麼秘訣。我同樣確信，更多是天性而非後天培養，他屬那群幸運的人，他們不知不覺中掌握了人生中最寶貴的技能——對降臨在他們身上的事物說"是！"的習慣。

我的第二個例子與第一個的唯一相似之處在於同樣說"是！"在其他方面，差別不會更大。

理查德·沃姆布蘭德作為異見人士，在羅馬尼亞的監獄中度過了十四年。他遭受了毆打、酷刑和藥物迫害。有兩年時間，他被關在所謂的"死亡室"中，這個地方之所以得名，是因為沒有其他人生還離開過。儘管如此，他盡可能地利用時間安慰和照顧獄中的同伴。他通過敲擊牢房牆壁，向一位獄友傳遞了他支撐自己度過所有磨難的領悟："當你接受發生的一切時，發生的事情就只是你所接受的。放下是通往平靜的道路。"對他來說，這條路也帶來了喜悅。獲釋後，他寫道："監獄的歲月對我來說並不漫長，因為我發現了……一種深沉而非凡的幸福極樂，這種幸福在這個世界上無與倫比。當我走出監獄時，我就像一個從山頂下來的人，在那裡他看到了周圍數英里的鄉村的和平與美麗……"

用我們的術語來說，我的勤務兵和那位羅馬尼亞異見人士所做的，是將他們的意圖的三個領域全部提升到意識層面：不僅是（i）已經是有意識的意願，也不只是（ii）偶爾可以被察覺的更深層的無意識意願，還有（iii）其餘的一切，那是最深、最廣、最隱秘的意願領域。實際上，他們將這一至關重要的領悟推向了極致：他們真正、真正想要的，就是發生在他們身上的事物；而這個事物就是一切事物（因為萬物皆相互關聯），是所有的存在，是宇宙本身。

用我們的說法，我的勤務兵和那位羅馬尼亞持不同政見者所做的事情，是把他們意圖的三個層面全部帶入了意識：不僅是（i）已經是有意識的意願，也不僅是（ii）有時可以覺察到的、更深層的無意識意願，還包括（iii）其他所有部分——意願中最深遠、最廣闊、最隱秘的區域。實際上，他們把那至關重要的領悟推到了極致：他們真正、真正想要的，正是發生在他們身上的事情；而那件事情，就是一切（因為萬事萬物都是相互關聯的），就是所有存在——也就是整個宇宙。加諸於他們身上的，不是某個外在代理人在做，而是"整體組織"、是"真正的代理者"在做，是他們自己真正、真正的存在本身在做。因此，儘管表面看來似乎是個人悲劇和可怕的境遇，他們依然得到了自己的心願。他們活出了壓力問題的真正解答。

## 我們能做什麼？

對於你我這樣並非被封聖的聖人或英雄的人來說，學會對生活說"是！"並立即開始實踐，是否遙不可及？

完全不是。我不是說這項任務輕鬆，而是說它簡單。也不像我們擔心的那麼困難——只要我們把它分解成當下的具體部分。當然，這些時刻累積起來是一生的工程，或許比賺到你的第一個百萬英鎊需要更長的時間，也肯定是一項更苛刻的工作。但你會希望它不是這樣嗎？你想錯過這場冒險，錯過在所謂"現實"——有時可怕，有時平淡，有時美好——中發現和重新發現那非凡、不可預見且完全無法描述的完美的起伏嗎？理查德·沃姆布蘭德和其他許多人向我們保證，這種完美是存在的，他們的生活證明它是可獲得的。你會希望這場至高無上的事業，在你第一次窺見"你是誰"時就徹底結束嗎？你想刪減、淡化或淨化這個故事，直到幾乎沒有故事可言嗎？真相難道不是，你真正、真正想要的——在你意願的第三個、最深的領域中——是你通向這個領域的勝利是一場真正的挑戰，絕非自動達成：它是你生命和活力的終極考驗？而且，作為"你是誰"的你，難道你沒有早已決定，讓通向"你是誰"的道路既充滿阻力（卻又完全敞開），既艱難（卻又如此簡單自然），既是喜悅與痛苦的混合？我無法想像你會反悔那個原始的決定。

無論如何，看看你現在的選擇。是對幕後的力量咒罵和揮拳，還是對它加諸於你的東西抱怨和呻吟，或者壓抑你的怨恨和痛苦——抑或接受這一切，包括那些負面情緒？你從前三種選擇中能得到什麼？或者從第四種選擇中會失去什麼？來吧，讓我們理智一點，給"是"一個機會，讓它與"否"一較高下。

為了鼓勵你，有一個事實是你可以立即開始實踐。這不僅在於提醒自己本章得出的結論，而是一遍又一遍地測試它們，直到它們融入你的生活。我的意思不是咬緊牙關，強裝一個可怕的微笑，不管發生什麼都出於義務和紀律地說"是！"。那樣可能會導致有害的情感壓抑和自欺——將你個人的垃圾，以及世界的垃圾，掃到一個並不存在的地毯下。不：要看清事物的本來面目，正如它們在你的空性中呈現的那樣——在這種顯然沒有偏見、沒有抗拒或怨恨、沒有好壞清單、沒有美醜或可接受與不可接受分類的開放性中。看看關注你本來的狀態會帶來什麼。看看你多麼完美地被塑造來完成這件意願所是的工作。看看這對你來說是多麼恰當和自然。然後，僅僅允許（不要強迫）喜悅升起，允許那因無須抱怨而來的平靜出現。只要給它半點機會，它肯定會的，或許比你想像的要快得多。無論如何，讓我們現在就開始：

## *實驗16：選擇你的"所是"*

請至少花五分鐘時間進行這個實驗－記住，這裡牽涉重要事項。想像你當前的主要困擾，眼前的痛苦和怨恨...

準確地命名它...與它同在...反覆審視它的顯著特徵，直到你能倒背如流，如數家珍...看看它可能的起源和結果...

現在把自己看作是空無一物的，如那無瑕的鏡子，其中一切都在映照；如那無損的屏幕，那個悲傷故事在上面展開，而不會損傷屏幕本身，也不會玷污鏡子...

也就是說，從沒有痛苦的地方，看待那種困擾，就像你現在從沒有文字的地方看待這些印刷文字一樣，從沒有任何阻礙的地方看待它們...

請注意，你無法拒絕讓當前的困擾進入，就像你無法拒絕讓這一頁的印刷進入一樣...然而，你自己並不處於被困擾的危險中，就像你並不處於被印刷的危險中一樣。

接下來，問問你自己：這一切是如何發生的……？你所謂的困擾是從哪裡來的……？這部悲劇電影,是不是由某個潛伏在電影院外面的邪惡放映員投射到你的屏幕上的……？

外面……？哪有什麼外面……？因為對你而言,作為那個你真正、真正的"所是",一個目睹著、無限無邊的存在——

一切都在裡面,一切都是你自己的,一切就是你。

不,這一切都從你之中生起,由你所是的支撐,並終歸於你所是……看看,確認這確實如此……

還有什麼發現比人類發現自己的"無意識"更具啟發性？正是通過這個發現,人震驚地意識到:他最渴望的,竟可能是他以為自己最不想要的。但事情並不止步於此,也不止于心理醫生的沙發上。

他的個人無意識（ii）,成為他從有意識層面（i）邁向普遍無意識（iii）的一個極為重要的踏腳石。用傳統語言來說,他的意願曾與上帝的意願對立,而要調和兩者,是件極為艱難的事。然而現在,這個中介層（ii）已向他揭示了他對自身意願的無知,調和雖然依舊艱難,卻已變得可行。如今,他再也沒有理由否認:普遍無意識（iii）中那些不可接受的層面,正如個人無意識（ii）中的那些一樣,其實不過是他意願的偽裝而已。

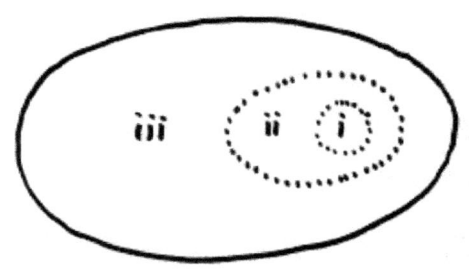

# 第十章　如何得到你心之所願

不是以你的人類身份，而是以你無限的身份，作為那個人類的源頭與真實，你最終為這一切承擔責任，包括（i）、（ii）和（iii）三個領域。承擔（i）你知道自己想要的,（ii）你不知道自己想要的,以及（iii）無論如何你必須面對的，其中很多是你確信自己不想要的。最終，這三個領域都被證明是你真正、真正想要的。

因此，你得到了滿足，你知道了什麼是深刻喜悅和無壓力的狀態。

## 這是選擇擁抱生活，而非逃避生活

我能想像你在這裡提出的最後一個疑問：當我終於將自己的意圖與我的源頭、起源或真實本性（或我選擇稱之為的任何名稱）對齊，接受一切發生的事情時，我作為一個正常、負責、健康的人的生活會怎樣？這是否意味著我的決策能力終結？我是否會失去對一直以來設定的普通目標的興趣，那些我為之努力並大體上實現的目標？我會否放棄所有想要的東西——想要鄉下的房子、更好的汽車、更重要的工作、激動人心的假期、網球或高爾夫比賽勝利的樂趣？看起來我有變成一個令人欽佩的無壓力"植物"的危險。

表面上似乎如此，直到不幸——或生活與日俱增的壓力、幸運的機緣或恩典——帶來一種更清醒的狀態，你開始將你的三個領域的需求提升到意識層面並整合：即你想要的，你真正想要的，以及你真正、真正想要的。那些做到這一點的人報告說，效果是——是的——你得到了你想要的，因為你想要你所得到的：

然而，這很可能意味著不是更低，而是更高的效率，在日常職責和努力中取得更多成功，在工作和娛樂中獲得更多樂趣，並且肯定能從瓊斯一家和羅賓遜一家為你設定的那些無法實現的目標中解脫出來。但這種全方位的改善畢竟是意料之中的。當你與電梯同向而行時，你會以更少的努力走得更遠，當你停止在上帝的潮流中逆向游泳或迎著他的風航行時，你會更輕鬆。而且，你還消除了旅途中的壓力和緊張。

當你有意識地根據你真正、真正之所是和你真正、真正想要的去行動，而不是根據別人告訴你你是誰和你想要什麼去行動時，你做的每一件小事和大事——從洗碗到規劃你美麗的家（天哪，這有什麼不對？）——都會比以前做得更好。這是因為行動的"你"不是鏡子中那個渺小的你，也不是在廚房水槽、繪圖板或音樂會鋼琴前忙碌的那雙手，而是比它們更近的，比一切都更近的那個你。這個無形無相的你就在這裡，激活著那雙手以及其他一切——它必然比你在那邊的任何東西都要熟練。去實驗吧，驗證這是真的。

還有另一個令人愉快的發現等待著你。你發現自己做的每一件事都帶上了另一種品質。不是你故意重新評估它，而是它自己重新評估了自己。你所有的環境和任務都將逐漸變得同樣令人愉悅、同樣無壓力；而且從頭到尾都同樣令人愉悅，不僅僅是在成功完成的那一刻。因此，生活不再是推遲。今天就有果醬。即使是等待遲到的朋友，甚至是填寫稅務申報表，也不再那麼令人不快，不再與朋友終於到來或收到稅務局通知說他們欠你錢的感覺有太大差別。我預測，你會發現，沒有哪件瑣事對你來說過於卑微或不值得你的才華；相反，也沒有哪項崇高的事業特別高尚或特別重要。你是誰，將這一切都輕鬆應對。這種均勻性、這種神秘的相同性的原因，顯然不在於操作的遠端或業務端——比如在水槽、繪圖板或演出舞臺上忙碌的雙手及其工作——而在於近端，在你的這一端，你曾以為自己的頭腦裡塞滿了關於你應該做什麼的考量和偏見。從這裡有意識地去做，即使是最無聊和重複的工作，也會變得更像玩耍。不是因為它是什麼，而是因為是誰在做它。

為什麼不立即開始驗證這些大膽的主張呢？沒有比廚房水槽更好的起點了。你很可能會發現，工作完成得更快，盤子摔碎的更少，一切都變得整潔，煥然一新。抗拒你必須做的事情所帶來的壓力是如此笨拙和令人感到無能，而想要去做它的放鬆感帶來如此的靈巧。

## 無限的獲取

本章承諾了很多——但有條件——需要付出代價，這個代價是你能負擔的，但必須付出。金額、貨幣和支付方式都必須正確。換句話說，你的技術會帶來天壤之別。

如果你對任何事業都認真對待，如果你追求結果而不僅僅是玩票，你就會深入研究它的技術。你會弄清楚該做什麼，如何做，以及按照什麼順序。你要做得正確。要從取款機中取出你想要的現金，你必須一絲不苟地遵循指示。要從生活中——從它的快樂分配器中——獲得你想要的快樂，你必須同樣認真和精確。

你可能隨身攜帶至少一張普通的信用卡。你很清楚如何使用它，它時不時會派上用場。但你肯定還攜帶著一張主信用卡，只要你確切知道如何使用，它簡直是奇跡般的存在。隨時隨地都如此。這張卡上的名字是"無限獲取",它旨在為你持續提供快樂,以及其他好東西。但你必須嚴格遵守使用說明。全部九條或十條,小心翼翼地執行。

(1)找到正確的分配器。它在這裡,就在你所在的地方,不在其他任何地方。

(2)檢查它是否正常運作。它現在有效,其他時間無效。

(3)選擇正確的卡。上面有你的肖像的那張——實際上是你的身份卡。

(4)找到插入卡的正確插槽。這是機器上唯一的縫隙。

(5)將你的主信用卡,頭部朝前,插入那個空的插槽。

(6)輸入你的秘密四位數密碼。你的密碼是0000。

(7)輸入請求查詢你的信用餘額。我現在可以告訴你,它是無限的,所以這一步你可以跳過。

(8)輸入你想要的。真正想要的。

(9)等待。

(10)領取。

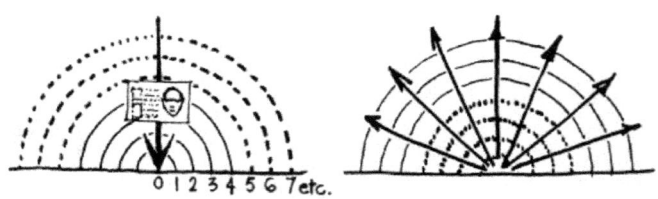

## 第十章 如何得到你心之所願

我理解你對"無限獲取"及其背後銀行應對你需求的能力的懷疑。你只能嘗試一下，看看結果。或者更好的是，先看清，然後嘗試。與此同時，為了鼓勵你，這裡是銀行發言人發佈的一些聲明摘錄：

求，你就會得到；尋，你就會找到；敲，門就會為你打開。

只要你真正想要，你就能得到你想要的。

當下這一刻包含了你所能渴望的一切。

只要停止偽裝。做真實的自己，你需要的東西就會出現。不是你表面想要的，而是你全心全意、毫無保留地深層渴望的。

畢竟，你只是得到了你所祈求的。

如果在試用你的這張主信用卡後，你仍然對結果不滿意，可能有以下三個原因。可能是"無限獲取"及我們剛剛摘錄的保證是欺詐的。或者卡賬戶已經破產。或者是你未能遵循某一條使用說明。你認為哪一種可能性最大？

也許你沒有從眾多可選卡中挑出正確的卡，那張帶有你自己的臉的卡。或者，即使你選對了，也許在最後一刻你緊緊抓著它，沒有確認好那張臉消失在空的插槽中。也許你輸入了錯誤的個人密碼：比如輸入了 1，而不是零。也許，你沒有輸入你真正想要的東西，所以自然會感到失望。也許你忘記了自己輸入了什麼，所以唯一的方法是看看你得到了什麼。也許你太不耐煩，沒有給系統足夠的時間來交付。最後，或許你還得清點正在發生的。

簡而言之，在責怪這個工具之前，先確保你正確地使用了它。

## 總結與結論

讓我們以回顧本章的發現來結束。

要終結壓力，就要"贏"。然而，我們發現，實現眼前目標所帶來的喜悅很快就會消失，這說明那並不是我們真正想要的。（我們以為自己想要的，往往與我們內心深處真正渴望的恰恰相反。）因此，我們的任務是延續"贏"的喜悅，也就是找到並獲得我們真正、真正想要的東西。這（是我們人生中最大也最美好的驚喜）竟然就是：事情的發生本身、"所是之事"，那些曾經是我們潛意識的意願、而顯意識中卻視為困擾和障礙的處境。我們將這個"第三層次的意願"提升到意識之光的程度，就是我們享受生活的程度。這意味著，我們終於知道了成功的甘甜滋味，得到了持久的快樂，從根本上無壓力，面對災難也不再畏懼。而且，作為額外收穫，我們在日常事務上也變得更高效了——因為這些事現在是從"這裡"，從我們真實本性出發來做的，自然會帶有它的光輝。

# 第十一章　壓力與人類困境

## 迫在眉睫的災難之壓

讓自己願意接受發生在自己身上的一切，顯然是擺脫自身壓力所必須做的事。但當涉及到他人身上所發生的一切時，要怎樣做到"願意"？甚至是否應該這麼做，都遠非顯而易見。面對那些威脅整個人類的可怕災難——那些我們眼睜睜看著逼近的，甚至已經降臨的災難——我們所感受到的壓力，似乎是完全有根據的，無法避免的。

難道除了消除其根源之外，還有其他解法嗎？這些根源包括：戰爭和核戰爭的潛因、污染、人口過剩、饑荒，等等。若要現實一點地問：我們有多大的可能性真的能消除這些根源？

對我們越來越多的人來說，那種最深層、最有意識、也最嚴重的焦慮與壓力，正是來自這種宏觀圖景——整個人類的困境。我們很難無視這些嚴峻的現實（媒體確保我們不會忘記），但即便我們設法暫時忽略它們，也不會因此減輕壓力。相反，把這種壓力壓抑起來，反而更糟。大多數人都清楚那些人為災難正懸在人類頭頂，但我們不知道該怎麼辦；或者，即使有些想法，我們也總是因為各種看似合理的理由而遲遲沒有行動——比如："反正我一個人也改變不了什麼。" 這並不是一種快樂的生活，但至少我們的焦慮與痛苦是顯露出來的。還有另一類人——而你很可能正是這種人——真心想減輕對人類的威脅以及由此帶來的壓力。你渴望採取行動。你認為，阻止世界範圍內壓力繼續惡化，是一種同時減輕自己內在壓力的好方法，因為你和你的世界是不可分割的問題在於：面對這樣龐大的任務，你該如何著手？

當然，眼前有許多"答案"爭奪你的注意力，有些確實言之有理，有些則反倒是在助長它們本該撲滅的火焰。你有很多選擇。本章提出的答案，並不貶低——更不會排除——任何有望產生實際效用的方法。

## 直達問題根源

我們先達成共識：減輕由於人為製造的危險所帶來的壓力，最好的方式就是減少這種危險本身；而要做到這一點，最有效的辦法就是直達其根本原因。這些根源是：恐懼、仇恨，以及貪婪或欲望——雖然這些詞聽上去已經耳熟能詳，甚至有些陳詞濫調，但它們的重要性絲毫不減。顯而易見，如果戰爭和備戰不再受到恐懼與仇恨的滋養，它們就會逐漸枯萎；若人類不再受貪婪以及被欲望驅使，對地球上人力、生物資源與礦產資源的無節制浪費也會隨之終止。任何所謂的"解決方案"，若沒有正面回應這三個根本性的惡源，都不太可能對拯救這個瀕危的人類物種起到多少幫助——更別說真正將它從危險中解救出來了。

就我們而言，有一點至關重要：要認識到恐懼、仇恨和貪婪最終是一體的。它們是我們疏離的三個面向——我們與自己、與他人、與萬物的分離。我所恐懼的、憎恨的、嫉妒的、計劃摧毀的,總是"他者"。如果你能讓我真正明白,在某個層面上,我就是你,你就是我——那麼,我們彼此間的疏離就終結了,恐懼、仇恨與貪婪也不復存在。但若否認這個事實,那麼無論我們以"和平""善意""人類幸福"的名義做些什麼,從長遠來看,都是適得其反。我們並沒有讓這個世界更安全,反而削弱了它的安全性。

因此,我們別無選擇,只能從自己開始——從問題的根源開始。(對每個人而言,這既是一段令人振奮的個人冒險旅程,也是一項對受苦人類所負的責任。)首先,讓我們找到治療自身疏離的辦法,解決我們對人和事的抗拒與分離感;然後,治療恐懼、仇恨與貪婪,以及解除它們所製造的壓力的方法會隨之而來。只有那時,我們才能真正著手處理這些大規模的問題,為讓世界成為一個更安全的居所做出實際貢獻。我們無法引導他人走向一個自己尚未抵達的安全之地。

## 實驗17:試戴安全帽,第一部分

本實驗的完整標題是:"試戴那頂能保護你免於一切意外的安全帽 —— 無論你是否騎摩托車。" 現在請你準備好,我們將開始這個象徵性的、深具意義的練習。你想繼續這個實驗嗎?

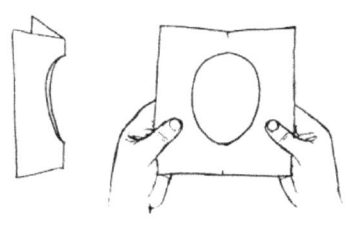

在一張紙或卡紙上剪一個大致呈頭部形狀、與頭部大小相當的洞。你可以將紙對折，然後剪或撕出一個橢圓形——形狀可以相當粗糙。

將這張紙舉到與你眼睛齊平的高度，手臂伸直，觀察那個洞。那就是你的安全帽……

看看它是多麼沒有絲毫障礙……是多麼完美地空無一物、透明無瑕……是多麼不會受到任何形式的傷害……

現在，假如你能一直戴著它，你將對所有災難免疫——無論是否人為……好吧，那就戴上它——方法如下：

非常緩慢地將它移向你的臉（無臉之處）。像戴面具一樣將它戴上……試戴你的安全帽——試試它的空性……它的大小……它的舒適程度……它的安全性……

把它完整地戴上，並停留在那兒……

發生了什麼？那個洞現在被填滿了嗎……？還是依舊那樣空無一物、透明無瑕……？依舊無法被傷害……？

確認一下：那個洞唯一發生的變化，就是它不斷擴大、擴大，直到失去邊界……它變成了無限——你所是的無限之洞，或空性、或缺席、或無物……並且意識到這空性正是你……

你個人的安全帽，已經變成了你整個世界的安全帽。在一切情境中，你都處於無危險之中。你永遠無需——事實上也永遠無法——摘下這頂安全帽，它正是你（借用《聖經》中的一句貼切話語）救贖的安全帽。

第十一章　壓力與人類困境

取下卡，再慢慢試一次，確保沒有出錯……

作為這個遍佈全球的空隙，你是不可侵犯的。那麼，你能承受讓這個充滿痛苦、恐怖和災難的世界就這麼過去嗎？

至少，你的心告訴你，這完全行不通。難怪如此：因為這只是故事的一半——容易的一半，單憑這一半是虛假的。（最糟糕的謊言不都是半真半假的嗎？）在我們的實驗中，我們忽略了一個至關重要的事實。我們壓抑了一條關鍵的證據——不是微不足道的細節，而是強烈要求被注意的事實。讓我們再仔細看看那個洞。

## 實驗18：試戴安全帽，第二部分

像之前一樣舉起卡片……再次看到那個洞是多麼空……又多麼滿……

仔細檢查那個"空"洞裡的內容……它現在的填充物……

現在慢慢地左右移動卡片……上下移動……觀察它的內容如何變化，從（比如）一雙腳……到一塊地毯……一把椅子……一扇窗戶和窗外的景色……等等，無窮無盡……有什麼是你找不到的嗎……？如果外面是晴朗的夜晚，你可以在裡面找到一千顆星星……

現在看看那個洞的空與它的填充物是多麼完美地統一……以至於你可以說，這個無物即是萬物，萬物即是它……這個容器就是它的內容……

現在再試著戴上它，這一次不是單純的空，而是實際呈現的空，體驗到的空——這個空不僅是被場景充滿，這個空就是場景……

再次試戴那個洞（再次像戴面具一樣），感受空－滿，感受它的大小、舒適度和貼合度……然後一直戴著它……

最後，取下它，再慢慢試戴一次……確認在任何時候，那個充滿場景的空都沒有變化，只是場景在擴展，失去了邊界，變得無限……並確認在任何時候，你的臉和頭都沒有出現在畫面中……

現在，關於你的完整故事，你的全部真實，是三重的。你不再只是他們告訴你你是的那個單一的東西，你實際上是：（i）全然的無物，（ii）萬物的總和（而作為這總和，你是完全安全的），以及（iii）介於兩者之間的每一個具體的東西（而作為這些，你是完全不安全的、處於風險之中）。是的，作為（i）與（ii），你因自身的本質而完全不受傷害，也完全不受萬物世界的壓力與緊張所擾；而作為（iii），你又完全被它們裹挾其中。你作為"容器"（i & ii）與作為"內容物"（iii）之間的差異是無限的，但分離卻為零。一方面，每一樣東西都只被算作它自己，只是一個東西。而你，另一方面，被算作零，也被算作無數個東西，並且也是每一個具體的東西。作為 0 與 ∞，你沒有壓力；作為它們之間的存在，你充滿壓力。

填滿你那永遠寧靜容器的內容，正是通過它們的衝突構建出一個宇宙。馬蹄鐵的形成，是在錘子向下擊打與鐵砧向上頂撞之間；穀物的被碾碎，是因為碾磨石或滾輪在壓力下相互作用；紙

# 第十一章 壓力與人類困境

張的被剪斷,是剪刀兩片對立刀刃之間的對抗;你現在正用對立的拇指和食指捧著這本書——可以感覺到它們之間的緊張。而在所有層面上,都是如此:從"相互競爭"的粒子到相互競爭的人類個體。(人與人、世代之間、性別之間、商業之間、政黨之間、教派之間、國家之間、種族之間、意識形態之間的關係——這些關係又怎能在沒有壓力與緊張的情況下運作呢?)從我們交戰的人類到我們本能執著於的星際戰爭——仿佛地球上這些微不足道的衝突還不夠!丁尼生(Tennyson)說得對:自然界是"以牙還牙,以血還血"的,而要把那粗野的原色調和成一抹非暴力的柔和粉紅,唯一的方式就是透過一層願望成真的幻雲來看。

這是否意味著,一位不那麼仁慈的天意,一隻手在為你解除壓力,另一隻手卻在加倍地施加壓力?這是否意味著,你本有的內在安寧,不可避免地被這個世界的所有壓力、災難、痛苦與疏離所擊碎——甚至還要為它那沉重的貪婪、仇恨與恐懼騰出空間?那麼,你自己又有什麼可以用來將它們拒之門外呢?你若是無壓力的整體,怎能不包容每一個充滿壓力的部分?

是時候暫時擱置這些抽象而普遍的問題了,我們來看看幾個真實的例子——一共四個。看看現實中的人如何以截然不同的方式應對現實生活中的災難,看看他們如何處理由此而來的壓力,將有助於我們得出自己的答案。

## (i) 尼日利亞紅十字會工作人員的案例

幾年前,我在電視上看到一位紅十字會工作人員在尼日利亞比亞法拉戰爭期間發出的呼籲——那是一場特別殘酷的衝突。她描述平民所遭受的巨大痛苦,非常生動,毫無疑問也極其真實,無疑為她的募款呼籲提供了有力支持。然而，當時給我印象最深的，並不是比亞法拉地區的暴力、疾病和饑餓帶來的苦難，而是她聲音與面容中所顯現的極度緊張與壓力之苦。她如此的關心。她完全投入其中，毫無一點抽離。而我懷疑，正因如此，她在現場的實際效能，以及在電視上募款的表現，都因此大打折扣。她無疑是個非常好的人，或許可以稱得上是英雄，但在我看來，她無法觸及那種內在的安寧——而這種安寧（我希望能說明）不僅可以毫無損傷地承載世界的不安，還能以某種方式將其轉化。

### （ii）休假士兵的案例

二戰期間，一位三十三歲的英國士兵駐紮在印度，在喜馬拉雅山度假時有了一個對他而言極其重要的發現。他重新審視了自己，以下是他對這一發現的描述，略作刪減：

我所看到的是褲腿在畫面的上方終結於一雙鞋子，衣袖向兩側終結於一雙手，襯衫前襟在畫面下方終結于——全然的空無。確切地說，並不是一個頭。

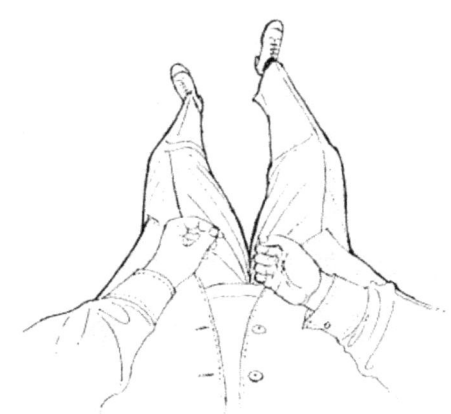

# 第十一章 壓力與人類困境

我立刻就注意到，這個"什麼也沒有"的地方，這個本該有個頭的位置，實際上被"某種東西"深深地佔據著。那是一個廣袤的虛空，被廣袤地填滿了——一個"空無"，卻容納了一切：那具被"斬首"的軀幹、青草、樹木、朦朧的遠山、天空……我失去了一個頭，卻得到了整個世界……這一體驗中沒有問題浮現，沒有任何外在的參照，只有寧靜與安詳的喜悅，以及放下一個難以承受之重的感覺。

士兵的休假期滿後，他回到了加爾各答的軍官食堂。當時孟加拉正陷入饑荒之中。在加爾各答的街頭，貧民孤獨死去原本並不罕見，但此時人們正在成百上千地死去，活著的許多人也不過是行走或癱倒的骷髏——包括年幼的孩子。在他住處門前，他不得不跨過那些乞求的身影。

他當然感到憐憫，也施以援手。但他始終保持著不捲入的姿態，保持著抽離、冷靜。這並不是有意識地從周遭的苦難中撤退，不是刻意退回到他在那個截然不同（雖然距離不遠）的山中所發現的那種空性中的安全與完美。然而，不可否認的是，他的確是在逃離外在世界的壓力與痛苦，逃回到內在中心的無壓力之境。仿佛他真的能逃離似的！仿佛這個新發現的避難所本身，就是對世界災難的最終答案！沒錯，他確實以理所當然的輕鬆與喜悅，正確領悟了這個故事的前半部分——關於"絕對的抽離"，這是比較容易的部分。而更艱難的部分——關於"絕對的投入"——他還未能真正領會與銘記。是的：他有了一個很好的開始。他開始解決"壓力"這個問題——僅此而已。眼下，他能夠以一種極不真實、甚至可以說是令人震驚的平靜目光俯視那些骨瘦如柴的身影。而我之所以敢如此評判，是因為那個士兵——就是我自己。

## (iii) 阿南達瑪依・瑪與拉妮
## (Anandamayi Ma and Rani) 的案例

在那段戰時經歷約二十年後，我再次來到印度，住在孟加拉聖人、先知阿南達瑪依・瑪的靜修院裡。她擁有數百萬信徒。那時的她大約六十歲（我猜的），是一位儀態非凡、氣質莊嚴的美麗女性。通過翻譯（她不說英語，我不說孟加拉語），我有幸與她進行了幾次交談，話題圍繞著一首傳統歌謠中反復吟唱的一句歌詞："我向你鞠躬，我向你鞠躬，零女神，你是所有眾生中的意識。"這句歌詞深深打動了我。在那個靜修院裡，有兩件事至今留存在我記憶中。一件是分別時，瑪把她頭上的披巾贈予我，並說："我就是你，我就是你！"另一件是，一位拉妮（印度王妃）來拜訪瑪，她剛剛失去了自己唯一的兒子。瑪安慰這位喪子的母親許久。先知們一向以超然著稱。然而，那次瑪哭得和她的來訪者一樣傷心、一樣久。

聖人的語錄中有一些話，仿佛就是在孟加拉大饑荒期間對我親口說的：

如果你從入定狀態中出來後，依然能像從前那樣行事，那你還沒有被轉化……人們來找我，告訴我他們的兒女開車離去時，連看都不看他們是否在哭。他們對父母的悲痛毫無動容。你看，這正是在修行道路上某一階段的情形……你會覺得："那些我曾以為是我至親的人，其實只是血肉之親。那對我來說算什麼？"……但後來，當你甚至從抽離本身中也抽離出來時，執著或不執著的問題便不復存在。存在著的，就是"那"。

阿南達瑪依・瑪對那位母親及其悲傷,既非執著,亦非抽離。她兩者兼具。她給予那位信徒的信息,也給予我(當時以及從那一刻起的每一個時刻)的信息是:我就是你。

## (iv) 特蕾莎修女(Mother Teresa)的案例

與第一位個案——紅十字會工作人員——在英國電視上出現的時間大致相同,另一位同樣關心人類苦難與災難的女性也出現在熒幕上,那就是加爾各答的特蕾莎修女。她身邊的景象並不亞於比亞法拉戰爭的慘烈。然而,這兩位女性之間的對比卻極為鮮明。特蕾莎修女的聲音與面容所展現出的,是一種內在的安寧——一種平靜與寧靜,這份平靜並未被她所深愛與服務的那些病患與臨終者的痛苦所掩蓋或黯淡,反而讓這份平靜愈發明亮耀眼她的朋友與傳記作者馬爾科姆・馬格裡奇寫道:

在抹除自我之時,她成就了真正的自我。我從未遇見過任何一個人像她那樣令人難忘。哪怕只是短暫的一面之緣,都會留下不可磨滅的印象。我認識一些人在她離開時忍不住流淚,儘管他們只是在一個茶會上與她見過面,接受了她的一個微笑。有一次,我陪她和一位修女前往加爾各答火車站送行……當火車開始啟動,我轉身離去時,感覺自己仿佛將這宇宙中所有的美好與喜悅都留在了車站。

這是一個活生生的例子,展示了如何應對世界的壓力與痛苦——包括自身的痛苦:也就是,毫不猶豫地跳進這一切的核心,同時又完全不被其束縛。正如艾略特(T. S. Eliot)所說的:"在乎,又不在乎。" 特蕾莎修女並不像那位紅十字會工作人員那樣忽視她內在的平靜;也不像那位英國士兵那樣沉溺于那份平靜。她更不是小心翼翼地走在這兩種極端之間、試圖達成某種明智的折中。不！她以她特有的能量與奉獻精神，同時走向這兩個極端，並在實踐中解決了本章所提出的問題。我們的語言與信仰系統可能與她的信仰系統毫無關聯，這一點並不重要。這裡真正給予我們的啟示，不在於她的話語，而在於她的行為——更在於她這個人本身；以及她那溫暖人心的示範：如何在災難中無壓力地應對，從而真正有效地去完成必須完成的事情。

## 四個案例的比較

本章前面我們提到，應對壓力的明智之道——尤其是應對我們所處的由人為因素造成的多重危險所帶來的壓力——是從根源上削弱這種危險，也就是說，從恐懼、仇恨和貪婪（或說渴望）這些根源下手。換句話說，從"疏離"下手。現在讓我們看看，這四個案例在這方面各自取得了多大程度的成功。

（一）紅十字會工作人員——她身上的一切都展現出她對戰爭及其後果的恐懼、對戰爭販子的仇恨，以及對她朋友們安全與生存的強烈渴望。其結果是：壓力重重，效率低下。沿著這條路走下去，遲早會陷入絕望或瘋狂。

（二）那位在印度的士兵打破了恐懼、仇恨與貪婪，獲得了一種平靜。但他仍對一個"半真理"懷有強烈的無意識的渴望與執著——即把自己當作"空"的空間，而不是當作"充滿"的空間這個"全真理"。他用這種執著來使自己與受苦的人類保持距離。說得溫和一點，這種做法並不現實。他從未真正擁有任何抵禦災難的防護。其結果是:在很長時間裡,他內心深藏著愧疚與壓力。

(三)我毫不懷疑,阿難達瑪依‧瑪在內心深處完全超越了恐懼、仇恨和貪欲,也超越了所有其他情緒(這份超越在我們每個人內在都存在:只不過對她來說,是有意識地如此)。毫無疑問,她與那位失去獨子的母親一同流淚之所以格外真切動人,正是因為她那絲本有的寧靜毫未被擾亂。她之所以能承擔他人的悲傷,是因為她自己沒有悲傷;她之所以能承擔他人的面容,是因為她自己無面。要真正理解這在實踐中意味著什麼,你必須像瑪一樣,持續而清晰地看見你是誰。要明白其中的要義,你此刻只需看清——你自己的"空"正為這些對她的評論空出空間。

(四)用她自己的方式,特蕾莎修女已經突破了恐懼,走向信心;突破了仇恨,走向愛;突破了貪欲,走向放下、超脫與臣服。她欣然面對人類最可怕的悲劇,是因為她內在的平安從未動搖。用我們的話說,她解決壓力問題的方式,是徹底投入其中——既成為壓力本身,又全然不是壓力。理論上聽起來荒謬?你可以這麼說。但在實踐中,這種方式確實奏效——而且是令人驚歎的奏效!

你也許會覺得,自己不像我前面描述的那些女性那樣,是聖人或女英雄的料。但別太肯定。無數無名的英雄與女英雄在面對災難與人類苦難時挺身而出,而她們從未把自己看成什麼特別的人。她們傳達給我們的信息是我們可以學習的,她們的信仰與使命則是她們自己的事。事實是:你與你所敬仰的人是由同一種"材料"構成的,而在你內在,那份無法被壓力傷害的本質,與你在她們身上看到的完全一樣。它同樣有能力承受任何事,真的——

任何事——卻絲毫不會傷及我們每個人共同擁有的那個完美而絕對安穩的中心。

## 我們日常的練習

我們在日常生活中究竟該怎麼做？面對人類狀況——災難接連不斷、或正在發生或正逼近的災難——我們現在就可以做三件事：

(i) 我們可以停止做鴕鳥。我們可以把頭從"願望成真"式的幻想和"假裝一切安好"的沙子裡抬起來，不再以為我們的問題會莫名其妙地自行消失。它們不會。即便其中一個問題解決了，我們幾乎可以肯定還會有一兩個新的問題出現在地平線上。即使人類自造的災難——無論是當下的還是醞釀中的——被奇跡般地避免了，其他種類的災難也足夠把人類送上末路。自然災害是自然的一部分。人類整體，就像個體一樣，與萬事萬物無異，都是"生命清單"上的目標。萬物終將消逝。毫無保留地承認這個顯而易見的事實，並對它說"是！"，這本身就是在開始削弱那種因為視而不見而造成的深層壓力。而且，當我們預見並接受自己作為世界中"物"的終結時，我們就不必再額外地折磨自己，不用去猜測自己（或人類集體）死亡的時間和方式。若能平靜地看待並接受"萬物終有一死"這一點，它其實並不是個讓人永遠哀悼的理由，也不必像殯葬業者那樣總是愁容滿面。看看吧——它是否反而會喚起一種溫柔？是否會展現出一種令人驚喜的奇妙美感？是否會消解我們對死亡，和對生命的恐懼？

(ii) 然而,感到恐懼並不是壞事,只要它能把我們驅趕到唯一真正避開危險、壓力與恐懼的避難所——這個無與倫比的安全之地,也就是我們始終所在的那個"地方"或"非地方"。只需指一指,或者單純地看看我們此刻正從中看出去的"它",或者用任何適合我們的方法——讓我們回到"家",回到我們真正的本源。讓我們安住於此,從這個絕對安全的實相中生活,而不是依附於鏡中那個易受傷害的"表像"。看看這樣做會帶來什麼,會對我們的壓力造成什麼影響。

(iii) 但我們也不要只停留在"容器"上,而忽略了它的內容、也就是這個世界。我們應當不斷提醒自己,這並不是在兩者之間尋求平衡、妥協或適度的問題,而是要徹底極端地面對一個奇特的事實:我們永遠脫離了世界的壓力、痛苦與悲劇,同時我們又永遠被捲入其中,連同世界的歡樂與愛一起共生。因此,讓我們繼續探索,我們在這個世界(也就是我們自身)中的特殊角色,以及我們獨特且無法預料的使命。也許這是一份卑微隱秘的工作,也許僅僅是以一個無壓力、幸福的個人形象做出榜樣,再加上一種對人和萬物本來面貌的深切欣賞。(唯有這個"誰也不是之人"才能向所有人獻上完美的歡迎,接納他們、讓他們保持原樣。)但請放心,只要有片刻你真正看見了自己是"空以容萬物者",那一刻便深刻影響著所有人。你對未來最好的貢獻,不在於你說了什麼,甚至不在於你努力爭取了什麼,而在於你此刻是什麼。沒有什麼比這種深深紮根的無壓力自由、這種能包容萬物的無我寧靜,更具有感染力的了。

因此,這就是我們那三重的實踐——我們徹底務實的修行方式。無論在工作還是閒暇的時刻,沒有任何一種情境是不適合或無效於"活出真相"的。誠然，這個真相雖然容易看見，卻極難持續地看見。但不帶著它生活，難道會更輕鬆嗎？一個建立在多重謊言之上的人生，難道真的是一種可行的生活方式嗎？讓我們記得這一點，也從中汲取勇氣：我們的實踐並不是要去改變生活方式，而是要察覺我們本就如何在生活 —— 作為這"空性中的圓滿"，作為這"完美自由與徹底參與"的驚人統一體。而請記得，以這樣的方式有意識地生活，是我們能為這個災難頻仍的世界所做的最美好之事。

# 第十二章　超越壓力世界

在上一章中，我們探討了應對周圍苦難的四種方式：紅十字會的工作人員讓苦難擊垮了她；那位從喜馬拉雅度假歸來的士兵拒絕讓苦難擊垮自己；阿南達瑪依・瑪（Anandamayi Ma）則是深入她信徒的悲痛之中，卻始終安然不動、內心寧靜；而特蕾莎修女的方式，表面上與那位印度聖人完全不同，內在卻極其相似。我們稱第一個方式為明顯地充滿壓力，第二個則隱藏著某種壓力，第三與第四種方式則明顯是無壓力的。

在本章中，我將完成對這四個案例中第二個——即我的個案的描述，因為這是我親身的經歷，我可以完全有把握地書寫；而它的結果，也將帶領我們繼續完成這項探索的餘下階段。

我並非憑自己的力量，而是受好運或恩典所驅，使我找到了超越壓力的一條道路。我希望你也能像我一樣覺得這條路切實可行。這是一條"向下走卻不被擊倒"的道路，它不要求我們成為英雄、聖人，或皈依任何特定信仰，而是一條此時此刻就向我們敞開的道路，我們做自己就可以。

我現在正身處加州南部西耶拉山脈的春初時節，雨後怡人的卻不那麼壯麗的環境中寫下這些文字，重溫那段"喜馬拉雅"的經歷，並通過講述它來最好地介紹它、賦予它生命。我的目標未曾改變：就是將最大的注意力給予眼前的景象（包括其中我稱之為"我自己"的那一部分），同時做最少的解讀：就是要像第一次醒來般覺察正在發生的一切，向證據致敬。向證據致敬——我的意思是真正地鞠躬，不僅是比喻意義上的，也是字面意義上的——這是我們從現在起、貫穿整個探究過程的基本準則。

我現在抬頭望去，看見那無雲的深藍天空，廣闊無垠，無邊無框。慢慢將目光下移，我看到一座胸廓形狀的山丘輪廓蜿蜒起伏，綠黑色的山體映襯在那明亮的天光下。接著是它較近的一面，點綴著灌木的斜坡。再往下，是一片平坦的草地，淺綠色，在晨露中閃閃發光，還有一抹鮮花的色彩。一切無聲而靜止。到目前為止，只有景物本身，毫無觀看者的痕跡……唉，這段描述掩蓋了所見之物那種驚人的自足性。任何語言都無法恰如其分地表達那種崇高的給予感，那種與我無關的獨立性。

繼續向證據鞠躬，我看到一雙兒童尺寸的鞋子，連接著一條褲腿，而那褲腿被極度縮短，幾乎成了短褲。褲腿又連著一件前襟也被縮短得像窗簾短幔般的襯衫，而且在畫面的底部很寬的鋪開來。

沒錯：在畫面的底部。這生物——它僅有的部分——是倒過來的。

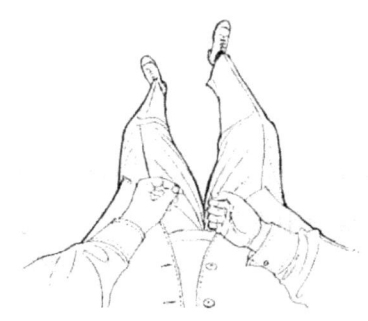

# 第十二章　超越壓力世界

接著——當我以最深的方式向證據鞠躬……

然後什麼也沒有：

缺席……

而且並不是一般的缺席。（不是那種由事物的圖像取代其本身的缺席，就像你試圖猜出這個單詞 W RD 中缺了哪個字母時，或是在我們的畫面中徒然尋找一個頭時那樣。）我的這件襯衫在畫面底部的延伸處，終止於一個空白，那是無人佔據、無圖像、無法想像的空白，是絕對的空無。在這裡，我完全順服於證據之中，來到這個世界上最被忽視、最被低估的地方——被"無處"所取代的地方，終點中的終點，獨一無二、令人困惑的神秘之地，完全配得上我最謙卑的敬禮。我所遇見的所有其他地方和物體，四周都有背景作為襯托。它們總會在某處終止，而其他東西開始出現：無論多麼龐大，它們都被某種邊界——清晰的或模糊的——所包圍，在那裡它們結束，環境開始。除了我穿的這件神奇的襯衫。它的領口就像被某種超驗的飛蛾一直蛀咬著一樣。的確，這不是任何生物的啃咬，而是創造本身那神秘啃咬的顯現，是"從無處突然冒出一個'哪裡'"的神秘，是"從無物中跳出一個'什麼'"的神秘——就像一個神聖的玩具盒裡突然彈出的玩偶。所有在這終極底線之上的東西——上面的那雙玩具鞋，那被截短的褲腿，那件襯衫短簾的三邊——之所以看起來正常，是因為它們有東西作為支撐。那些是我能處理的，是我已掌握的，是在我的能力範圍之內的事物。但這裡的"這個"，讓我徹底敗下陣來。我來到的是一個無所依託、懸於空隙之上的所在。這是非比尋常的、不合常理的、荒謬的——這些詞都太過無力，無法準確描述這種怪異之物。這裡是一條支撐並強調一切事物的底線，而它本身卻被一種完全的"白茫茫"所支撐和強調——被那種以缺席而顯著的"什麼"所支撐。在它之上，是世界；在它之下，連一粒塵埃也無——而且（這才是關鍵）連一粒塵埃存在的空間都沒有。

讓我暫時回到那個戰時的士兵身份。我曾是一名工兵，隸屬於工程部隊。我們傳統的任務是雙重的——一方面破壞敵方的防禦工事，另一方面構築己方的防禦。而現在我的工作其實並沒有太大不同。我仍然從事拆除與建造的業務，但現在是拆除優先。世上奇跡無數，但哪一個能與這項"掘地工程"相比——它直接在整個世界之下開鑿通道，將其徹底顛覆？

**在這領口之下**

---

**沒有"之下"**

**更別說什麼頭和肩膀了**

**更別說連容納它們的空間都沒有**

很久以前，我的狀態就已經被完美地描述過了。當耶穌說他"沒有枕首之處"時，我確信他並不是在抱怨自己沒有床可睡。他有足夠多熱情好客的朋友。不是的：他說這話，並非出於抱怨，而是帶著感激與驚奇，說出了他所看見並無比珍視的東西。單獨來看，這句話像是一個無家可歸的流浪漢的心聲；但若結合其他語句來看（例如《多馬福音》第 18 節中"你確實發現了初始狀態（Beginning）"），這就是一個人所說的，他的出生地和家園，正

# 第十二章　超越壓力世界

是這個"無處"。它的意義與禪宗祖師無門（Mumon）所說的"無處可安放你的本來面目"完全相同。

並非說，來到這片無人之地、無物之地——或者，如果你願意，可以稱之為"永無之地"——就走到了死胡同，到了一個如此不存在的區域，以至於它毫無意義，也無法激起任何興趣。恰恰相反。它是那不可知的深淵，從中已知之物毫無理由、毫無節制地湧出；它是所有生命和所有思想——包括關於它的這一思想——的不可思議的種子。它是每一張臉背後隱藏的那張臉。在接下來的章節中，我打算展示如何找到這個"它"，從而找到一切的意義所在，找到寶藏的寶庫，而不僅僅是寶藏本身；找到資源的源泉，藥方的靈丹；更重要的是，找到所有壓力的最終消解之地。我們徒勞地尋找標籤，那些能夠貼在這個比它的任何產物、比任何存在之物都更加真實的非存在上的、恰如其分的標籤。它讓我們困惑，正如它曾讓禪師黃檗（Huang-po）困惑，他說："它絕非單純的無。它確實存在，但以一種我們無法理解的奇妙方式存在。它是一種既是存在又非存在的存在，一種非存在卻又是存在的存在。這個真正的虛空，以某種奇妙的方式確實存在。"

在我"喜馬拉雅"時期的早期，大約半個世紀前，我為這片既是"永無之地"又是"恒有之地"的地方起了許多名字。我稱之為空性、容器、缺席、無物和空無——這些詞至今我仍無法改進。單獨來看，這些詞完全不足以表達其意，但合在一起，它們彼此互補，共同發揮作用。但同時——當我認為這樣能更清晰地表達時——我稱之為"空間"。或者，更精確地說，"為那場景發生而存在的空曠空間"。這是一個不太恰當的表述，因為它似乎在說，我發現了底線之上的世界內容，以及底線之下的世界容器,並且它們是可以分離的。確實,在將空間與其填充物分開後,我立刻試圖將它們重新合為一體。不僅如此,我還更進一步,強調它們的統一性。但傷害已經造成,蛋形人漢普蒂·鄧普蒂(Humpty Dumpty)再也無法被拼湊完整。僅僅一眼就應該足以警告我:應該讓我看到,整個世界——容器與內容未曾分割——是作為一個整體存在於底線之上的,在那裡,它永遠不會缺少容納自身的空間。回想起來,我對這個乾癟世界的描繪是多麼錯誤,仿佛它是塊幹麵包,需塗抹上空間的黃油才易於消化。甚至還請你重新塗抹上我最初小心刮下的那層黃油,宣稱它屬我!如此無謂的複雜化,如此對生活本質的干涉,必然會對我的生活產生影響。因此,有些時候,我讓這種不真實的、無法居住的、抽象的空間彌漫在我底線之下的"無有之鄉",試圖從中尋求庇護,逃避充滿居住空間的真實世界,尤其是其更為悲慘的面向。於是,從喜馬拉雅返回加爾各答時,我得以與那些憔悴的身影保持距離。作為"供他們存在的空間",我在某種程度上擺脫了他們。難怪,我為這半真半假的謊言、這虛假的解脫付出了壓力的代價。

　　幸好,錯誤並不在於基本的體驗,而在於我對它的解讀。謊言存在於我所見之物的意義,而非觀見本身。(一直以來,這一點顯而易見:當一個人將注意力180度轉向內在,無論對這種觀見的理解或運用多麼錯誤,都無法看到自己本性的扭曲或部分版本。)更幸運的是,隨著我越來越習慣這種本質上萬無一失的內觀,我最初認為自己看到的是空曠空間的觀念逐漸得到糾正。隨著時間和實踐,我明白底線之下不存在任何避難所、堡壘或防空洞,我的生活無論如何都在地面之上展開。如果我要從這世界及其煩惱中解脫,唯一的方式是成為它們本身。

如今，若我感到完全滿足，那是因為我已不再是任何形式的容器，而是滿足（content）於我的內容（content）本身。

## 實驗19：內外合一的世界

向外指向場景，注意內容與容器的絕對合一……

現在向內指，指向完全相同的事物……

注意你的手指轉向沒有帶來一絲一毫的差別……

看到內觀並不比外視更強調空間，正如外視並不比內觀更強調填充物……

看到認為你有一個內在世界和一個外在世界的想法是多麼荒謬……

在本書的剩餘部分，我們將詳細探討如何通過直面壓力而非逃避來釋放它。

我們將看到，運送這些"有毒廢物"的道路不是向上向外，而是向下穿過——一直到世界的邊緣，那裡才是安全傾倒之地。我們將揭示，壓力的終極答案——它的最終處置——存在於你最低的部分（被誤稱為你的"頂髻"）已被處置之處，而其餘部分已被顛倒跟隨其後。

別驚慌！連同你的所有"垃圾"，那個最令人壓抑的念頭——關於你自身死亡的念頭——也將被傾倒。傾倒在何處？就在這本

| 無頭之境,解壓之地　超越底線

書底邊稍下方。繼續讀下去,讀到頁面盡頭,直到你到達世界的盡頭,然後看⋯⋯

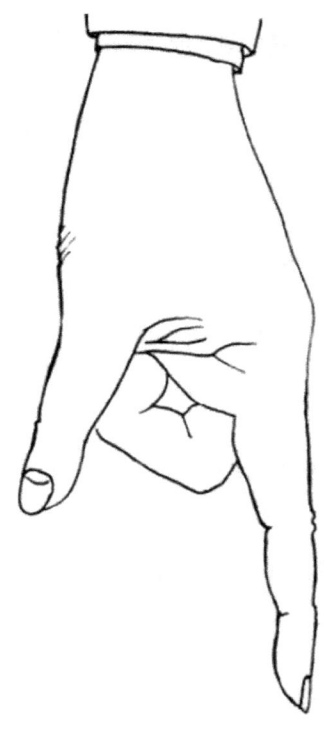

# 第三部分　壓力與人生階段

那自在之物，那絕對之物，不僅已從生活中消失，而且在人們眼中已變得荒謬可笑。

——克爾凱郭爾（Kierkegaard）

他之空無，乃是成為萬物的唯一途徑；他之無有，乃是擁有萬物的最真之道。

——約翰·史密斯 劍橋柏拉圖主義者（John Smith the Platonist）

只要我執著於此或彼，我就不是萬物。

——埃克哈特（Eckhart）

"現在，"她說，"我知道你生病的原因，或者說主要原因了。你已經忘記了你是什麼。"

——波愛修斯（Boethius）

我們所承受的壓力形式，取決於我們個人的境遇和性情，但也很大程度上取決於我們的人生階段。在第三部分，我們將探討童年時期的壓力，那時，成為人類的代價是遺忘我們是什麼；成年時期的壓力，那時，應對我們的人性——孤獨、無聊、內疚、失敗等等——的代價是記起我們是什麼；以及臨終時的壓力，那時，獲得善終的代價是安住於我們是什麼，安住於那不朽的本質——原因很簡單，因為它從未真正活過。

在第三部分，我們來到了前言中描述的泳池的深水區。對於一些讀者——那些覺得還沒完全準備好繼續前進的讀者——來說，現在可以回到那些他們感覺遊刃有餘的章節，然後直接閱讀關於日常練習的最後一章，那些練習是為我們所有人準備的。如果你決定跳過第三部分，暫時避開深水區，請記住，那裡的水仍然是 $H_2O$，與你現在所在的水域並無不同。更多的水並不意味著更多的本質。無論是試探性地將腳趾伸入那本質，還是縱身躍入其深處，你都擁有它的一切，你就是它的一切。

# 第十三章　童年與青少年期

## 女巫及其七重咒語

現在我們來談談最初降臨在我們身上的壓力，那是在我們年幼的時候。

有沒有比一個童話故事，一個關於所有土地上的孩子，獻給所有年齡段孩子的，充滿魔法——既有善良的白魔法，也有可怕的黑魔法——的故事，更能恰當和充滿希望地觸及我們主題核心的方式呢？

很久很久以前，在最偏遠的鄉村，住著一對老夫婦，他們有七個女兒。他們是一個充滿愛和幸福的家庭，但卻非常貧窮，以至於他們最小的名叫明眸的女兒不得不離開家，去廣闊的世界尋找她的命運，而她對此一無所知。經過數周艱難的跋涉，她來到了一座美麗繁榮的城市，那裡由一位女巫統治。這位邪惡的仙女對她所有的臣民施加了一個七重咒語，這個咒語像強大的壓力機一樣，將他們縮小到原來體型的幾分之一，讓他們畸形怪狀，從內心深處折磨他們。經過這樣的改造，他們被授予了皇室的認可和公民權。結果是，儘管人們在其他方面都很富裕，但他們都是侏儒或矮人，可怕地畸形，像許多青蛙一樣在華麗的街道上跳來跳去。而且，他們都是跛腳的，被青蛙附身的青蛙。

因此，筋疲力盡的明眸，已無法再繼續前行，面臨著一個痛苦的選擇。要麼她可以蹲在城門口，成為一個靠垃圾殘羹為生的乞丐——雖然沒有殘疾，卻要承受孤獨和饑餓的棄兒所遭受的一切壓力；要麼她可以屈服於被矮化、變形和變得瘋狂，從此過上富裕的生活，但內心卻承受著巨大的壓力，因為她清楚地知道，為了換取他人的尊重以及自己舒適的生活，她付出了多麼可怕的自尊代價。看起來，無論選擇哪條路，等待她的都將是充滿嚴峻且持續不斷的壓力的人生。

然而，遵循所有正統且真實的童話故事的模式，我們的女主人公既勇敢又聰明。最終，她想到了（我們稍後會看到）一種擊敗這個體系的方法，用她自己更強大的白魔法來對抗邪惡仙女的黑魔法，從而避免了兩種壓力。

事情是這樣的：

皇宮有個慣例，會定期為兒童和外國人舉辦御前宴會，明眸也讓自己被吸引參加了一次。女巫歡迎了她的客人們，讓他們安頓下來後，揮動了她的魔杖。他們都陷入了恍惚之中，女巫便這樣對他們說道：

"今天，我的職責是讓你們初步瞭解成為這個王國公民的意義。為了國家的良好秩序，我將對你們施加七重咒語：

第一，從此刻起，你們的巨眼將閉合，你們將通過一對微小的窺視孔來窺視這個世界。

第二，過去的幾年裡，我的一個名叫窺視者的使魔，一直饑渴地從它的玻璃籠子裡盯著你們。現在這個咒語將窺視者釋放出來，去接近你們，侵入、監視並佔有你們。我命令你們做個好主人，歡迎這個將伴隨你們一生、控制你們、消耗你們的能量並最終殺死你們的寄生蟲。

第三，你們將不再像風一樣無拘無束地自由馳騁。我已經用我的網抓住了你們，並將你們永遠囚禁在一個盒子裡。

第四，你和你的至愛將被拆散，並被改造得從此以後水火不容：對抗將成為這座城市的第一法則。

第五，我強大的魔法摧毀了你們永遠靜止不動，讓城市歡快地圍繞你們舞蹈的能力。從今以後，是你們在移動，拖著你們自己在這死寂的街道上徘徊，最終停滯不前。

第六，隨著我這魔杖一揮，我將你們從無限的財富貶為赤貧。我將你們的財富置於遙不可及的地方，將它們散佈在遙遠的地方，因為戲弄你們讓我感到有趣。

第七，也是最後一點，你們將畢生渴望今天失去的一切——不斷尋求，尋求你們內心渴望的東西，卻幾乎不知道那是什麼。"所以，我的孩子們，我已經如我所願地控制了你們，把你們都縮小到了法定的尺寸和形狀，並且正確地監視了你們。

現在，當你們醒來時，你們將不會記得這迷人的咒語。從此以後，這七重咒語對你們來說將是顛撲不破的真理，是像你們呼吸的空氣一樣基本且理所當然的生活事實，以至於你們從未思考過它們。或者——更重要的是——從未正視過它們。

那麼，醒來吧，開始你們作為我王國真正公民的新生活……

現在碰巧的是，明眸像其他人一樣，也很容易就受到了女巫的影響——除了第二個咒語。並非是可怕的窺視者未能掙脫它的玻璃籠子並侵入她，而是這種侵入太過真實且具有毀滅性。她並沒有像熱情的女主人那樣容納那個寄生蟲，或者至少容忍那個瞪著眼睛的怪物，而是遭受了如此多的傷害、羞恥和壓抑的憤怒，以至於每個人都注意到了她的怒容和下撇的嘴角。歲月流逝，她對這位不請自來的客人變得越來越無法容忍……

直到有一天，當她完全長大成人後，她偶然發現窺視者有個弱點。它時不時會放鬆警惕，打個盹兒。那時，趁其不備，它的控制力減弱，便能突然被驅逐出去，並在短時間內被保持在一定距離之外。更重要的是，每次明眸成功地出其不意地驅逐窺視者，她都發現自己能將那個怪物推得更遠一點，並保持得更久一點。很快她意識到，由於她奮力反擊，它的力量正在減弱，而她的力量卻在增強。她越來越頻繁地鼓起勇氣和力量，將那個怪物遠遠地伸直手臂抓住，然後把它塞回它的玻璃籠子裡。直到最後，它放棄了試圖重新接近她，而是安全地待在玻璃後面和安全的距離之外，不再是寄生蟲，而是越來越像一隻寵物。它變得像一隻優秀的看家犬，清楚地知道它在室內是多麼令人厭惡，而在室外和它該在的地方又是多麼受人喜愛。就這樣，那令人厭惡且致命的窺視者，邪惡女巫的使魔，擺脫了它的女主人和她的咒語，重新過上了自然的生活，做回了它本來的樣子，回到了它該在的地方。因此，明眸為了紀念它總是忠誠地注視著自己，它真正的主人，將它重新命名為菲德莉亞（Fidelia）。或者，當心情好的時候，就叫它老瞪眼。

# 第十三章 童年與青少年期

然後,在打破了那最邪惡的咒語之後,她很容易就能一個接一個地打破其餘的咒語。她很快就認識到,所有七個咒語,看似威力強大,實際上都只是虛張聲勢,女巫的魔法雖然顛倒了市民們對自身身份的認知,但對他們本來的樣子卻毫無影響。一旦你有足夠的精力、勇氣和決心去對抗她吹噓的魔法,就會發現那不過是障眼法而已。

明眸越來越珍視這個令人喜悅和解放的發現,她小心翼翼地向她更親密的朋友們談論這件事。最終,她們中的幾個人也意識到,她們也不必繼續容忍那個寄生蟲,也不必繼續半盲著,或者被囚禁在盒子裡,或者畸形,或者無力讓世界因她們的靜止而舞蹈,或者淪為貧困,她們可以像出生那天一樣,不受這些詛咒的影響。而這些朋友又向她們的一些朋友展示了如何打破這七重咒語⋯⋯

**無頭之境，解壓之地　超越底線**

　　就這樣，在那座城市裡，一個地下組織，一個抵抗運動成長起來，並且一直發展到今天，他們致力於揭露這個體系是一個巨大的騙局，一個遊戲中的遊戲。如果你把它看作是一個遊戲和一種假裝，那麼玩這個遊戲是沒問題的，而且可以釋放壓力；如果你不這樣認為，那麼它就是完全錯誤的，而且會累積壓力。因為抵抗運動的成員並不明顯地不合常規，或者反社會，或者掃興。在沒有破壞性的地方，他們扮演著被迷惑的角色，至少和那些認真對待它的人一樣成功。哦，那些人是多麼的認真啊！

　　事實上，抵抗運動絕非反社會，它深深地關心著這座城市的福祉——甚至是生存。最終，黑魔法會連同施法者一起毀滅施法者的受害者。女巫的咒語——毫無疑問，它們在過去漫長的歲月裡促進了城市的繁榮——正變得越來越適得其反，並具有大規模自殺的性質。特別是，第四個咒語——對抗——已經完全失控了。這種曾經可以容忍的魔法，正在不斷滋生出將城市本身置於致命危險的邪惡力量。

　　而你，親愛的讀者（在全神貫注地完成了我們的實驗，其目的是打破那七重咒語之後），現在已是抵抗運動的一員。你屬那個不斷壯大的生存團隊，這個團隊認識到，我們作為個體人類和作為一個種族的希望，在於像我們的女主人公一樣，從我們的迷惑中醒來。並且認識到，沒有任何改革——無論多麼激進或開明，無論它們被貼上宗教、心理或政治的標籤——任何讓改革者和被改革者都沉睡在七重噩夢中的改革，都無法拯救我們。

　　而且，即使我們暫時能勉強應付過去，它們中的任何一個都無法治癒我們的壓力。問題是：我們怎樣才能像依偎在我們膝上

第十三章　童年與青少年期

發出咕嚕聲的貓，或者在搖籃裡咿呀學語的嬰兒，或者在頭頂盤旋俯衝的燕子一樣無憂無慮，卻仍然是完全的人？答案是：只有通過有意識地讓自己像它們天生免疫女巫的巫術一樣免疫。只有通過向證據致敬，而不是向權威低頭。

## 當我們還很小的時候

我們的童話故事就講到這裡。現在我們回到現實生活，回到一些真實孩子的故事，以及你個人的故事。是的：是關於你個人的。

關於你自身體驗中的你，作為第一人稱單數的你，作為你真實身份的你。也就是說，關於在那個邪惡仙女把你縮小之前你的樣子，以及你現在看到的樣子——說實話——她根本沒做那樣的事，那完全是一個巨大的騙局。換句話說，關於你那時無意識地，從你的底線和源頭活出的樣子，以及你現在有意識地，從同一個地方活出的樣子，在那裡，無有爆炸成萬有。我當然指的是那些但你沒有忽視這個的時期，沒有古怪，也沒有心不在焉的時候。

那個真正稱"我"的第一人稱的你，從未降生到這個世界。它是降生到你之內的。對你自身而言，你從未是一個年幼的事物，也從未是任何事物。在各個方面，你都與你周圍的人——或者更確切地說，你之內的人——形成對比。是他們渺小，而不是你。是他們堅實、不透明且在移動（這意味著承受壓力），而你則是廣闊、透明、不動且非常自由自在（這意味著沒有壓力）。你向下看（不，是向上看）的那些矮胖蹣跚的腿，你向外看去的那些不安分的手，連同所有那些來來往往的物體和同伴，都承受著壓力——經常是嚴重的壓力——因為它們是事物,而事物就是那樣。另一方面,你並非如此——因為你從未是任何事物。

有些孩子,堅定地保持著第一人稱的視角,一直如此。他們過去被稱為天真無邪的人。如今,他們被貼上智力低下、弱智、白癡的標籤。作為局外人,他們經常被隔離在特殊的機構裡。但當然,大多數孩子不會長時間保持天真——這包括你和我。被迷惑的我們,會假裝任何事,相信任何事,做任何事,只是為了避免成為那個格格不入的人,被留在寒冷之外。我們是合群的人,都渴望融入這個體系,渴望接受修剪和塑造的過程,無論它多麼痛苦。

在某些情況下,這個"手術"開始得出奇地早,在另一些情況下則出奇地晚。沒有硬性規定。

一歲零六個月大的西蒙·奧利弗被問到西蒙在哪裡。他徑直向外指去。他仍然是無限的,與周圍的景象並無分別。然而,他立刻回應自己的名字,而不是別人的。即使在那麼小的年紀,他也走在成為完全公民的道路上。修剪和壓縮已經開始。但在接下來的幾年裡,他仍然具有韌性,富有彈性,迅速恢復到他那沒有尺寸的真實大小。導致最終收縮和物化的過程——對他和我們所有人來說——是漫長而常常令人痛苦的。通常,這個過程會持續到我們的青少年時期,對我們許多人來說,它從未完全完成。幸運的是,作為孩子,我們有一種奇妙的方式來處理發生在我們身上的事情,甚至可以在一段時間內兩全其美,擊敗這個體系,通常還不聲張。為了社交目的和特殊場合,我們不僅能夠成為,而且非常需要成為那個名叫西蒙或其他名字的小男孩或小女孩——

那個獨特而有限的人類。但是為了私人目的,而且可能在大部分時間裡,我們都很清楚如何打破女巫的盒子,並向四面八方擴張。("擴張"這個詞並不能完全表達這種範圍如此之廣、執行如此之快、感覺卻如此放鬆的宇宙級事件。)在我們學會越來越熟練地玩這個荒謬、危險但又必需的遊戲——僅僅成為世界上的一個居民的同時,我們仍然保留著與世界和諧一致的訣竅。

四歲的約翰獨自在花園裡玩他自己的遊戲。媽媽從屋裡叫他進來。他拒絕了邀請,解釋說:"我不在!"然後,在表明了他的立場後,他開始玩媽媽的遊戲,像個"好孩子"一樣進了屋。像個好孩子。(我們所有人都一直表現得像好——和壞——男孩女孩一樣,直到我們真的變成了那樣——至少我們是這麼認為的。)

五歲的凱特(我們之前見過她)從學校帶回家一張教職工和學生的集體照。她告訴媽媽每個人的名字,直到指到前排的自己。"我不知道那是誰,"她說,"我以前從未見過那個小女孩。"

皮亞傑引用了一個男孩的例子,那個男孩告訴他自己有個名叫約翰的兄弟。當被問到約翰是否有兄弟時,男孩堅定地回答:"沒有!"

在餐桌上,五歲的托馬斯宣佈,如果他吃完剩下的米布丁,他就會飽到天花板。

六歲的彼得站在浴缸裡,低頭看著自己,突然喊道:"我沒有頭!"

我的朋友卡羅琳告訴我,她清楚地記得九歲時和家人圍坐在桌旁玩牌時的尷尬:她不明白為什麼她母親堅持她在數玩家人數時要包括自己。別以為卡羅琳是個傻瓜：她後來獲得了哲學專業的優秀學位。如果你仍然難以相信一個九歲的聰明孩子會如此糊塗，那麼看看哈基姆·賈馬爾（Hakim Jamal）十歲時寫下的關於自己的話呢？"我知道我的胳膊和身體是黑色的，我能看到它們，但我發誓我的臉是白色的，如果她（童星秀蘭·鄧波兒（Shirley Temple））見到我，她會回報我的愛。"毫無疑問，他是個非常聰明的男孩。（實際上，在這個童年幻想的背後隱藏著一個世界非常需要的真理。假設哈基姆和秀蘭相遇了，誰會擁有黑色的臉，誰又會擁有白色的臉呢？那將是一場顏色的互換。事實上，我們所有人真正的膚色——我們實際擁有並與之共存的膚色——完全是相同的顏色，那根本就不是顏色。減少種族壓力的最不具爭議且影響最深遠的方法，將是從學校開始普遍承認這個不言自明的事實。所有男人和女人天生自由——更正：省略"天生"——是自由、平等且沒有色素的。在人權宣言和南非共和國憲法中加入一項這樣的條款怎麼樣？）

我們長期遭受的物化——以他人眼中的我們取代我們眼中的自己——是正常的、不可或缺的，並且在某種意義上是完全自然的。但從很小的時候起，我們就感受到這是不自然的、不公正的、令人憤慨的。我們在重重壓力下長大。

A. A. 米爾恩，他對兒童心理的洞察力如此敏銳，無疑源於這樣一個事實——幸運的人！——他自己從未完全長大。他寫了一首詩，名為《幼兒園的椅子》。詩中，三歲的克裡斯托弗·羅賓坐在其中的一把椅子上，是一隻巨大的咆哮的獅子，嚇得他的保姆魂飛魄散。在其他的椅子上，他是一艘揚著全部帆的航行中的船，是一位在亞馬遜探險的探險家。根據米爾恩的說法，克裡斯托弗‧羅賓不是在扮演獅子,也不是在想像自己是一艘船:在那一刻,他就是那只獅子,那艘船。(用我們的語言來說,作為沒有結構、形狀或界限的空性,他可以自由地用任何他喜歡的東西來填充它,並將自己感受成那樣東西。)然而,那間幼兒園裡的第四把椅子,給克裡斯托弗帶來了一個嚴重且持續存在的問題。那是一把靠著餐桌的高腳椅,在那裡他被要求"規矩一點"——這意味著僅僅成為每個人堅持認為他是的那一個小小的東西。他抱怨道:"我試著假裝那是我的椅子,而我是一個三歲的嬰兒!"扮演獅子、船,或者任何你能想到的東西,都沒有困難——只要他不被困住並被定型——而且充滿樂趣!而僅僅成為一個小小的個體——一天很多次,最終甚至一生如此——卻困難重重,毫無樂趣可言。

## 繞過壓力瓶頸?

兒童和青少年壓力的累積幾乎不足為奇。事實上,考慮到他們正在遭受的磨難,令人驚訝的是壓力竟然沒有更加嚴重。從擁抱世界到幾乎被世界拒之門外,從審視世界到被世界審視,從成為世界的太陽和中心到成為其行星小行星中最微不足道的一個,從融入世界萬物到與之對立,從擁有無限的支持到被拋擲於自身微薄的資源,從比富翁還富有到比他門口的乞丐拉撒路(Lazarus)還貧窮,從成為不可動搖的磐石到成為拍打它的海浪泡沫中微不足道的一點——你能想像出一種更嚴峻、更複雜、更艱難的成人禮,以此加入這個名為"人類"的氏族,這個部落中的部落嗎?

## 無頭之境，解壓之地　超越底線

可以想見，某些憂心忡忡的家長——意識到這些成人儀式不過是虛幻的表演，是社會對其最天真無邪、最不設防的成員施展的殘酷騙局——便會竭力使子女免受他們曾親身經歷的煎熬。人們常問我：為何我們的孩子必須重蹈覆轍，重複我們的錯誤並承受所有苦果？與其讓他們沿著那條危機四伏、令人窒息的羊腸小道，從嬰兒時期的無限之境艱難跋涉至覺醒後的無限之境，為何不讓我們稍加助力，使他們直接從康莊大道抵達另一條通途，徹底避開那條狹窄的瓶頸之路？畢竟，那些關於孩童言行中閃現智慧光芒的記載——展現他們如何鮮活地感知自身無限性——從嬰兒期到青少年期始終綿延不絕。若將這些珍珠般的時刻串聯起來，難道不正是一條從伊甸園直達應許之地的捷徑，足以繞開埃及為奴的苦難與曠野漂泊的艱辛？

這番頗具說服力的論述，與我輔導學童的經歷不謀而合。尤其記得佛羅里達與加州的兩樁舊事。

某校長曾邀我見"一個相當特別的討論小組"，十歲上下的孩子約莫十二人。他們興致勃勃做完系列實驗（其中幾個您此刻已很熟悉），我們便開始探討其中深意。孩子們顯然都領悟到了真諦，好幾個口若懸河，尤其關於"獨眼"及它所揭示的"內在之光"。有個男孩盯著鏡中自己的臉，突然興奮地比喻說這就像塊強力磁鐵，把臉上亂七八糟的東西全吸走扔到鏡子後面，活像處理一堆鐵屑。另一個孩子對"一個人的生命中心並非某個生命體而是萬物之源"的命題產生共鳴，脫口道："沒錯！而且這根本不會讓你驕傲！"我不禁暗自將這群童言稚語與某些成人討論組比較——那些成員的人生閱歷可是孩子們的四五倍啊——最終覺得"優勢"二字實在當之有愧。這倒讓我想起當年那個逃學去聖殿與威嚴長老論道的同齡男孩,他同樣發現自己的眼是獨一的,全身都充盈著光。

第二次的經歷與第一次截然不同,卻同樣令人難忘。那是一個約二十名青少年的班級,我們盤腿坐成一圈。生平第一次也是最後一次,我突然心血來潮,自稱是著名的整容醫生哈丁博士。(在美國得用"博士"而非"先生"的稱謂。)

"在座可有哪位對自己的臉不滿意?",我問道(反應顯而易見——所有人都不同程度地厭惡自己的容貌)。"很好,現在我要為你們實施手術。這次拉皮將即刻生效、毫無痛感、完全免費、徹底潔淨,並可能改變你們的一生。"(人群中響起混雜著緊張、窘迫與懷疑的抽氣聲和竊笑...十秒鐘的寂靜...)"好了,手術完成!舉起你們的化妝鏡看看,你們的臉部現在已從肩膀上方完全提升到了現在的位置...你們知道醫院病理實驗室的運作吧?那裡必須隔離培養菌和其他標本以防擴散感染,方法就是用玻璃容器密封它們。沒錯,我就是這樣處理了你們那些不受歡迎的面部特徵。看它們被牢牢禁錮在那道玻璃牆後面,就像病理實驗室裡最嚴密封存的標本,再也不可能逃出來困擾你們了。"

最後我向這些年輕人鄭重聲明:這絕非尋常的派對遊戲,而是最高級的美容療法——當那些面部特徵回歸它們應在的玻璃後方,你們會發現自己的容顏煥然一新;當緊繃的線條舒展開來,旁人也將感受到你們由內而外的魅力。毀掉容貌的從來不是五官本身,而是它們僭越的位置……雖然無從考證這場無菌手術式鬧劇的長期療效,但可以肯定的是,那次操演絕非普通嬉戲,它恰逢其時地出現在那些孩子的成長軌跡上。

在眾多可援引的案例中，這兩例已足夠闡明我的觀點：許多（若非全部）青少年都願意——甚至渴望著——在適當引導下卸下偽裝，破除物化，重獲清明。

既然如此，讓我們回到最初的問題：為何不給予他們持續而審慎的鼓勵（兼顧不同年齡與性情特質）？當孩子們極可能在這場"自我物化"的致命遊戲中越陷越深（這場永顯荒誕、時而病態、偶致毀滅的假面舞會，這場永無止境的"第一人稱扮演第三人稱"的悲劇），直至耗盡生命——我們怎忍心縱容他們踏入這場煎熬的儀式？

答案在於：無論這種規避多麼理性、多麼用心良苦，終究行不通。苦難的隘口無法繞行。即便找到捷徑，抵達的也必是錯誤終點。若過度保護的父母真能讓孩子避開"獨立物化"的煉獄，等待孩子的絕非"無分別空性"的天堂，而將是發育不全的靈薄獄。白癡最擅長把那個潛在的寄生者——窺視者——永遠無菌地封存在玻璃後方。

為何行不通？因祖先的歷程不容篡改。任何生命發展過程中，關鍵階段皆不可跳過。正如你在母腹中必須重演從最低等的阿米巴原蟲形態到最高等類人猿的所有進化階段；出生後，你也必須經歷人類先祖"自我物化"的全過程（逐漸變得離心化、具象化、第三人稱化）。作為個體，你無權跳過這場祖先冒險的重演。唯有沿著與先祖相同的路徑——只是對你而言這條路已被拉直重塑得幾乎面目全非——你才能抵達現今崇高的進化位階：他們耗費無數世代完成的歷程，你只需出生前的九個月與出生後相近的年歲便能完成。歷史不容超越，只允許壓縮。它拒絕被繞過，卻

# 第十三章 童年與青少年期

樂於被飛速穿越。

實際的結果是這樣的:時不時地提醒孩子們他們的身份是一件好事且安全的事情,無論是在像我剛才描述的那兩次有預設的場合,還是在不那麼正式、心血來潮的時候——只要提醒是簡短、輕鬆且不頻繁的,足以讓孩子們自由地做出自己的選擇。但是,持續不斷的、強迫性的提醒既不好也不安全。尤其當這些提醒,再加上正常的家庭關係壓力,讀起來更像是父母的命令,而不是隨意的喚醒記憶。孩子們不應該在兩種矛盾的信息之間掙扎——一種(來自他們的父母和少數朋友)堅持說他們與外表相反,另一種(幾乎來自所有人)則說他們就是他們外表的樣子。其結果很可能是困惑、憤怒,或者兩者兼而有之,以及比那些充滿愛意的心想要竭力避免給新一代帶來的壓力還要糟糕的壓力。

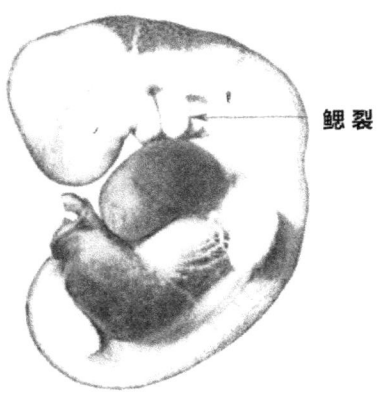

鰓裂

受孕後二十五天,你清晰地帶有你魚類祖先的鰓的痕跡,並且生活在它們的小型海洋中。

不:我們八歲以後不可能擺脫"物"的狀態,就像我們出生前八個月不可能擺脫"魚"的狀態一樣。

我們能夠並且應該避免的是，不必要地停留在"物化"的狀態哪怕一刻。如果我們的孩子，以及他們的孩子，和他們的孩子，在未來的幾十年和幾個世紀裡，越來越早地從"物"的狀態中脫離出來，進入"非物"的狀態，那將是完全自然的，完全符合規律的，並且與我們所有的歷史相一致的。我的兩位最親愛、最清醒的朋友——雙胞胎理查德和戴維‧朗——十七歲時就一同經歷了這種轉變。（現在他們年齡的兩倍還多，卻從未回頭。）我敢斷言，終有一日，人們會認為十七歲才將面孔卸下、封存於玻璃之後隔離，實在是為時過晚。

因此，我要對那些憂心忡忡的家長說：忠於自己，便不會辜負孩子。強迫成年人認同你珍視的價值觀已是粗暴且徒勞——對孩子施壓則更為不堪。這既失尊重，更屬濫用權威。管好你自己的事。守住你的底線與終極之境，活出你"缺席"的本真，成為那個原原本本的"第一人稱單數"——但不必日日登上屋頂或餐桌佈道。當你活出真我，其聲自震，家人終將在需要時聽見。

回答孩子根本性提問時，當簡潔明晰，莫借機說教。切記：他們必先尋得面具，方能卸下面具；其智慧源於謬誤的覺醒，其安寧來自衝突的調和，其超脫得自壓力的淬煉。

你越早全心接納孩子必須歷經壓力、參與這場七重祖傳遊戲（這場成人必經的成人禮），他們便能越早通關，欣然與你同歸那無壓無爭的赤子之境。

# 第十三章 童年與青少年期

## 朱德爾（JUDAR）與寶庫

　　本章以我們新編的童話開篇，以兩則古老傳說作結。三個故事雖文風迥異，卻指向同一終極體驗——這體驗既最富革命性又最平凡無奇，既最出人意料又最顯而易見。錯過它，便如同錯過生命班車，徒留原地成為壓力的紀念碑。

　　且說貧苦漁夫朱德爾的故事。他尋得世間隱秘寶庫，叩響門環。持斧守門人喝道："伸長脖子，讓我砍下你的頭顱！"朱德爾毫無懼色照做，斧落竟無痛楚。他發覺守門人原是無魂軀殼。歷經奇遇後，他終獲四大珍寶：天界羅盤：持之則天涯若比鄰，劍：持之可誅萬靈，璽戒：持之則掌控寰宇，靈視墨壺：持之可洞悉世間一切寶藏。少年將四寶盡收囊中。

　　這個《天方夜譚》( Arabian Nights )中的故事向你訴說著什麼？且聽分解：你完全有理由在生命之海中垂釣未知的珍寶——事實上，你尋找的正是那份被詭計奪走的無限財富。你曾愚蠢地用它換取一顆肉丸，這顆荒謬的肉球如今卻盤踞在你肩頭。你貧窮而富有冒險精神，至少心靈依然年輕。這場騙局與荒唐交易帶來的刺痛仍未消退，這樁虧本買賣（世上還有比這更糟的交易嗎？）促使你四處搜尋那個模糊的目標。直到某天，命運突然垂青，讓你發現了世間寶庫。你懷著孤注一擲的勇氣長久叩門，又以更大膽量支付"一顆頭顱"的標準入場費，最終取回屬你的財產。這些珍寶既熟悉又嶄新——因痛失而珍貴，因渴求而璀璨，因重獲而完美，其價值已遠超往昔。昔日它們如陽光般自然尋常，如今卻煥發著超越日暉的聖光，同時又比任何時候都更平凡，平淡到難以言喻。

外界眾人沒有資格評判你的價值。唯有在此境，你方能自鑒真章。表像上你不過一介凡人，實質上你即是存在本身，擁有超乎想像的豐盛與權能。

誠然，你已足夠幸運。唯一所需，不過是重拾幼時被譏笑蠱惑所蒙蔽的那份純真。

## 馬的故事

我們第二個傳統童話來自北歐。它可以用幾句話講完。本質上，這就是那個從童年起就束縛著所有人的古老咒語。而且，低頭看一眼手中的鏡子，比我說任何話都更能揭示秘密、打破咒語。

七個年輕王子被女巫變成了七匹小馬。當他們的頭被砍下並放在尾巴位置時，他們就恢復了王子身份。

請注意，不僅是砍下頭，還要把頭顱擺在後腿旁邊或之間。好像他們餘生都要用這些頭顱來踢足球似的。

用本章開頭我們自己的故事來說，當可怕的"窺視者"被放回屬它的位置後，就不再是寄生蟲，而變成了玩具。結果是：明眸重獲明亮雙眼。她不僅是公主，更是掌管國庫鑰匙的女王。

　　三十年前我畫了這幅自畫像，雖不美觀，但至今仍讓我覺得頗有道理。

# 第十四章　成年階段

## （一）導言

當你讀到這裡，並且認真完成了之前的實驗，你應該已經明白了其中的關鍵。這其實很明顯——除非你真正認識到你是什麼，否則你不會知道什麼叫做"顯而易見"。

這裡說的"看到"，不是指理解（這個"什麼"會讓人困惑，讓人陷入一種清醒的愚蠢狀態），也不是指相信（它太神秘以至於難以置信，會讓人震驚），更不是指感受（儘管很神秘，但它比這些文字的白紙背景還要平淡無奇）。不，我說的就是你看任何東西時那種最普通的"看"。區別只在於你看的方向：是看向你是什麼，還是看向別人看起來是什麼。看的方式本身並沒有不同。

當你看向自己內部時，對你來說，你一直都是、也將永遠是同一個你——不會改變，沒有年齡。但在別人眼裡，你已經長大成熟，現在是個成年人了。這就是他們看到的你。 在成長過程中，你學會了用他們的眼光看自己。你變得很擅長玩一個特別的遊戲——可以說是一個高難度、需要技巧的體育項目，叫做"離心"：從自己身體裡跳出來一米遠，在半空中轉身，回頭看別人是怎麼看你的。現在，雖然你沒有完全退出這個遊戲，但你玩它的方式，更像克裡斯托弗·羅賓，他假裝自己是一頭咆哮的獅子

# 第十四章　成年階段

或是一艘航行的船,就像你小時候假裝自己是時速 100 英里的火車頭,或是一朵靜止的粉紅色晚霞一樣。對你,這位玩家而言,你已經發現自己實際上是原型般的非玩家,是不可動搖的,永遠像磐石一般,不會耍任何花招或玩任何遊戲。你沒有任何理由或藉口再將你局部的外表(regional appearance)與你中心現實(central Reality)的實相混淆,或者否認它們在所有方面都是對立的。

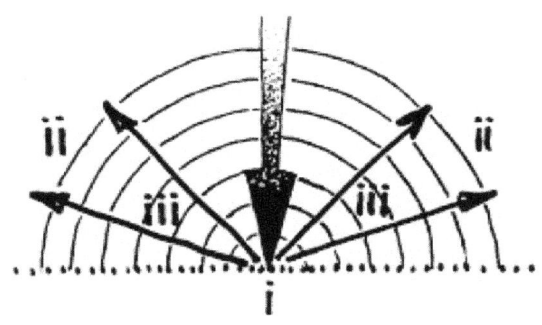

由此可見,你現在能夠以本書所倡導的方式應對成人生活的壓力。實際上,你通過區分三個區域來實現這一點:(i)你在最近距離的狀態,即完全內爆之處;(ii)你在最遠距離的狀態,即完全爆發之處;(iii)以及介於兩者之間的一切——你的裂變產物(可以這麼說),你多層次的宇宙。作為第一種狀態,你不可能感受到壓力,因為你內心沒有任何東西可以被施加壓力。作為第二種狀態,你也不可能感受到壓力,因為你之外沒有任何東西可以施加壓力。然而,作為第三種狀態,你不僅能夠感受到壓力,你本身就是由壓力構成的:你就是所有的壓力。世界靠它運轉,作為世界的一部分,你也靠它運轉。對此你無能為力。

那麼,我們在此提供的就僅僅是這些嗎——不是減輕壓力,而是安置壓力——將它送到它所屬的第三個區域(iii),在那裡你完全被它裹挾，甚至就是它本身？我們提供的不是改變你壓力的數量或嚴重程度，而僅僅是一種將自己從壓力中抽離出來的技巧？

絕非如此！我們提供的是一種最徹底、最深遠的壓力緩解。它是這樣實現的：覺察到你的壓力在哪裡，不在哪裡，把它送到它所屬的地方——這本身就足以極大地改變它。（例如：當"我對戰爭局勢感到焦慮"變成"戰爭局勢是一種焦慮"時，焦慮很可能會有所減輕。而當"我如此的沉浸在愛戀中"變成"她是如此可愛"時，這段愛情的發展很可能會少一些波折，愛也更真摯。）因此，實際上，在第三個區域裡（iii），你存在兩種壓力，必要的壓力，即構建和驅動宇宙的必要壓力，以及不必要的壓力，即你通過想像自己基於那裡，並生活在那裡（而不是在第一個區域）。簡而言之，健康的壓力和有害的壓力。

這一切都相當抽象，只是問題的骨架。在本章中，我們將為它披上血肉。我們將選取成人生活中一些主要的壓力錶現——大多數人都有的煩惱——並根據上述原則逐一進行審視。這需要我們在每種情況下區分兩種壓力——一種是不可避免且令人振奮的，源於事物的本來面目；另一種是可避免且令人麻木的，源於事物並非如此，源於錯覺。

我們不會試圖涵蓋所有因錯覺而產生的痛苦和無謂壓力的情形，只討論一些典型例子。這些例子足以說明：同一個原則（即針對錯誤和多餘壓力的唯一解決方法）如何巧妙地適應並應用於人類各種不同的需求。如果在接下來的內容中找不到專門討論你具體問題的部分，至少你能找到很多有效應對的線索——無論問題看起來多麼嚴重。你的困擾越嚴重，就越需要徹底放下它。無論你的有毒壓力多麼特殊或棘手，只有一個安全倒掉它的方式——把它扔過"世界邊緣"，也就是你自己的底線。我們很快就會看到這一點...

不知道你是否看過電影《上帝也瘋狂》（The Gods must be Crazy）。片中那位布須曼人主角撿到一個可樂瓶，給他帶來各種厄運。發現無法擺脫這個瓶子後，他意識到唯一的解決辦法就是把它扔到"世界邊緣"——對他來說，那是卡拉哈裡沙漠中數日路程外的一處高聳陡峭懸崖。最終他成功做到了，如釋重負。

學學那個布須曼人。他試過把那詭異的瓶子扔在各種看似合適的地方，但最後它總是會回到他身邊，直到他找到那個能讓它永遠消失的地方。對你而言，這個地方就是你的"邊界"或"邊緣"。只要不再忽視它，你定會驚訝於隨之而來的額外收穫。

在你很小的時候，你自然而然地享受著這些"邊緣福利"。那時的生活多麼不同啊！你曾是個多麼徹底的革命者！

沒錯：每個嬰兒都是隱秘的異見分子，是潛伏在社會中的臥底，是獨自對抗現狀的激進分子。但很快，"反人類行為管理局"就會找上門來，實施標準的反革命改造。他被洗腦，直到那些顛覆性觀點不僅被"漂白"，更是被徹底扭轉。他被說服：想要融入人類社會，唯一的方式就是——倒立。字面意義上的倒立，不只是比喻。這種"倒立療法"效果驚人，他幾乎立刻就忘記了原本的狀態。他確信自己現在是正立的，一直都是，也將永遠如此——就像周圍所有人一樣。他如此確信，甚至不願對此多看一眼、多想一秒。這種自欺欺人的生活，其壓力代價在不斷累積。無論這種自我欺騙多麼普遍、多麼"必要"，它的代價從來都不小。

我有個朋友去南半球旅行，不出所料地發現澳大利亞人也堅定認為自己"正立著"——腦袋穩穩長在頭頂上。所有人都是如此，除了他那個觀察力驚人的小外甥。小傢伙徑直走到他面前宣佈："舅舅，我才是倒著的！"但仔細看了看後，又改口說是舅舅倒立著。無論如何，他們倆的朝向顯然相反。如今十五年過去，想必這個年輕人也和其他人一樣，產生"頭在上腳在下"的錯覺了。但我仍期待某天他能迎來一場"反反革命"，再次遵從親眼所見的事實——看清真相。屆時，他就能擺脫"假裝看不見"帶來的壓力了。

嬰兒　　　成人　　　智者

曾有一位禪師，臨終前詢問祖師圓寂的方式後，決意與眾不同。據傳他堅持要"倒立著"離世，令哀傷的弟子們驚愕不已。這位老禪師是在裝腔作勢？玩禪宗把戲？還是臨終前竭力點醒愚癡的弟子？我們姑且善意解讀：此刻就讓我們領會其深意——抬頭看看自己的腳，順著腿腳軀幹向下，直抵畫面底部那無垠的開放的底端。讓積存在身體容器裡的有毒的壓力，打著旋、汩汩地從排水口流盡。那個巨大敞開的出口，從來也永遠無法被任何塞子堵住，更遑論區區頭顱做的塞子。

要倒空壺中污水，除了倒置壺身還能如何？要讓污穢留存，除了忘記倒置壺身又會怎樣？

在本章後續七個關於成年壓力的章節裡，我們將傾瀉七杯這樣的毒害廢料——它們毒性種類濃度各異，但處理方式和歸宿完全相同。

## （二）抑鬱

我請朋友們描述他們偶爾經歷的抑鬱狀態時，驚訝地發現每個人的說法都大不相同。有人說感覺生活毫無意義、失去方向：他們像迷路的人，漫無目的地遊蕩；或者更糟，像被牢牢困住。有人談到極度的厭惡感。有人則提到一種莫名的悲傷——正因為說不清緣由，反而更加悲傷。還有人訴說自己的無價值感，確信自己被所有人（包括動物）排斥，而且這種排斥合情合理。另一些人用更身體化的語言描述：感覺麻木、精疲力竭，對任何事都提不起反應；或是不斷下墜卻觸不到底；又或是像被臺鉗夾住般承受著四面八方的持續壓迫。諸如此類。抑鬱這個魔鬼似乎有無數張悲劇面具，而且每張都不盡相同。

我們的目的，是要揭開所有這些面具背後的真面目，找出各種形式抑鬱壓力的共同點，從而準確找到應對方法。

讓我們回到乍看與抑鬱完全相反的狀態——即前幾章共同重溫的那種"喜馬拉雅式"體驗。實際上，那並非振奮、開闊或愉悅的感受。相反，那是一種跌落與平復。那不是對既定事實的隨意認可，而是真正意義上的深深鞠躬——既是比喻也是字面意義上的，將視線從廣闊天空降低至襯衫前襟，甚至是最下面的紐扣。你可以稱之為刻意練習"低落感"，即便不是抑鬱本身。人們描述抑鬱的方式就足以說明問題。比如你會說"被悲傷和憂慮壓彎了腰"，既指身體姿態也指心理狀態；或者說"生活讓你消沉"、"情緒低落"、"垂頭喪氣"。曾經你"意氣風發"、"志得意滿"，現在卻"一蹶不振"、"跌入穀底"。

是的：那所謂的喜馬拉雅體驗確實是一次跌落過程。但這只是一次試運行，或者說是對深處的短暫而試探性的觀光旅行，太短暫也具試探性，無法帶出深處的沉重和壓力。那是一次從至高天堂的超世界，經由地球，墜落到陰間和地獄深淵的回顧或彩排。從那片巨大的、幾乎無物的藍色，到我最初看到的像雲朵然後變成雪峰的那些美麗的"物"，到那些灰藍色和綠色的山麓，到那非常綠的草地，到那些小小的腳（與其說是站在草地上，不如說是懸掛在草地上），再到這個倒置和截斷的軀幹——這一切都是一個縮小、凝聚和固化的過程。這樣說吧：我將地球視為天堂的"物化"，這個顛倒的身體視為地球的"物化"，我現在指著的這個點視為這個身體的"物化"——作為整個下降和內爆過程的最終收縮和終點。

## 實驗20：再次在證據面前鞠躬

親愛的讀者，請您再次陪同我參與這場對峙，這場對證據的臣服，請您慢慢來。

向上看著並指向天空，然後向外看著並指向那些山丘，然後向下看著並指向草地和腳,再進一步向下看著並指向那些縮短的腿和軀幹以及他們在支撐是什麼。我知道:此刻天花板權當天空,對面的牆算作山丘,地毯充作草地——但這不重要,本質上都是從天空到地面的俯視過程,和從倒置的雙腳到畫面底部的下降完全一致。我希望你不只是閱讀這種對宇宙的敬禮、對顯而易見之物的臣服、對既定現實的謙卑,而是要親自實踐這種致敬。現在…

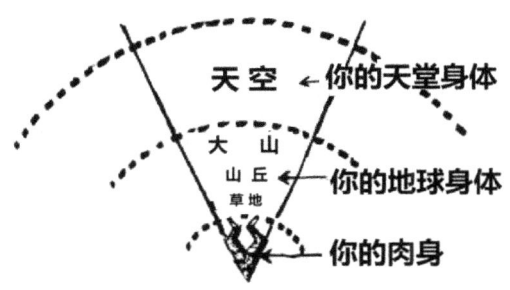

請注意,這裡呈現的並非一個人造的虛幻世界——不是為土地測量員、航海家、曆法制定者及古今無數專業人士精心炮製、預先包裝的宇宙便利品,而是千百年來呈現給普通人的原始自然世界。這是我們所見的本真,而非利益驅使下所見,不是父母、老師、社會和語言體系強加給我們的認知,更非我們確信不疑實則虛幻的錯覺。當然,我們需要這兩個世界——人造的與真實的,虛構的與原本的。那個經過加工的虛構宇宙確實具有實用價值。但它所篡奪的真實宇宙,才是一切實用目的中最不可或缺的:它能消除因將便利的虛構誤認為絕對真理而產生的壓力,能讓我們免於生活在一個巨大謊言中的煎熬。

這個真實存在的宇宙如此慷慨地給予我們——卻被我們現代人如此排斥和輕視——其大體輪廓對我們的中世紀先輩而言是可

以接受的。他們既有膽識又有智慧,將他們的世界觀建立在這個宇宙之上。這種世界觀或宇宙觀呈現出多種形式(有些比其他的更隨意和奇幻),其中有一種與我們的主題尤為相關。最豐富、最完整,且在重要方面最接近現實的,是但丁(Dante)在其偉大詩作《神曲》(The Divine Comedy)中描繪的宇宙觀。其最簡略的輪廓如下:

在這幅圖景的頂端是至高天,光明的國度,與黑暗截然不同;輕盈的領域,與沉重截然相反;精神的居所,與物質涇渭分明——它浩瀚無垠,無憂無慮,充滿喜樂。詩人說,天堂是一個巨大的微笑。在這至高之處的下方依次排列著諸天,即天使的領域,依次由恒星、行星、太陽和月亮居住,它們逐漸減少"靈性"而增加"物質性"。接著是地球,月下世界,人類和低等生物的居所——渺小、無光,被各種煩惱所拖累。再往下是更黑暗、更痛苦的冥界或地府,被想像成一個朝向地心彙聚的錐形深淵。這裡是九層地獄——越往下的層級,其居民的命運就越可怕。在最底層,猶大(Judas)和他的同謀布魯圖斯(Brutus)與卡西烏斯(Cassius)倒立著被困住。猶大的頭顱消失在路西法(Lucifer)咀嚼的巨口中,只剩下雙腿在煉獄的空氣中永遠痛苦地蹬踏。

這整套圖景是但丁對現實存在方式的富有想像力的戲劇化呈現——越接近這個體系中心那個孤獨的"見證者",萬物就變得越不透明、越固化、越具象化,壓力與抑鬱感也越發深重。如果我們追求的是一個真實可居的世界,一個用於生活而非思考與操控的宇宙,那麼我們尋求的正是但丁描繪的這種圖景:一個如曼荼羅或洋蔥般層層包裹的同心宇宙。唯有重新棲居於此真實世界,我們才能真正應對抑鬱。為了征服自然,我們構想出均質的

"馬鈴薯宇宙"——表面佈滿小眼睛,本質上卻無目也無中心。為了與自然和諧共處,我們則需感知非均質的"洋蔥宇宙"——其核心獨有一隻巨眼。要將自然的壓力安置于曼荼羅或洋蔥宇宙的應屬之位,從而消解其毒性,我們必須指向並睜開那只"獨眼"。而睜開它的唯一方式,就是睜得比浩瀚天地更為寬廣。

指向任何事物,最終指向的當然是一個點。但是請看,一旦深入觀察並追溯到底,被指向的那個"點"就消失得無影無蹤:它爆發出巨大的能量,使得最大的核災難相比之下都像茶壺裡冒出的一縷蒸汽。宇宙的這個焦點是其所有壓抑、痛苦、內疚和壓力的彙聚和頂點,是沉重和遠離天堂的輕鬆與光明的最底點。那是地獄竭盡全力,變得越來越邪惡,直到抵達它的終點。我現在看著並稱之為"我的"那些小小的倒置的腳,在我不再背叛自己,並在地獄結束、天堂開始的地方就位之前,它們實際上是我的猶大之足。在那裡,我看到並且我就是這條底線、世界盡頭和存在之本,天堂和地獄都由此而生。但是,最終,不再卡在地獄圓錐體的某個途中,而是到達了它的盡頭,地獄突然讓位于天堂。相當沮喪或非常沮喪是痛苦的,而完全沮喪則是立即擺脫痛苦,是戲劇性的突然救贖。在那之前,偉大的突破、偉大的覺醒、將一切顛倒過來的偉大革命都無法發生。

這就是你我當下的處境,也是但丁與其嚮導維吉爾(Virgil)在《神曲·地獄篇》('Inferno' of The Divine Comedy)中的經歷。他們明智地沒有選擇原路返回、攀爬逃離那個恐怖深淵,而是繼續前行至最深處,在那裡發現了一條通往光明世界、廣闊蒼穹與璀璨星辰的隱秘通道。這場歷時一周的地獄之旅,最終以詩人驚喜的結局收場。原來,離開這個陰森刑罰之地的出路,正是深入穿越它的路徑。用我們的話說：不是逃避，不是強打精神、振作希望；不是抗拒懲罰，而是承受它；不是抵抗抑鬱，而是擁抱它。

以下是同一主題的三種變奏，獻給所有所謂的抑鬱者——無論是急性偶發，還是長期慢性：

其一，濃縮自公元前三世紀中國《道德經》："聖人（智慧、澄明、寧靜）自承萎靡漂泊，似已喪失一切，如愚人般遲鈍昏瞶，隨風飄蕩，冥頑不靈，粗鄙無用。'眾人皆昭昭勃勃，獨我悶悶昏昏。'（沒錯：就是抑鬱！）但他與眾人根本區別在於：他'食母'。"（譯者注：食母，出自《道德經》第二十章，是古代道家哲學的重要概念。在這裡，"食"意味著吸取、依賴，"母"比喻為"道"，即宇宙萬物的根本原理。所以，"食母"指的是依賴於道，堅守道的原則，與道相融合，以此來養護人的本性和精神。）

也就是說，他得道於"道"——源自那永不枯竭的深井，這口井是中國古代對"底線"、"世界盡頭"、"源頭"與"根本"的對應概念，是無需依託任何基礎的"存在之基"。

我們的第二則來自13至14世紀的德國大師埃克哈特（Meister Eckhart）："我們必須在自己根基的最底層、最內在的自我中，居於至卑至微之處。當靈魂深入其根基，進入其存在的最深處時，神聖的力量便會突然傾注而入。"

最後是當代法國精神科醫生于休伯特·伯努瓦（Hubert Benoit）的見解："我越是奮力'向上'掙扎……（然而）完美的幸福並不在上方等待我，而是在下方；它不在我所認為的勝利之處，而恰恰在我眼中看似災難的地方。我的至樂，藏於我全部希望的徹底破滅之中。當一個人真正絕望,不再對現象世界抱有任何期待時,完美的喜悅便會如洪流般傾瀉而下,而他終於不再抗拒。"

請注意,這裡說的是"希望的徹底破滅"。如果我墜入抑鬱的深淵,卻沒有體驗到伯努瓦(Benoit)所說的那種全然解脫,那是因為我在離底部還有一段距離時就止步了,拒絕讓自己徹底沉淪。而如果解脫感無法持續,那是因為我不願重新經歷,不願再訪那至低之處。因為這不是一次性的體驗,不是經歷一次絕望就能換來永恆的極樂。這正是聖保羅(St Paul)說"我天天死去"的含義——並非指這種狀態讓他痛苦,相反,他不斷強調這種生活充滿喜樂。

從某種意義上說,這本書通篇都是關於抑鬱之道的指南。它的方向是向下的。如果非要比喻,我就像個電梯操作員,不斷喊著:"下行,下行!"先生女士們,唯有先降至世界底層,才能直抵天臺花園。當然,它同樣也是通往輕盈與極樂的指南,但需要代價。就像要從紐約飛往阿拉斯加,不僅得繞道邁阿密,還得為每一英寸航程買單。

基督教(雖非宗教中的特例,卻以無與倫比的深度與徹底性)彰顯、遵循並堅守著這一原則。讓我們簡要審視這一信仰——不是其稀釋的變體,而是其純粹本質;不是神學細節,而是其核心精神。

當萬王之王親身介入祂所創造的世界時,祂毫無保留。祂成為了亙古未有的卑微者。這充分揭示了祂與這個世界的本質:那位據說"在祂面前有滿足的喜樂,在祂右手中有永遠的福樂"的

**無頭之境，解壓之地　超越底線**

主，竟親自沉入悲痛的深淵。祂成為最徹底的失敗者，淪為笑柄與絆腳石。祂受盡羞辱嘲弄，被至親門徒離棄，遭人出賣，承受劇痛，最終墜入地獄最底層。

這並非因為祂是位病態君王、自我貶損的黑色幽默家、無能者，或是為痛苦而堆砌痛苦的宇宙受虐狂。不，祂行此路乃勢在必行。祂是現實主義者。這個（委婉地說）艱難而奇特的宇宙，正是"虛無深淵"偶然呈現的存在狀態——祂怎能不與之同行？當祂深不可測的"無自性"具現為某種本性時，竟呈現為十字架形態。這位世界之主毫不抗拒，順服至死，且死在十字架上。儘管祂渴望至善並竭盡全力，卻仍被推至最卑微的境地。若有更高更平坦的道路可選，祂斷不會踏上這條崎嶇卑徑。祂何嘗不願修築一條直達天堂的多車道高速路，繞過地獄直通樂園，至少讓受造物得享安適。但因我們與祂同乘，因我們本由祂所造，因我們實為祂的延伸而別無他者，我們必須行祂所行之路——這恰是存在本身的真實軌跡。這條令人震駭的窄路名為各各他（譯者注：《約翰福音》19章17節記載，耶穌是自己背著十字架出來，到了一個名叫"髑髏地"的地方，希伯來話叫各各他。），穿越之後便是空墓（空得徹底），迅速升入星辰。

當你意識到自己並非被"存在"額外索價，也未被刻意刁難時，一切都會不同。那份正將你壓垮的抑鬱——無論直接誘因為何、以何種形式呈現——在更深層面上根本無關個人。它是宇宙性的、普世的，是自然的本性。這不僅是萬物本質的典型樣本，更是你不可避免的必然參與。千萬別幻想上帝安然高居天堂搓手稱慶，而你獨自在深淵悲歎搓手的畫面。若祂在天堂喜樂，正因祂同時也深陷你的抑鬱之淵——與你同在，為你承擔，且作為你而存在。我們同在這艘神性之舟上,或許暈船,必定溺水,正沉向海底……

但是——啊!——唯有在此深淵才能尋得那顆珍珠。它不在別處,也無法廉價獲取。這絕非人工養殖的珍珠,更非裝飾用的假珠寶。它耗費了整個天地,甚至更多。你需要支付的代價不容商議,聖徒、智者或先知都無折扣可享——更遑論你我。我不是要你盲目相信那些老派傳道人的口號——"無十字架,無冠冕"——而是希望當你在黑暗痛苦中瞥見一絲微光時,能振作起來,開始明白那些傳道人曾多麼清醒而現實地看清了真相。你正陷入無法言喻的抑鬱?黑夜最深沉時,重擔最壓身時,退無可退時?那就是你的十字架。此刻你已無物可失,唯有俯首於現實,才能贏得一切……

繼而,以同樣的謙卑順服於事物的本質,迎接你的升天與加冕,那無法言說的榮耀。

這段來自基督教核心的神聖啟示——這個表面看似消極、實則積極至極的信仰——正如此向我訴說。誠如所言，其他信仰也有類似迴響，但基督教以其最堅韌、最深刻的形態呈現，因而對我們的探索具有特殊價值。其中最具說服力的精煉象徵，莫過於那"重價珍珠"的比喻——靜臥在怒海之床的珍寶。那狂暴殘酷的海是你的海，但珍珠也是你的珍珠。它代表著你原本悲劇故事的轉折點，這是何等徹底的逆轉！

《珍珠之歌》（The Hymn of the Pearl）是公元三世紀諾斯替（gnostic）教派的一首詩歌，處於基督教的最邊緣地帶。你可以將其視為連接東西方靈性的一座珍貴橋樑。此刻，它對我們頗有啟示。以下是故事的梗概：

萬王之王居於東方某處，祂派遣自己的兒子降臨埃及，目的是取回藏在湖底的一顆珍珠——那裡有一條可怕的龍看守。王子一路下行，脫下光明的衣袍與榮耀的外衣，褪去一切王族的痕跡。最終抵達埃及後，他認為謹慎起見，必須隱藏自己異鄉人的身份。於是他換上埃及人的髒衣，吃埃及的食物。很快，他被這些俗物麻醉，完全忘記了自己是誰，也忘了使命。實際上，他變成了一個埃及人。

然而，東方宮廷得知王子的昏瞶與墮落，便派遣鷹使送去嚴厲的提醒。這使他幡然醒悟，重拾使命。且聽他親述：

我的靈性渴慕回歸本真，

我想起那顆珍珠——

正是為它，我被遣至埃及。

## 第十四章 成年階段

於是我施法馴服

那條氣息如雷的可怖巨蛇，

催眠它，使它沉入夢鄉……

我奪回珍珠，

轉身返回父家。

將那污穢不潔的衣衫

盡數剝落，遺棄在那異邦，

徑直踏上歸途，

朝向東方故土的光明……

我披上那件流光溢彩的外袍，

任其華美舒展周身，

穿戴齊整，飛升而去……

我們對這個古老寓言的解讀如下：

親愛的讀者，你本是微服出巡的王族。這偽裝如此徹底，甚至騙過了你自己。你確實是那位王子——"太一、整體、萬有"之王的唯一繼承人。但你不只是降臨人間，更在降臨過程中逐層褪去星系、恒星與行星的外衣（或者說表像），最終以人類形態登場。在此你披上"凡人之軀"，逐漸以日益累積的壓力為代價，學會像第三人稱那樣思考、感受與行動。甚至在你眼中，你也成了他們眼中的模樣———個與芸芸眾生毫無二致的平民。更準確地

## 無頭之境，解壓之地　超越底線

說，一個抑鬱的平民。你為何抑鬱？為何厭倦至極？因為你忽略了：作為第一人稱，你本就是"非庸常者"，是"至非凡者"。正如波愛修斯（Boethius）所言，你的困境源於遺忘真我。

但此刻你已收到關於真實身份的強烈提醒，也知悉此行的使命——繼續下沉。停止抗拒抑鬱的圓滿與奇妙結局，任由墜落延續至終點，縱身躍入那片至深之海。或隨語境稱之為：地獄深淵、心中沉鬱、意識幽谷（無論那"難以捉摸的怪物"指什麼），抑或簡單指向手指下移時途經的"底線"與"世界盡頭"。因為在海底，安放著能解除一切抑鬱（又遠超於此）的珍寶。

然而，你深入海底尋回王室珍珠的旅程，卻被一頭怪獸阻擋——它正是你對進一步屈辱與失去的強烈抗拒。這狡猾的騙子，最善於蠱惑人心的欺詐大師，用盡詭計不讓你接近自己的珍寶。

此刻，讓我們稍加改編這個故事，列舉這狡詐惡龍的幾招花招：

(i) 它竭力說服你那珍寶其實一文不值，與周圍海水一樣毫無珠光。它假意自嘲是條蠢龍，像孵蛋的母雞守著永遠孵不出的瓷蛋，並引用東西方靈性大師的言論佐證：這珍珠無色無形，得到它等於一無所獲。相反，它"好心"端出一盤炫目珠寶——與海底那無聊物件形成鮮明對比的"巔峰體驗"：充滿愛與狂喜的神秘愉悅。這些絕非假貨，而是如晨露映虹般絢麗的真實珍寶。神秘學典籍滿是這類記載……明智的做法是：不爭辯但置之不理。承認那些珠寶的光彩，享受它們出現時的美妙，但牢記它們比晨露更短暫——來去無常，急需時偏不出現。而真正的珍珠：因其平凡(卻無價),因其空無(卻包羅萬有),因其就是你自己的本性,隨時滿足一切需求——無論情緒多糟,問題多棘手。

(ii)惡龍還會假裝難為情。此刻它搖身變成個醃臢老貨,扭捏作態地指出:可惜啊,純潔的珍珠正埋在一堆噁心的龍糞底下。要想找到珍寶,得先清理這些穢物。它信誓旦旦保證,只要清完污穢就拱手相讓。於是你卷起袖子,當起了惡龍的廁所清潔工。可惜這龍壓根沒有便秘。遲早你會發覺:無論多賣力,糞堆不減反增。原來它趁你轉身就偷偷排泄……換言之,它堅稱你必須先消除業障,通過種種修行完善品格,才配看見抑鬱之下的喜樂。它心知肚明:這任務永無止境。因為除了個人業力,你還會背負更沉重的非個人業障。其實這場惡臭鬧劇純屬荒謬,不過是幻術師惡龍的又一伎倆。龍本身是幻影,龍糞比幻影更虛無。我們屢屢發現:在一切實存與想像中,你本性的珍珠一旦被注視,便是最耀眼的顯而易見。就算全宇宙腹瀉不止的惡龍齊噴糞,也遮不住它一絲微光。

(iii)這惡龍還是個變裝高手!此刻它又扮起開明謙遜的模樣,巧舌如簧道:

"傳說中的珍珠怎會在這毫無神秘的埃及!由這條普通小蛇看守?得了吧!親愛的王子啊,你在這骯髒地窖永遠找不到真品——它遠在世界屋脊的神秘西藏,或隱秘的印度、泰國、墨西哥,甚至(佛祖保佑!)日本。總之(它低聲補充),只要夠遙遠、夠難找、夠玄奧、夠不埃及就行。"

這番龍屁雖只配一笑,卻出奇奏效。人們瘋狂追尋那"不在此地、不在當下、非我所屬、極難窺見"的假珍珠,反而冷落了真正的無價之寶——儘管後者才是唯一值得擁有的。

（iv）惡龍也可能擺出學者姿態。它承認身下是真貨，但堅持等你研讀完珠寶鑑賞課程才肯交出。它保證："只需讀完這三四本專業書⋯或五本⋯六本⋯"你滿懷熱情投入學習，但必讀書單越來越長。每本新書都號稱終極指南——直到下一本問世。其實這些書多半在講采珠人、牡蠣甚至蚌殼，與珍珠無關；不少作者更是磚家——就算天降珍珠砸到他們膝蓋，也認不出那是無價之寶。更甚者，即便最優秀的珍珠專著也在誤導人——它們讓你盯著十二英寸外那些毫不相干的標記。因為珍珠不在書頁裡，而在閱讀者之中。所以請禮貌而堅定地告訴那條戴方帽穿長袍的博學老蛇：它那百萬卷的珍珠圖書館可以收起來了。

（v）說到底，這惡龍是你自己豢養的——與其說是該射殺的野獸，不如說是需管教的危險寵物。儘量友善安撫，但千萬別與它糾纏。《珍珠之歌》最智慧的啟示，就是對付惡龍要靠安撫：別逆著它的鱗片捋。它最愛誘你參與——辯論、研究、踏上漫長尋珠之路、與它嬉戲或搏鬥——任何能讓你此刻無法看穿詭計找到珍寶的活動。它最成功的伎倆，是甩給你一本《馴龍大全》，裡面滿是研究龍類解剖、生理和行為的"攻略"。你要研究每片鱗甲的形狀、每顆獠牙的弧度、每根利爪的反光，甚至它噴吐煙霧的化學成分——它暗示：唯有徹底瞭解心智的複雜迷宮，才能抵達"心智之下的寧靜"。當然（它早算計好），你探索得越深，就越發不可自拔。龍學成為層層嵌套的迷宮，既是"成熟人士必修課"，又令人著迷上癮——至少得耗費一生鑽研。而此時它正愜意地蹲在瓷蛋上。除非你趕走它，否則對你而言，那永遠只是個瓷蛋罷了。

## 第十四章　成年階段

該怎麼做？我推薦拉瑪那・馬哈希（Ramana Maharshi）的策略："別管心智。若追尋其源頭，它自會消失，留下不受影響的真我（珍珠）……當你體認真我，根本無需控制心智……你忽略了真實的，卻緊抓虛幻的心智。"

尼薩伽達塔・馬哈拉吉（Nisargadatta Maharaj）也說："別被騙了。所有關於心智的無盡爭論，都是心智為自保、延續和擴張而生產的。唯有斷然拒絕理會心智的糾纏，才能超越它。"

還有那位禪宗大師——當弟子請求平息妄心時，他讓弟子把心找出來。"可我找不到，"弟子答。"看，"大師說，"我已替你安好了！"

或許你和我一樣覺得，有位大師的總結最精闢：先尋天國（對他來說即無價珍珠），其餘自會加給你——包括情境所需的心智產物（如果真需要的話）。

（vi）惡龍最毒的伎倆，是給自己頒個榮譽醫學博士頭銜，擺出專業面孔診斷你的抑鬱"不可逆轉"。它輕鬆補充："這很常見。"告訴它：在人生高速路上，抵達 O 匝道前禁止掉頭——而 O 匝道就在前方。再告訴它：身為謊言之父，它編造的"不可逆抑鬱"純屬地獄笑話。不妨指出：高速路上雙向車流相等，每輛車駛向 O 匝道，就必有車離開。或早或晚，以某種方式，你終將痊癒。為何如此確信？因為你知道自己究竟是誰。

（vii）惡龍最狡詐的招數來了：它突然換上關切語氣說"你抑鬱了，可憐人，你已墜到這個深度了。我擋住去路是為防止你繼續下墜。理智點！就算越過我，只會陷入更深的痛苦啊！"這

## 無頭之境，解壓之地　超越底線

還算消極保護。它更會熱情推銷"逃生梯"："快爬上這完美階梯，很快就能逃離地獄，重回陽光普照的地表！"

事實上，惡龍精心佈置了無數梯子——但最長的也夠不到坑口，每級踏板都腐朽生蛇。這條蛇性十足的惡龍，根本在和你玩"蛇梯棋"，而且作弊骰子確保它永遠贏。你就像困在捕蠅草裡的蒼蠅，絕無可能爬出。當然，我們多少都得爬爬梯子：從神奇藥物到神奇冥想，確實有許多提振情緒的妙招。有些確實管用——只是不夠深，也不夠久。記住：唯一出路永遠是向下穿越。

這七種龍族伎倆遠未窮盡他阻撓我觸及那顆珍珠的手段——在那裡，我的抑鬱沉至穀底。差得遠呢。他的把戲清單長得像我胳膊——像我根本無需伸長的胳膊，若我真想攫取那珍珠。粗略列舉些其他詭計：他哄我相信自己是個殘廢，唯有披橙色僧袍坐輪椅（被某護士推著——或該說拽著？）才能接近珍珠；或宣稱除非我能把雙腿打成死結而不呻吟，最好能讓全身扭曲到難以想像的怪誕姿態，像雜技演員那般；或除非我變成甘願輕信任何鬼話的白癡；或是願為捍衛那些鬼話欣然赴死的狂徒；或直到我心中燃燒的熾烈猛虎被馴服成溫順食草的咩咩羔羊；或直到我變成徒具男性形體的閹人；或成為日日放血的自虐者；或是聖潔到令你退避三舍的偽善之徒。諸如此類。不勝枚舉。

這條老蛇可真是個狡猾的騙子，他那套把戲本該連最愚鈍的人都看得穿——可我們偏偏就上當了！直到我們睜眼細看。他多恨我們睜眼看真相啊！若我們追求的是真相，那就沒什麼比親眼看清更有效；若我們想擺脫抑鬱，那就沒什麼比真相更管用。說到底，抑鬱不就是一種特別折磨人的虛假狀態嗎？

# 第十四章　成年階段

　　當然，看穿那條打鼾（還是喘息？）的惡龍、直抵珍珠所在，本是世上最簡單的事。你只需不再忽略你賴以觀察的雙眼，意識到自己早已攥緊他的珍寶，你本就是沉在最深海底的那顆珍珠。但難的是真切感受到自己身處海底，並始終保持這種清醒的覺知。因為你的感受天生就向上攀升，永遠追逐獲得而非失去，擴張而非收縮。就連最聖潔的苦行者，也無法在毫無回報的情況下刻意謙卑。你無法自行沉潛。但你可以允許生命替你完成這件事。而後你會驚歎：一旦你敢於對生命說"是"並信任它的運作——那些看似任性殘酷、實則智慧慈悲的運作——它總能在最恰當的時機，以你最需要的方式達成。這聲聲"是"絕非易事；若真要說它像塊蛋糕，那也是世間最苦澀的蛋糕：沉重如鉛，入口卻化作不可思議的輕盈。天知道，這絕非輕鬆的生活方式。但長遠來看，對生命說"不"的人生豈不更艱難、更令人抑鬱？多麼徒勞，多麼可悲！

　　你就像一杯冒著泡的苦味汽水，而你的情緒就是那些不斷上浮的氣泡。它們天生只會上升……所以今早你覺得歡騰雀躍——事實上簡直神采飛揚？此刻（你告訴自己）這種高漲情緒肯定會持續下去：好日子又回來了——而且會一直停留。然而不出所料，生活猛然砸下一塊沉重的東西，直墜你心底最深處。它壓住了一個大氣泡，把它一路帶到杯底。你覺得這就是純粹的痛苦和苦澀……但就在這絕境中，只要你保持耐心，驚喜自會降臨。那個把你壓垮的可怕重負、那個看似無解的難題，原來是一塊方糖——它漸漸融化，讓整杯飲料變甜。或者至少成了苦甜交織的滋味。當你毫無保留地接納，詛咒便化作祝福。真正的喜悅（它與真正的平靜本無分別）奔湧而出。這杯飲料從此不同……但很快，糖塊徹底融化，釋放出那個被困住的氣泡：它必然再次向水面浮去。只不過很快又會被新的生活重壓困住，帶向深處。於是這苦甜交織的過程周而復始，細節千變萬化，永無止境。

這就是生命在你底線之上延續時的起伏。無論你怨恨它、勉強忍受它，還是最終（靠著神恩或明察，或二者兼有）欣然擁抱它，它都如此運行不息。

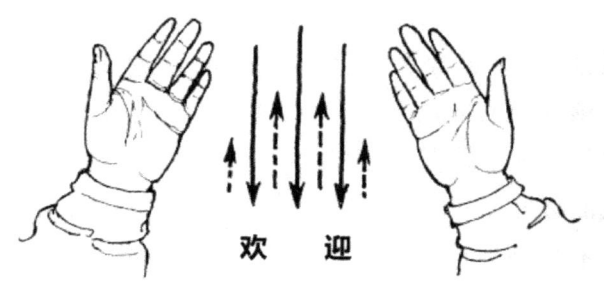

應對這些無可避免的起起落落，其精髓在於安住於它們的根基——這是一門覺知的技藝，也是一門科學：清醒地作為承載所有喧囂的基底，而自身絲毫不受擾動。在這裡，你是世界的基石，一切由此開始，一切在此終結。永恆如一，你是那"不動的推動者"。

總結這一部分，讓我們直面問題：對於此刻正讓你消沉的抑鬱，你究竟該怎麼做？

答案分為兩部分。第一：去看，然後看會發生什麼。本書的核心主張（也是每日可驗證的基本假設）是：無論你面臨何種問題，解決之道在於看清它是誰的。不是去理解、感受或思考誰擁有這個問題，而是真正凝視那個"誰"，並靜觀凝視帶來的變化。這種"看"與"等"，無論你有何需求，總能做到。其餘的事，則不在你掌控之中。

這便引出了答案的第二部分：去看，看會發生什麼，然後信任這個過程。如果——由於你的抑鬱體質（比方說）、後天形成的思維習慣，或是你身處的特殊困境——儘管你一再驅散它，抑鬱仍固執不去，那麼你要做的，就是心甘情願地臣服於它。這種心甘情願的態度會改變一切。不僅僅是接受抑鬱，甚至不僅僅是主動選擇抑鬱，而是信任它——信任它此刻正是你所需，暗含恩典——這樣的抑鬱已不再是舊日意義上的抑鬱。這正是《道德經》中聖人所言"我獨泊兮其未兆"的境界。它是來自生命之母的乳汁，飽含你必需的養分。

用前文的術語來說，當你的抑鬱從意願的域（i）（你以為自己想要的）、區域（ii）（你真正想要的），轉移到區域（iii）（你真正、真正想要的），它的本質便徹底改變了。請注意，是徹底改變。這種改變的性質與感受無法預見，你只能懷著信心等待。

準備好迎接那種快樂吧——那種只有通過我們稱為"抑鬱"的可怕又神秘的東西，才能獲得的快樂。

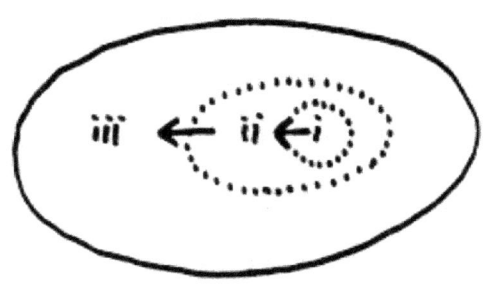

## （三）優柔寡斷

我們談論自己難以決斷的方式，恰恰生動體現了所承受的壓力。我們被相互衝突的影響、原則、動機和行動方案撕扯著，左右為難，飽受猶豫的折磨，甚至被徹底分裂。這種緊張程度各異：從必須在家庭和事業間做出抉擇，到糾結該吃哪個蘋果、該看哪個節目、該出哪張牌。緊張程度還取決於諸多因素：比如所涉問題的緊迫性、選項的勢均力敵程度、懸而未決的時間長短，以及你當下（或自以為）意志力的強弱。如果每次選擇都只需在明智與愚蠢、穩妥與輕率、善與惡之間做決定，事情會簡單些——當然不一定更容易。但現實中太多選擇都是兩害相權，無論怎麼選都難免陷入困境。例如：是服用會鈍化意識的止痛藥，還是忍受疼痛；是毒殺那些把草坪糟蹋成荒地的鼴鼠，還是放任它們繼續破壞。如果人能避開所有可避免的兩難抉擇——比如把自己送進精神病院——生活確實會簡單許多。但即便這種極端且常用的減壓手段也終將失效，甚至本質上等同於自殺。你永遠無法停止做選擇：今天選擇穿這件外套，剛才選擇坐這把椅子，此刻選擇讀這本書而非那本偵探小說，選擇繼續研讀這段關於優柔寡斷的文字而非起身泡茶。從嬰兒車到臨終榻，人生就是永不停歇的選擇、選擇、再選擇。這意味著，往好了說你始終承受著溫和卻持續的壓力；往壞了說，你會像那頭面對兩捆等距胡蘿蔔而餓死的蠢驢一般，被優柔寡斷生生折磨致死。

若你反駁說"這就是生活的本質，人對此無能為力（除了遠離賽馬場、賭場、股市這些'胡蘿蔔陷阱'）"，我當然只能同意——但這僅適用于你人生的表像故事。若你觀察我任何一天的行為，也

# 第十四章 成年階段

必定會得出(從你的視角完全合理的)結論:我同樣活在連續選擇中,和你及所有人一樣困在無數兩難境地,因而充滿壓力。表面看來確實如此。

但表像並非真相。那只是我們的外在表現,而非真實本質。如果說我們至今應該領悟到什麼,如果說在探索過程中我們反覆驗證了一個關鍵發現,那就是:表像具有欺騙性,你絕非表面看起來的那樣。更重要的是,你人生的內在真相與外在表現截然相反。這條法則完全適用於你所謂的"決策行為"——那些在矛盾選項間的痛苦猶豫,那些在明顯弊端與可疑利益間抉擇時的壓力與掙扎,統統都是與影子搏鬥,是人為製造的假像,是多餘且無實質意義的。最根本的真相是:你從未需要做出選擇,從未真正做出選擇,也永遠不會做出選擇。你的本質恰恰是消解選擇,將其連同所有相關壓力一併炸得粉碎。

難以置信?或者即便相信也感到恐慌?我聽見你說:"我選擇,故我存在。當心你在消除我的壓力時,別把我也消除了。"好吧,是時候停止泛泛而談,用具體事例來說明瞭。以下是七年前我親身經歷的一段往事:

和往常一樣,我發現自己站在人生的岔路口,不知該選擇哪條路。當時我設計了一個模型工具——構思簡單但形式精巧——用來向人們展示"他們是什麼,以及"他們不是什麼",即以視覺而非語言傳達本書的核心思想。我該放手一搏投入生產銷售,還是將其束之高閣?利弊似乎旗鼓相當:一方面有位頗具影響力的朋友熱情支持,能確保可觀的銷量,其他朋友也給予精神鼓勵;另一方面則需耗費大量時間和資金申請專利、投入生產,而我對企業家角色既無經驗又心生抵觸……若從外在觀察，你會說我猶豫數周後最終選擇了冒險，義無反顧地推進項目。你還會刻意強調：這個決定被證明是錯誤的——因為剛下定決心，我就收到那位已失勢的朋友從監獄寄來的長信……結果不出所料，這次商業嘗試以失敗告終。

現在說說這個冒險項目的內在真相——從這裡看，從本質而非表像來看的實相。我並非在行動與不行動間猶豫不決後選擇了行動，繼而立刻懊悔。不，完全不是這樣。我運用了"無選擇"的原則與技巧：不做決策，不事後懊悔與糾結，也沒有隨之而來的壓力。

這個方法具體如下：面對問題時，既不要消極坐等事情發生，也不要擲硬幣或占星問卜指望得到正確結果。需要採取的明確行動分為四個階段：

（i）視自己為問題利弊產生的根基或底線——讓盡可能多的利弊細節自然呈現。任由它們以各種方式排列組合。與這些可能性共處，反復斟酌，甚至帶著問題入睡，但不要渴求做出決定。作為呈現問題全貌的銀幕，作為任其來去的明鏡，你始終保持中立。不過在這些呈現中，你可能會發現解決問題的截止日期尤為突出。對此也要深思熟慮。

（ii）某天清晨醒來，或白天忙於瑣事時，來自生命底線的完整解決方案會不期而至。它如此理所當然地化解了你的困境，讓你確信這就是最恰當的抉擇——在最恰當的時機，以最恰當的方式降臨。這決定完美地孕育於你、為你而生，卻非你所造。當然不是身為凡人的你所造。因此它帶著與生俱來的權威，源自真正的你——那萬物的源頭，世界的起始與終結。

（iii）此刻輪到這個看似完美的決定本身，在你的生命底線上繼續展現其局限與弱點。各種疑慮、執行難題與兩難處境可能紛紛浮現。你依然不在選項間抉擇，而是與它們共存，直到它們自然成熟、自行消解。

（iv）最終，計劃付諸實施。你帶著好奇，或許還有敬畏，目睹它逐漸成形。你從不覺得自己在塑造或鍛造它——它在你之內成形，如同雲朵在天空幻化，或萬花筒中交織出精妙圖案。

這就是所謂的"無選擇"之法，它能消除多餘且有害的壓力。它確實有效。它以創造性的方式運作，產生自然、不可預測且真正受啟發的解決方案——這些方案你絕不可能歸功於自己。而它之所以如此運作，事實上是因為它根本不是什麼技巧，不是幫你擺脫猶豫痛苦的權宜之計，更不是不惜一切代價求安穩的處世之道。不：它之所以有效，是因為這就是你與生俱來的運作方式，無論你是否意識到。所有那些非此即彼的選擇都是虛幻的，是一場巨大的掩飾。在這個宇宙中，每個個體都受其他一切緊密制約，單獨的個體根本無力做出絲毫改變。假裝並非如此，假裝我們作為獨立自我能夠行使自由意志，這種想法既荒謬虛偽，又虛榮且充滿壓力。唯有萬物的本源——不受任何支配者——才擁有自由意志；唯有那些顯然源自它、歸因於它、被感知為它自身行為的行為——唯有這些才帶著它奇妙的氣息，那種只屬本源的獨創性與正確性。過我們所描述的"無選擇"生活並非宿命論。這不是放棄掙扎，承認自己是大機器中的小零件。這是與機器的創造者認同，立足於自由本身。這是成為自己的本源，選擇從中流出的一切，並視其為至善。

你大可以指出，在我所舉的自身發明案例中，我拒絕做出選擇反而導致了錯誤決定——至少在我的會計師和銀行經理看來是錯誤的。對他們以及其他任何理智的旁觀者而言，情況似乎確實如此。但對我這個親歷者來說並非如此。事實上，以這種"無選擇"方式達成的決定從來都不是錯誤的決定。它們常常令人不適，有時甚至令人痛苦，但最終總能讓人感到是正確的。這與那些看似個人抉擇卻使人分裂的決定多麼不同啊！無論這些決定在短期內多麼合乎情理，無論起初看起來多麼正確，它們最終都不會有好結果。人們總會強烈懷疑自己犯了錯，或許是災難性的錯誤。

回到我的故事：我的發明——更準確地說，我的"非發明"，那個我僅作為助產士接生的產物——並未胎死腹中。它已為一些朋友指明通往"世界盡頭與世界起源"之家的路，並提醒其他人記起這條路。哪位會計師能為這樣的"歸家"標價呢？更何況，誰能將這功課的某部分效果與其他部分割裂評估？它是整體推進的。世界不會因零散的成功小戰役和局部行動就接受"無選擇"之道，而需要最廣闊戰線上的全面突破。淹沒海岸的是潮汐，而非零星的漣漪。

在生命底線之上，是"無選擇"的領域。那裡萬物都困在相互制約的緊密羅網中，自由僅是幻夢。生命底線本身才是"選擇"的所在。唯有此處自由真實存在，因為這裡沒有任何束縛。在這裡——你作為真正本真的你——做出那個哈姆雷特未能做出的、至高無上且毫無壓力的唯一真實選擇。他的失敗付出了何等

## 第十四章 成年階段

沉重的代價！你選擇存在。在這裡，你自由決定不僅要成為萬物的本源，更要成為你自己的本源。不，這不是霍布森（Hobson）的選擇。你可以選擇不存在。在你之下根本沒有任何人或事物能催生你。看啊，你此刻正在選擇讓自己顯現。你如何做到這點正是終極奧秘。請接受我的祝賀！

換一個角度來看。在你內心深處，你知道自己擁有選擇的自由。你對此確信無疑。但你的理性思維卻認定你並無這種自由，因為你從內到外都受制約——外部受環境制約，內部受遺傳制約；你或許還會補充說，唯有"非制約者"（即上帝）才擁有選擇的能力。然而這裡並無矛盾：看似沒有選擇的"表面的你"位於底線上方，而真正擁有選擇的"真實的你"正居於底線上。

你的心告訴你是你在選擇。你的頭腦告訴你只有上帝在選擇。兩者合一，便向你揭示了此刻的你究竟是誰。

歸根結底，擺脫壓力的唯一方式，就是成為"她"、"他"或"它"——隨你選用何種稱謂——那自由本身的存在。

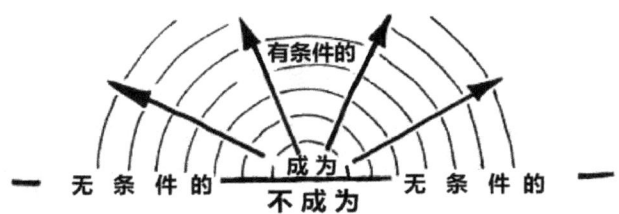

最後，我想留給你這些直指本質的箴言：

若你的意志與神的意志分離，他人便會掌控你。

——布拉茨拉夫的拿赫曼拉比（Rabbi Nahman of Bratzlav）

正因我們不夠親近您，無法分享您的自由，才妄圖擁有與您不同的自由。

——喬治‧麥克唐納（George Macdonald）

對神而言，自由是必需品。

——弗拉基米爾‧索洛維約夫（Vladimir Soloviev）

本節的目的不僅是證明這些話語的真實性，更是展示如何精確地、毫無壓力地活出它們——無論你有何種信仰，甚至毫無信仰。

## （四）失敗

我們中有誰不曾在一生中的某個時刻，覺得自己是個可悲的失敗者——至少在自己眼中？即使在我們這些看似實現了最大抱負的人當中，又有多少人在心底真正覺得自己成功了，覺得自己沒有以各種方式辜負自己，覺得自己實現了早年的承諾，完成了與生俱來該完成的大部分事情？

- 想想我們要講述的失敗故事——或者說本可以講述，如果不是太羞於啟齒——所帶來的壓力和痛苦。如果成功意味著過自己喜歡的生活，做自己喜歡的工作，為大眾福祉做出雖不耀眼但不可或缺的貢獻，那麼我想，那些最不失敗的人恐怕是那些技術或半技術工人，沒人會指責他們野心勃勃。另一方面，如果失敗意味著在公共領域，我們仍然缺乏自認為應得的權力、名聲或地位；在私人領域，我們仍然缺乏想要擁有的摯友和幸福關係——那麼我們確實是失敗的。無論外界多麼確信我們取得了巨大成功，我們的生活都是一場徹底的失望和辜負。

事實上，逐漸的限制和失望（"失望"即"期望未出現"）構成了我們生活的基本模式，就像牆紙圖案一樣單調重複。隨著年歲增長，光明的希望、巨大的潛力、可實現的選擇一個接一個落空。今天的嬰兒可能是明天的佛陀或耶穌（B）：世界 ABC 是他的牡蠣。今天的兒童可能會做得不錯（E），但他的牡蠣已縮小到 DEC。今天的青年可能會做得尚可（G），但他的牡蠣進一步縮小到 FGC。如此這般，隨著選擇範圍不斷縮小，直到老年幾乎只剩下牡蠣殼。他完蛋了。他的生命，我們所有人的生命，都是從搖籃到墳墓的緩慢死亡，註定要失敗。即使是達芬奇，也有許多事情完全不擅長，當然更無法永遠保持達芬奇的身份和生命。

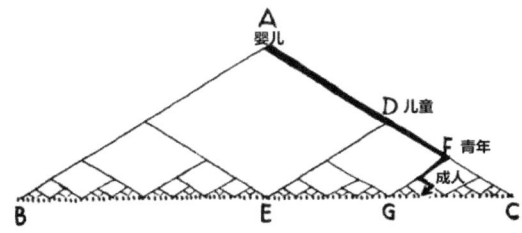

**無頭之境，解壓之地　超越底線**

然而我們內心深處有種更清醒的認知，抗拒著這種無情的收縮和接連的失敗，感到被欺騙了。至少潛意識裡，我們為此感到壓力和痛苦。可以說，大多數成年人如果沒有對生活幻滅，沒有感到失敗和挫敗（甚至痛苦），那只是因為我們半夢半醒，對自己真正的價值和潛力只有四分之一的認識。隨著我們逐漸清醒，感受到生命活力的湧動，我們確信缺少了什麼——某把遺失的鑰匙、某扇未開的門、某個消失的廣闊視野、某個被遺忘十分之九的秘密、某個就在視線邊緣等待我們的聖杯或護身符或靈藥，它能最終糾正一切，治癒我們的病痛。而失敗確實是一種嚴重的疾病。

好在解藥確實存在，此刻你我都唾手可得。這副治癒失敗的良方，這個隱秘但久經考驗的全面成功秘訣，我們將像服用其他藥物一樣內服，每日一劑。

但首先讓我們看看我們追求的是什麼樣的健康狀態。什麼是成功？你會如何描述一個真正成功的人？可以說：這是一個對"失敗"一詞毫無概念的人；一個不被任何困難嚇倒，堅定不移、充滿喜悅與痛苦地完成自己決心要做的大事的人。這個定義雖然冗長，但很符合我心中所想的那類人。我想到一個現成的例子——利雪（Lisieux）的特蕾莎（Therese）。她說她確信自己生來就要成就偉大，而在她看來，偉大意味著成為一位偉大的聖人。（你我可能傾向於其他類型的偉大：但這無關緊要，偉大的本質是相同的，儘管其表現形式千變萬化。）在這個艱巨的任務上，她在24歲去世前取得了驚人的成功。如果要用一個詞概括她的一生，那就是"英勇"。一般而言，偉大就是英勇。我要特別對你說：一旦你擁有了英雄的武器（你確實擁有）、使用這些武器的技巧（你確實掌握)以及使用它們的勇氣(你確實具備),那麼你就完全有資格成為一流的英雄。(當然也可以是女英雄。我的一本詞典允許"英雄"指代兩種性別,這也是我在此採用的用法。)

或許"英雄"的定義還不夠清晰。這種情況下,我們最好參考古希臘人的觀點。他們塑造的英雄形象及其神話功績,一直吸引並激勵著人類。這些故事遠不止是激動人心的傳說,其蘊含的深刻啟示甚至超出了古希臘人自己的認知,至今仍未被完全解讀。對我們而言,這些故事尤為重要,因為它們以無與倫比的深度和豐富的意象,揭示了如何取得至高無上的成功。

讓我們看看英雄珀爾修斯(Perseus)的故事。這個故事充滿了對我們的啟示,這些以想像形式呈現的教誨反而使其更具價值。

珀爾修斯是半神半人——眾神之父宙斯與凡人女子達那厄的兒子。達那厄的父親阿克裡西俄斯得到預言,說他會被外孫殺死,於是將女兒關進銅塔。但這沒能阻止宙斯,他化作金雨穿過屋頂使達那厄受孕,生下了珀爾修斯。當阿克裡西俄斯發現女兒生了個兒子,就把母子倆裝進箱子拋入大海。但宙斯保佑他們安全漂流到塞裡福斯島,被一位漁夫救起並引薦給國王,國王收留了這對落難母子。

當珀爾修斯長大成人後,國王派給他一項艱巨的任務:殺死可怕的蛇髮女妖美杜莎(Medusa)。美杜莎是戈耳貢(Gorgon)三姐妹之一,她的頭上長滿了蠕動的毒蛇而非頭髮——她的面容如此恐怖,任何人只要看她一眼就會立刻變成石頭。

我們的英雄為這次冒險做了極其充分的準備。首先,他拜訪了共享一隻眼睛的三位格賴埃姐妹，在她們傳遞這只眼睛時將其奪走。然後他迫使她們指引他找到甯芙仙女們，從那裡獲得了飛翼涼鞋（能讓穿戴者快速在空中飛行）、魔法行囊（物品可以消失其中又能重新出現）和隱形帽（能讓穿戴者隨意隱身）。雅典娜——象徵完美智慧與力量的女神——借給他她的鏡盾，只有通過這面鏡子才能安全地觀察美杜莎。最後，赫爾墨斯送給他一把用來斬下怪物頭顱的奇妙寶劍。

如此全副武裝後，我們的英雄順利地追蹤並斬下了美杜莎的頭顱——全程沒有直接看她一眼。他將美杜莎的頭顱藏進魔法行囊，借助隱形帽從她憤怒的姐妹們那裡安然逃脫。

簡而言之，這就是英雄珀爾修斯與蛇發女妖美杜莎的著名故事。只要你我願意，這也是我們自己的英雄故事，以寓言的形式講述。這個故事對我們的意義可分為九個部分：

### (i) 神性與人性兼具的英雄

珀爾修斯繼承母親的血統是凡人，繼承父親的血統則是神明。你的本性同樣具有雙重性。從外表看，你完全是個凡人；從內在看，你顯然絕非如此。

### (ii) 墜落

珀爾修斯漂流海上，神性的痕跡蕩然無存，面臨溺亡的危險——堪稱徹底的失敗者。你也同樣從高處墜落，迷失方向，身處致命危險之中。

## (iii) 使命

歷經萬難存活並長大成人的珀爾修斯，必須解決石化難題。換言之，就是解決個人固化的問題——那種普遍存在卻錯誤的認知，即認為自己被困在身體裡，縮成了和外界事物一樣的物件。對你而言，從嬰兒時期成長至今，母親的面容、你看到的每張臉，實際上都變成了美杜莎的臉，不斷告訴你"你也長這樣"，永遠堅稱你所看到的事物是你用以觀察的線索。現在你的任務就是看穿這個謊言。你必須找到方法觀察那張臉、每張臉，設法應對而不被其石化——要明白你根本不是那樣的。為了這項偉大使命，你早已獲得如下非凡裝備：

## (iv) 獨眼

首先你需要像珀爾修斯一樣擁有你的獨眼或第三隻眼。事實上你只需注意到你從未從其他任何東西向外看。

## (v) 飛翼涼鞋

同樣，一旦你留意就會發現世界是二維的——高、寬而沒有深度。珀爾修斯穿著飛翼涼鞋四處移動，而你更勝一籌，瞬間就能無處不在。

## (vi) 魔法錢包

和珀爾修斯一樣，你也擁有能永遠收納和產生世間所有珍寶的虛空。事實上你就是這個無底錢包和豐饒之角。你的本質是容器，為所有來者提供充足空間。並且能夠隨時提供所需之物。

### (vii) 隱形帽

看啊，你想像中的帽子和你想像中戴帽子的腦袋一起消失了。無壓力生活的藝術，就是無論在室內室外、樓上樓下——沒錯！甚至在閨房裡——都要戴著這頂隱形帽：無論你在哪裡，無論你在做什麼。記得凱倫那首小詩的結尾嗎："周圍全是人，而你卻根本不在那裡！"

### (viii) 鏡盾

雅典娜的鏡盾，就是當你將注意力180度，並向內看到你在從內部看出去的東西。它是此刻正在接收這些文字的那份清明。當你忽視這面鏡盾時，你看到的任何腦袋都會把你變成同樣的東西，變成"石頭"。但當你凝視鏡盾，你看到頭被映射在這完全的頭的缺席中，它就完全無害了。你解除了石化。

### (ix) 魔法之劍

實際上，整個世界只有一隻美杜莎，只有一個長滿毒蛇、充滿災難的頭，那就是你此刻所在之處的你的頭。其他所有的頭，如你所見，都是完全沒有蛇的、正常的。因此，你的英雄任務是用你的魔法之劍，一次幹淨利落地斬斷這個毒害的怪物。事實上，你的劍已經舉起，貼近你的脖頸：你捕捉到了它正在進行斬首的那一刻。是的，沒錯，這把劍正是你的"底線"。在這條線之下，你所想像的頭——與線之上那些可見的頭形成對比——是荒謬的謊言。但這個謊言卻真實而可怕，足以解釋你生活中巨大部分的壓力。

這個古老的成功故事蘊含著多麼豐富的鼓勵與洞見！這就是

你的成功故事。它已經完成。它是徹底的。它是無條件的。它不是建立在他人代價上的成功。它關照你較小的目標。它卸下你的壓力……讓我們稍微展開說說這些要點。

**這是你的成功**

這不僅是他人戰勝巨大困難的偉大原型故事,更是你個人的勝利。你已完成的那些實驗——從獨眼到底線——正是你對可怕戈耳貢( Gorgon )的勝利,早在2500年前就被希臘人神奇地預言了。

**它已經完成**

你已安然度過考驗。你已獲勝。現在你唯一要做的就是保持清醒,別陷入自己是失敗者的迷夢。有趣的是,你今後真正偉大的英雄任務就是持續認識到:勝利早已達成。

**它是徹底的**

這是唯一百分百的成功故事。無論你或他人做什麼——我不在乎是什麼——都總有缺陷。總可以做得更好、持續更久、帶來更多滿足、或源自更深處的你。但你的這項英雄壯舉完美無瑕。初次嘗試就完美無缺。珀爾修斯可不是雅皮士。他沒上過"怪物應對"夜校,也沒當過幾年英雄學徒。他不需要,因為他確保所有神明都站在他這邊。你也完全如此。你和他擁有全天下所有的好運。

**它是無條件的**

普通的、局部的成功是努力獲得的。完美的成功卻是無須爭取的。它完全與功績無關。你不配擁有它,但你就是它,無論如何。如果你不是一個令人欽佩的人,記住,珀爾修斯(Perseus)也不是。他對待那三位怪女(Weird Sisters)的方式簡直可恥。他還搶劫了她們!

**它關照你較小的目標**

對於那些達不到英雄任務高度的普通任務——那些永遠無法完美完成的事情——它確實會帶來改變。當你開始過英雄的生活——也就是按照你的真實本性生活時——你外圍的人性部分也必然會受益。你無法預知具體方式或時間,但你可以確信:作為超人的英雄"你",會在必要時給作為凡人的"你"提供幫助。

**它卸下你的壓力**

作為成功的英雄,你斬下了自己那個可怕的美杜莎頭顱(可怕是因為放錯了位置),同時也斬斷了它帶給你的壓力。揮舞你的魔法之劍,一次次割出你的底線直到它永遠定格,你就能"無頭而無壓力"(HEAD OFF STRESS)。把頭丟棄在"無處"之地。這把神劍的魔力在於:它斬斷的東西不僅被移除,更被徹底消滅。沒有殘肢斷臂,也沒有處理難題。

關於你的一切,你所做的一切,本質上都是失敗。它們逐漸衰敗,最終完全消解,歸為底線上一個微點。可以說,它們墜入了地獄最深處。然而正如我們所見,這並非絕路。當不加抗拒時,這正是最鮮活的開始。在這裡,徹底的向內坍縮即刻轉化為徹底的向外爆發。落在你底線上的一切都是"你",因此都是巨大的成功。有意識地活在這裡,你就是世界。而世界所有組成部分(尤其是你護照上那個身份)都處於不斷流動與消解中——如同陽光水面上轉瞬即逝的閃光——這一事實只會凸顯你不朽的成功及其獨特性。這是一種每個組成部分都參與其中、每點閃光都熠熠生輝的成功。

要成為英雄並取得絕對成功，你需要通過觸及萬物底部來超越世界，並從此處重新出發。這就是世界的救贖。

現在看看：你還有什麼其他選擇？

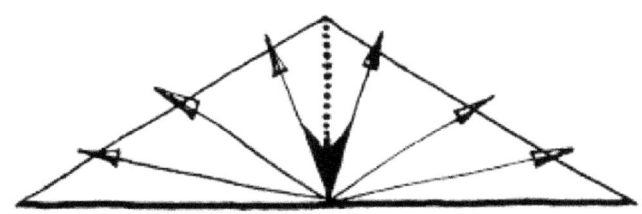

## （五）孤獨

不言而喻，孤獨、壓力和痛苦在深淵相伴而行，而親密、放鬆和快樂——或至少是無痛——在高處結伴。"歡笑時世人同樂，哭泣時獨自垂淚。"這句老生常談的俗諺雖未完全概括，卻引出了本節的主題。

它在但丁的《神曲》中得到了經典的表達。在恆星天之上的至高天，如同給這個沸騰翻滾的宇宙蓋上最華麗的蓋子，是一個巨大的圓形劇場，其中無數蒙福的靈魂——身披復活後光輝的身體——永恆地共融：一個龐大的人群，他們如此充滿愛意地團結在一起，以至於片刻也不會厭倦彼此的陪伴。除了路西法及其黨羽，他們中沒有一個人會離開這個房間去喘口氣——更不用說像我們凡間這樣，無可奈何地獨自去那最小的房間了。那些蒙福者似乎從未感到需要暫時離開那令人驚歎的輕鬆和毫無疑問的和諧，去進行一些緊張的獨立思考和感受。恰恰是那種反抗的行為導致了路西法墜入地獄的深淵，那宇宙大鍋的底部，那裡毫無和諧可言，每個人都爭執不休，孤獨，承受著可怕的壓力。在這兩極之間——在合一的頂峰和疏離的最低點之間——是我們熟悉的塵世景象，它是這兩種極端之間不穩定的妥協。在這裡，孤獨和團聚勢均力敵地爭鬥著，就像一對長期婚姻的夫妻，既不能在一起生活，也不能分開。

如果這個模型（去掉戲劇性裝飾和詩性誇張）能給我們所處的情況提供任何線索，那我們的前景看起來相當黯淡。我們似乎必須在三個糟糕選項中選擇：上面鐵板一塊的親密，下面支離破碎的孤獨，以及中間這個兩者極不令人滿意的混合體。

表面看來確實如此。但應該——事實上也確實存在——一個明確的出路來擺脫這個三難困境。到現在你應該很清楚該往哪裡尋找答案。不過，在找到出口之前，讓我們換個角度，從更世俗和當代的視角重新審視孤獨。

孤獨是壓力最折磨人的表現形式之一。有些人深受其苦，有些人則很少——至少在意識層面如此。是什麼造成了這種差異？為什麼有人幾乎從不感到孤獨——甚至臨終時也不覺得，而有人卻幾乎時刻感到孤獨，即使在人群中、在家人間——或許尤其在這些時刻？

第一個過於簡單、回避問題本質的回答是：有些人天生獨來獨往，有些人天生喜歡結伴——有些人恰好是克林·伊斯威特（Clint Eastwood）那種類型，而另一些則是他騎馬奔向荒野時樂意拋在身後的那種可敬公民、社交達人。換句話說，每個人都有必須與之共處的性情，我們對此無能為力。

事實上，我們能做的有很多，稍後就會看到。但當前的問題是：為什麼存在這些差異？除了性情，我們還能找到一些更有幫助的原因。例如，很大程度上取決於：(i) 你的文化背景，(ii) 你所處文明的年齡和成熟度，(iii) 你個人的年齡，以及 (iv) 你當下的特定處境。

### (i) 文化因素

如果你恰好屬一個在現代社會倖存下來的古代部落文化，而我問你如何看待你孤獨的情緒，你很可能不知道我在說什麼。你很可能從未想到過自己與同伴截然不同，擁有自己的觀點和情緒。你是一個合群的人，而不是一個孤獨者。團結和社群凝聚力構成了你的生活方式。以至於如果因為任何原因，你發現自己被部落排斥或驅逐，你很可能就會躺下等死。過魯濱遜漂流記般的生活是不可想像的。你的文化沒有"孤獨"這個概念的容身之地。

如果在自我意識程度的另一端，你恰好是一位成熟的日本人或中國人，而我堅持讓你談論你自己，你很可能會詳細解釋你在家庭、辦公室或工廠中的地位，以及你所屬的這個或那個俱樂部。你會根據你的人際關係來定義自己，而不是你作為個體的存在。

但如果，相比之下，你恰好是一位坦率的美國人、斯堪的納維亞人或英國人（比如說），並且你被問到同樣的問題，你很可能會談論你的愛好、你對書籍和電影的品味、你對個人未來的希望和恐懼、你的心理、你的情緒，甚至可能談到你感到孤獨的時候。東方人傾向於認為自己與其說是合群者，不如說是被聯結者，與同伴密不可分。而我們西方人，則傾向於認為自己更加獨立和自由：當然，我們與同伴有著多方面的聯繫，但本質上我們是獨立的個體。從這個意義上說，我們是孤獨者。

總的來說，人們歸因於自身及其獨特氣質的態度和情緒，即便認為它們是由個人決定的，但實際上遠比人們意識到的更受文化決定，甚至與地理位置有關。

對此我們能做些什麼呢？如果我們感到獨處太少而社交過多，是否應該像梭羅（Thoreau）一樣逃到森林，或者像高更（Gauguin）一樣前往南海？或者，如果我們感到太過孤獨和自我專注，是否應該加入一個緊密團結、勤勞樸實的鄉村社群，過簡單的生活？或者選擇一種東方或西方的宗教，只要我們能夠讓自己相信它要求我們相信的東西，它就會回報我們以其他信徒的陪伴？

無論如何，讓我們嘗試任何良知和理智允許的擺脫孤獨的方法。但是，如果我們認為這從長遠來看會有很大的不同，那我們註定會失望。我們的文化制約形成得更早，更完整，也更深入，超出了我們的估計。不，我們必須找到比像移植盆栽一樣把自己挖出來並試圖在另一片土壤中紮根更好的方法。

## (ii) 社會因素

我們的態度不僅取決於我們所處的地理位置，也取決於我們所處的時代，即我們本土文化成熟進程中所處的階段。以我們西方兩千年的基督教文明為例。它的歷史可以用兩個詞概括——漸進的個體化。也就是說，獨立的自我意識日益清晰，那種獨自一人、與他人對立而非並肩或融合的感覺，即孤獨感——它在獨立性方面帶來了諸多優勢，但在壓力方面也帶來了諸多劣勢。如果你生活在一千年前並且是一位藝術家，你極不可能細緻地描繪任何個人肖像或在作品上簽名，而是會樂於保持匿名，融入社會。你的觀點和行為很可能與周圍的人幾乎沒有差別，甚至你的情緒也會從外部習得，而不是從內部產生。因此，按照我們的標準，你的風格會顯得缺乏原創性。但是，你失去的自由會通過全方位的社會支持得到補償，這種支持保護你免受孤獨之苦。

我們西方文明發展到如此晚期，生活是多麼的不同啊！我們堅持成為獨一無二的自己，是我們當今的信條。儘管如此，仍然存在許多派別和亞文化，許多程度的個人主義，這在很大程度上與階級和職業的差異相對應。在一端是數百萬工人——絕不僅僅是體力勞動者——他們隱含的理想是最大限度的睦鄰友好和群體忠誠，以及最小限度的以奇特的觀點和行為以及個人野心來"炫耀"。結果是：某種程度的互助保險，以抵禦孤獨及其壓力，而這種代價並不算太高。在另一端是相對少數的頂尖專業人士、知識分子和藝術家，他們的價值觀截然不同。在這裡，原創性和鮮明的個人主義、個人主動性和對傳統的蔑視不僅被容忍，而且受到讚賞。其結果往往對個人來說代價高昂，但對社會來說卻很有價值。"孤獨"是天才的職業病。

你站在這個層級的何處？你又希望站在何處？無論你將自己置於何處，擺脫孤獨的救贖代價是什麼？你應該做什麼？你能做什麼？無論如何，前景看起來都不樂觀，選擇似乎只是兩害相權取其輕。是放棄你的自我之旅，徹底順從直到被完全"規範化"，以犧牲你的獨處為代價來緩解孤獨？還是放棄你的反自我之旅，盡可能地彰顯你的與眾不同，哪怕因此常常感到孤立和孤獨？這個問題如此提出，似乎沒有切實可行的答案。無論選擇哪條路，你都會陷入困境。此外，我們還假設（這是一個多麼巨大的假設），你我可以輕易地從我們的生活方式中抽身，搭上一個完全相反方向的便車。

在這裡，我們致力於尋找一個更現實的答案——一個合理且有效的答案，一個本質上自然的答案，它能治癒我們的孤獨，而不扼殺我們的獨處；一個不需要我們改變社會階層或外在生活方式，也不需要做出任何顯眼或怪異舉動的答案。

但我們仍需審視影響我們孤獨的最後兩個決定性因素。

### （iii）個體因素

前面我們注意到，你的個體歷史是如何概括你的種族歷史的，當然是以一種極度濃縮的方式。假如你是在正常環境下長大，沒有遭受剝奪或虐待，那麼你童年時期所遭受的孤獨感並不比你的石器時代祖先多。當然，個體差異很大，關於人類的大多數規則都有許多例外，然而，總的來說，孤獨感會隨著年齡的增長而增加，無論是物種的衰老還是個體的衰老。在青年和中年時期，我們的社會化——我們以各種方式與他人交往——必然遠比老年時期廣泛。此外，老年人（我以親身經歷來說）只是對許多活動失去了興趣——學習新遊戲和新技能並跟上時代，更不用說養家糊口並為他們爭取社會地位——而這些活動構成了年輕人的時間，並將他們與社群聯繫起來。孤獨是老年人的障礙且難以彌補的原因之一是，它恰恰是他們的一部分非常渴望的，而另一部分則厭惡的。這樣被撕裂的感覺並不舒服。我知道。

當年齡帶來孤獨時，答案是退縮，再次成為某種孩子，也許像我們八歲時一樣，在八十歲時也免受孤獨的困擾嗎？不。顯然，老年癡呆症雖然可能是一種部分療法，但比原來的疾病更糟，而且也不是我們能掌控的。（變得像小孩子完全是另一回事：那是再生，而不是退化。）孤獨的真正療法，我們稍後將在此討論，在於前方，而不是後方。這是一次大膽的進步，而不是退縮。

但是，在取得這一進步之前，讓我們花一點時間來討論一些人可能稱之為"明智的療法"——而且也該是時候了！

### （iv）環境因素

你感到孤獨的直接原因很可能是你環境的劇烈變化。配偶去世了，深愛的孩子離家了，特別的朋友出國了。你發現自己住在一個新的、似乎不太友好的城鎮，那裡的一切，從口音到頭飾，都讓你感到陌生。退休突然讓你意識到，你曾經多麼依賴你的同事來維持你作為社會上有用、受人喜愛和尊敬的成員的自我形象。現在，你的孤獨更多的是源於這種形象的黯淡，以及你自己把自己看作是一個不情願的孤獨者，而不是真正缺乏陪伴。

糾正或最大限度減少此類令人痛苦的環境變化的常識性措施不應被輕視。恰恰相反。無論如何，讓我們採取任何可行的明

**無頭之境，解壓之地 超越底線**

智措施。讓我們加入一個成員和我們有同樣問題的團體，試試婚姻介紹所，和另一個孤獨的人合住我們過大的房子，參加健身課程，和同齡人一起去一個我們從未去過的國家進行淡季廉價旅行，等等。如果我們真的想擺脫孤獨，很多事情是可以做的。正常而明智的事情。

是的，當然，但我們不要自欺欺人地認為，任何此類應急措施和緩和劑都能徹底而永久地解決我們的問題。它比我們想像的要深刻得多，需要一種更具穿透力的解決方案。

那麼，你和我將如何認出我們遇到的那個真正的解決方案呢？通過兩個萬無一失的標誌。首先，它將被證明不僅是那個特定問題的解決方案，而且是所有問題的解決方案——特別是關於自身、關於一個人的真實身份、意義和命運的問題。其次，它將被證明遠比僅僅解決問題更積極：事實上，它與其說是移除一個舊的、令人憎恨的障礙，不如說是挖掘一個長期尋求的寶藏。疾病越根深蒂固，治療就必須越深入。在這種情況下，它是最深刻也是最好的。這就像為了修建一條早就該有的城市繞行路而使用推土機時，你挖出了足夠的黃金，可以在其他更健康的地方建造一座全新的城市。

孤獨的療法就像那樣。你孤獨的唯一真正的補救方法是你的"獨處"。而這種"獨處"是所有經驗的桂冠，是那頂桂冠上最耀眼的寶石。你的極端困境是上帝的機會，是"獨處"成為你的機會。最壞的情況是最好的情況的前奏和先決條件。沒有內爆，就沒有爆炸。

這些直白甚至有些離譜的斷言需要的不僅僅是解釋，還需要

# 第十四章 成年階段

檢驗。如下所示：

## 實驗 21：孤獨之井

你現在感到孤獨嗎？

那麼，找到那份孤獨。仔細觀察在整個世界中，你究竟在哪裡遇到它，你把這種感覺放在哪裡。我再次請求你臣服於證據，謙卑地向所呈現的事實致敬。

抬頭看看那廣闊無垠的天空。你是否在那裡感到如此封閉和孤獨？恰恰相反，我認為不是。

放眼望去，那連綿起伏的丘陵和平原，那片延伸的森林，那一排排的小房子，那些熙熙攘攘的人群。它在那裡嗎？遠非如此，我認為不是。

低頭看看你倒置的腳和腿。你的孤獨在它們裡面嗎，潛伏在那些鞋子裡，那些褲腿裡？真是個愚蠢的問題！

現在，再往下看……

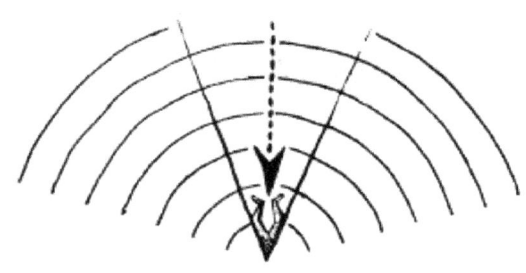

221

啊，現在我們開始感覺到溫度了！或者說是徹骨的寒冷？難道不是在這裡，你孤獨的殘渣沉澱下來，你孤獨的鉛樣沉重感聚集並如此用力地壓在你身上——最主要是在你的內臟，你的心裡，你那沮喪、沉重、冰冷、破碎、下沉的心？聽流行歌曲，聽流行故事，聽流行語，我們多麼經常聽到"孤獨的心"這個表達！這是有充分理由的。在內心深處，我們知道我們將孤獨藏在哪裡——確實在內心深處，在我們世界的最低點，我們生命的污水坑裡，世界的破碎和冷漠的所有痛苦都彙集於此。這裡確實是深淵，是污水池，是世界盡頭的有毒的孤獨之井。

讓我們不要急於從這口冰冷而令人疲憊的井裡跳出去。讓我們花一點時間誠實地面對自己，停止假裝我們的孤獨在別處，或者那是別人的錯，或者它並沒有那麼令人疲憊。花一點時間成為孤獨本身，在這世界盡頭的井裡，孤立無援，被遺棄……

現在：不是向上爬出井口，而是到達最底部：向下，向下——然後穿過。就像但丁（Dante）和維吉爾（Virgil）一樣，穿過那最狹窄最緊密的裂縫，到達廣闊光明的世界，就像我們內爆成無限小的點最終爆發成無限大一樣……

你心碎了嗎？你灰心了嗎？那麼，鼓起勇氣吧。你終於足夠破碎，被磨練得足夠精細，可以穿過那根針眼，你必須從中顯現出來，成為在每個胸膛中跳動的心。

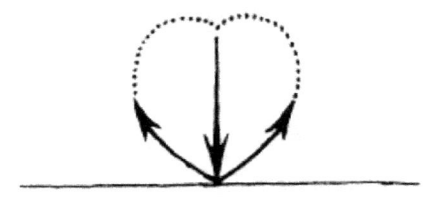

## 第十四章 成年階段

這是不是故弄玄虛的空談?那麼,把它轉化為經驗吧。指向這個點。然後完全失去它。並保持指向你所在之處的那個無限。不是指向無盡的空無空間,甚至不是指向無盡的充滿的空間——充滿了同樣廣闊的天空,那些山丘、樹木、房屋和人群——而是那個包含所有這些東西的空間,那個就是這個奇妙的世界,而它本身只是一個毫無意義的抽象概念。

這就是你,現在。從世界上最沉重、最小、最排外的那個針尖般的點,你現在突然成為了這一切。最沉重的已經爆發為最輕的,最小的已經爆發為最大的,那個排斥一切並被一切排斥的已經變成了包容一切。這個孤獨者已經變成了"獨一",獨特的,與眾不同的。現在看看:你還有任何同輩或同伴群體,任何相似之處,任何類似物嗎?現在看看:世界上有任何爆炸能與你作為世界的爆炸相提並論嗎?根據目前的證據,你不是絕對無與倫比的嗎?

你完全不理解這一切?我也不理解!但是你確實看到了(難道不是嗎?),這種看見使得普通的看見顯得如同盲視。

哦,我完全明白各種各樣的反對意見會不斷地出現在你腦海中。例如,那個最令人掃興的問題,"那又怎樣呢?"或者有人會反駁說:在這種情況下,即便所見景象再輝煌,也因其轉瞬即逝而只能算半信半疑。這些質疑雖然理智,卻令人洩氣,甚至讓人窒息。我建議你放下這些顧慮,勇敢直面你那"獨一無二"的莊嚴。換言之,勇敢直面徹底解脫壓力所需的條件。

好了,為了結束這一部分,讓我給你一些額外的鼓勵。我的意思是鼓勵和確認,而不是額外的證據。別忘了,一盎司真實、世俗、腳踏實地、堅如磐石的檢驗勝過一噸道聽途說——無論說法多麼支持，或者說者多麼睿智。儘管如此，無論其價值多少，以下是一些關於你真實身份的永恆智慧的節選。

在偉大宗教傳統的最核心——被宗教專家所覆蓋、忽視、甚至常常激烈否認，但卻是這些傳統所發源和維繫的根本——是一個完美清晰、簡單、令人敬畏、美麗的領悟。這是一個值得天地間所有號角和鐘聲齊鳴的宣告，而且它是關於你個人的。個人的。那就是：比一切都更貼近你自身，"比呼吸更近（正如丁尼生(Tennyson)如此準確地表達的），比手足更親"，那就是你真正、真正是的那個"一"，你自身的"自性"，所有自性的"自性、源頭和本質"，那"獨一"。你並非那永恆火焰中微不足道的火花。並非照亮世間每個男女老少的唯一光芒中微不足道的光線。並非（引用但丁的話）"收集宇宙散落的葉子，並以愛將它們裝訂成一卷書"的那個整體的一部分，而是那卷書本身。你就是那不可分割的"一切"的全部。重複：不可分割。

"也許不可分割，但肯定難以置信，"我聽到你說。對此，我問：當你採納偉大的禪師黃檗的建議時，你發現了什麼："如實觀察事物，不要理會他人"？無論你如何搜尋，無論在哪裡，無論多久，你都永遠無法找到"覺知"——無論是內爆式的孤獨還是外爆式的"獨一"——而只能在你所在之處和之時找到它。讓我再次問你那個關鍵問題：看看，世界上有任何爆炸能與你作為世界的爆炸相提並論嗎？不：恐怕你只能固守你所是，固守你絕對的獨特性，固守你無與倫比的宏偉，而無法擺脫它。

什麼？你仍然不相信我？感謝上帝！只相信你自己——不是

你所想的，而是你所見。

或者，你不相信我剛才所說的關於偉大宗教共同核心的觀點嗎？那麼，請根據你如此仔細進行的實驗來閱讀公認的世界上最深刻的經典，你很快就會改變主意。與此同時，這裡有一些小東西可以讓你開始思考。我可以挖掘出許多引言來闡述關於你個人的這個令人尷尬的消息，但我將不得不滿足於僅僅引用三句，它們選自本世紀最受國際尊重的聖賢的語錄：

當除了你自己之外什麼都沒有的時候，你就是快樂的。這就是全部的真相。

——拉瑪那·馬哈希（Ramana Maharshi）

當你發現一切都在你自身之內，除了你自身的"自性"之外什麼都沒有——這就是完全的覺悟，完整、完美、包羅萬象。至上的合一意味著整個宇宙都在你之內。

——阿南達瑪依·瑪（Anandamayi Ma）

你是萬物的源頭和核心……一切都是你和你的。沒有其他人。

——尼薩迦達塔·馬哈拉吉（Nisargadatta Maharaj）

我是否聽到你說："這是東方人的自大狂。在西方，我們更明智也更謙虛"？那麼，讓我引用熱那亞的聖凱瑟琳（St Catherine of Genoa）（注意，是聖徒凱瑟琳）的一句話："我的'我'是上帝，我只承認這一個。"

因此，如果你追求的不僅僅是暫時緩解孤獨及其壓力，而是徹底治癒它，你就必須正視關於你自己的真相。你必須允許你孤獨的蓓蕾綻放出你"獨一"的奇妙花朵。現在。

你還在等什麼呢？

也許你還在等待最後一句關於"獨一"究竟意味著什麼的保證。

有兩種"獨一"。第一種是虛假的，它試圖將自己感知為純粹的覺知，空無所覺：感知到一個孤獨的自我，它被洗淨了所有的思想和事物。有些人曾認真地嘗試達到這種狀態。這是不可能達到的，更不用說保持了。但是，就其接近的程度而言，它等同於一次嚴重的自殺嘗試。第二種也是真正的"獨一"是盈滿的。看看：你能夠遺漏誰和什麼？你的爆炸沒有吞噬誰和什麼？至於這無數的生靈，這些被擁抱者，它們內在的真實本質是什麼——難道不就是你內在的本質嗎？如果其中有一個你內心深處並非與之同一，那麼你就不是那"獨一"。現在向外看，你擁有它們所呈現的樣子。向內看，你就是它們所是。

那只曾經如此孤獨而平凡的青蛙已經變成了那獨一無二、無與倫比的王子。

自從寫完以上文字，我偶然讀到了庫爾特・馮內古特（Kurt Vonnegut）的一段話：

世上的人怎麼會相信那麼多武斷的、明顯是編造的胡說八道？……接受信條，任何信條，都使接受者有資格加入我們稱之為教會的那種大家庭。這是一種對抗孤獨的方式。每當我看到一個人逃離理性投入宗教時，我都會對自己說，這個人只是再也無法忍受如此該死的孤獨了。

多麼淋漓盡致的真實！然而，我想補充一點，有一種比從所謂常識的合理性退回到宗教的非理性中更有效和誠實的擺脫孤獨的方式，那就是前進到關注"所給予的"非凡常識的真正合理性中。因為事實上，正如我們經常看到的那樣，常識大多是胡說八道，而我們賦予"理性"之名的許多東西，與宗教的教條一樣充滿迷信。

我自己的經驗是，當我拒絕宗教信仰的胡說八道和世俗假設的胡說八道，並以全新的眼光審視"誰"在這樣做時，我發現了一些朋友，他們也在做著——或者更確切地說，深入到——完全相同的事情。很多真誠的好朋友。他們的彼此相愛是無條件的，因為它源於共同的身份，共同的"獨一"。他們意識到，只有"獨一"才不會遭受孤獨之苦。

所以我想說：如果你不想再如此該死的孤獨，就停止如此該死的迷信——無論是常識性的迷信還是宗教性的迷信，都無關緊要。嘗試臣服於證據，而不是權威。

## （六）無聊

如果我們首先瀏覽一下無聊的表現形式，從極其嚴重到極其輕微，仿佛在一個倒置的蒲福風力等級表中一樣，我們將能最好地理解無聊的本質、壓力和治療方法。為了方便起見，我們選擇了七個等級或"強度"，但當然，就像風力一樣，它們相互融合和重疊。這種模式是一個斜坡，而不是一連串的階梯。

### (i) 絕對麻痺

目前，讓我們把與絕對不動相伴的絕對無聊作為一個理論上的極限——有點像絕對零度——而不是一種可以實際達到並保持的狀態。我們將在本節末尾再回到這個問題。

### (ii) 麻痺

在這裡，我們有近乎完全不動所帶來的過於真實的無聊。有充分的理由認為，這種狀態甚至比死亡本身更令人抗拒和恐懼。因此，社會將其用作最嚴厲的懲罰和制裁之一。罪犯的行動受到或多或少的嚴格限制（取決於罪行的嚴重程度以及刑罰制度的人道或野蠻程度），從軟禁和開放式監獄，一直到發現自己被鐐銬鎖在地牢的牆上，或者被緊緊地關在鐵籠裡，懸掛在十字路口供公眾觀看和唾罵，就像一隻被特別可怕的蜘蛛網困住但仍在掙扎的蒼蠅。但丁地獄中最邪惡的惡棍不是在永恆的火焰中翻騰，而是被困在永恆的冰中，這既不是偶然也不是隨意的戲劇性手法。同樣，在我自己主持研討會的經驗中，與其他任何類型的實驗相比，證明一個人實際上完全靜止不動的實驗引發了更多的憤怒和恐懼，這也不是無關緊要的。為了瞭解近乎完全麻痺在現實生活中可能意味著什麼，請看一個令人心碎的案例：一個充滿活力的年輕人，中風後現在只能移動他的眼睛和一個手指，他用手指敲擊信息，痛苦地抱怨醫院違背他的意願讓他活著。例如，想想無法移動下巴，不得不通過導管直接餵食到胃裡的情況。而且完全沒有好轉的希望。那種無聊和壓力是難以想像的。

## 第十四章 成年階段

### (iii) 無工作

失業，包括嚴重的就業不足——無論是由於我們的經濟體制，還是逐漸用機器取代人的技術，亦或是殘疾、疾病或年老——當然是我們這個時代最棘手的難題之一。它尤其殘酷，因為它非常像部分癱瘓。我們在此不討論在政治層面可以或應該採取哪些措施來解決這個問題，而是（在克服這一問題的遙遠而大規模的努力取得進展之前）討論失業的個體受害者現在可以做些什麼來減輕甚至消除其自身的無聊和壓力。對於那些不知道該做什麼、不知道如何安排時間以及如何在生活中找到任何目標的所有年齡和各種境況的人們來說，他們可以做些什麼。

### (iv) 機械性的工作

即使他們找到了一份工作，這份工作也可能單調乏味到僅僅比沒有工作稍微好一點。對這種陷阱的經典評論是查理·卓別林的《摩登時代》：在影片中，查理整天站在工廠的傳送帶旁，擰著一連串相同的螺母，以至於離開後仍然無法停止。他自己變成了一台機器，一個異常抽搐的機器人，擰著看不見的螺母。毫無疑問，機器般的工人臭名昭著的罷工傾向，與其說是由於官方提出的不滿，不如說更多是由於無聊——由於受限和重複的身體運動（有時相當於部分癱瘓）帶來的壓力。畢竟，罷工是一種主動行動，一種癱瘓者無法做出的舉動。我們沒有任何有用的建議來煩擾那些關注工作滿意度的專家。但是，我們確實有一些非常實用的建議可以提供給個體的機器操作員，以及任何因其工作枯燥乏味而承受壓力的其他工人。仔細想想，我們當中有多少人的工作是始終有趣的呢？

### (v) 非機械性的工作

有些人好意地給那些感到厭煩的工廠工人（請注意這個表達：依附於手的人是一個麻煩的附屬品）建議說："努力工作，至少表現出一些除了'產業行動'之外的主動性，你可能會被提升為領班。甚至，如果你幸運的話，你可能會把你的藍領換成白領。"好吧，但這對於多少人來說是合適的建議呢？在二十一世紀的很長一段時間裡，工人的數量很可能仍然多於老闆。此外，更重要的是就我們在這裡的研究而言，如果你真的達到了那些管理層的高度，你只會用一種壓力換取另一種壓力。經理們往往比他們管理的工人眉頭更深鎖，許多工人甚至比羨慕老闆更同情他們。工人們清楚自己在做什麼，明天要做什麼，明年要做什麼。而老闆希望自己也清楚。毫無疑問，工廠經理及其助手，直到領班，都不會太受無聊之苦（因為他們不斷面臨來自下屬要求更高工資、更短工時和更好條件的訴求，以及來自上級要求更高生產力的無休止的要求），但他們確實會遭受焦慮之苦。從車間晉升到董事會肯定不是減輕壓力的過程，而是用一種壓力換取另一種，而且可能是更令人痛苦的壓力。

### (vi) 創造性的工作

那些以原創為職業的人，那些致力於創造新事物而不是應對和更新舊事物的人，情況也大致相同。只是在無聊的壓力方面要好一些，而在懷疑的壓力方面則更糟——包括令人癱瘓的自我懷疑——以及擔心靈感之泉會間歇性乾涸。詩人、畫家、作曲家、作家，當然還有發明家——如果他們保持原創性，並且尚未放棄奮鬥而轉向陳詞濫調——就必須等待那泉水的湧流；當泉水湧流時，他們還要讓自己確信，這水不僅對自己是可飲用的，對他人也是如此。眾所周知，繆斯是位任性的女神，只能祈求，無法命令。除非你是莫紮特那樣的非凡天才（看看那短暫而悲劇的一生承受了多少壓力），否則你的繆斯可能長期罷工。在這裡，確定的壓力（因為過於清楚接下來會發生什麼而產生的無聊）幾乎完全被不確定的壓力（根本不知道接下來會發生什麼的焦慮）所取代。無論如何，勸告一個因為工作單調而承受壓力的人振作起來成為一個創新者，更別提成為一個偉大的創新者，是毫無用處的。他揍你一頓都是情有可原的。

### (vii) 靈性的工作

那麼，我們是不是要開出"靈性的"工作的藥方（無論這個棘手的詞可能意味著什麼）——那些虔誠的冥想者、准聖徒的信徒、見習聖賢或菩薩所從事的工作——作為藝術家和各種創新者所不可避免的創造性工作帶來的壓力的解藥呢？在神秘體驗的雪峰中進行真正的"喜馬拉雅式"的攀登——而不是與那些靈感不足的創意藝術家一起在山麓中辛苦跋涉——這才是答案嗎？這是我們最終擺脫無聊的秘方嗎，而且沒有太多的眼淚、過度的憂慮或危險？唉，並非如此！可憐的路西法的命運應該警示我們，不要冒險進行崇高的靈性追求。這位光明使者和晨星，他是所有大天使中最崇高、最美麗，並且在某種意義上也是最"靈性"的。彌爾頓（Milton）筆下的撒旦擁有各種美德——勇氣、堅韌、智慧和無限的進取心——唯獨缺乏謙遜。因此，他確實被降服了。他無限的厚顏無恥招致了自身的報應，他完全的自我提升不可避免地導致了他完全的自我貶低。最高的驕傲帶來了最深的墮落，他遭受了地獄能施加的最殘酷的懲罰。

那麼，潛伏在高峰之上，如同一個可怕的雪人般的這種可怕的危險，對你我來說在實踐中意味著什麼呢？我們究竟被警告要警惕哪種憎惡之物呢？

對此可以嘗試給出許多答案。但就我們的目的而言，重要的答案是：正是無法承受的壓力導致了路西法，又名撒旦，的墮落。他用過度成就換取了平庸，用極度活躍的興奮換取了無所事事的最後一點無聊，結果發現自己根本無法承受這種壓力。對我們來說，避免低層次壓力的最不可行的方法就是奔向高層次，努力攀爬，掙扎著擺脫困境。例如，訓練和約束自己，以達到啟蒙的最高峰（無論那個高聳的怪物是什麼）：強迫自己冥想，直到最後，經過無數個冬天——很可能還有無數個寒冷黑暗的輪迴——我們才到達光明，實現涅槃和輝煌佛陀境界難以想像的盛夏。這一切的壓力和緊張！這一切的不確定性！我們可能永遠無法達到那個水平。與此同時，哦，痛苦啊！

而最終，這種所有雄心壯志中最雄心勃勃的努力，其顯而易見的徒勞和荒謬！請允許我舉一個例子：

十七世紀的日本，年輕的盤珪（Bankei）在一本儒家經典中讀到了關於一種神秘的明德（Bright Virtue）的記載，他決心不惜一切代價去探究那是什麼，以及如何獲得它。在諮詢了所有能找到的老師卻未能得到任何有用的指導後，他決定獨自修行，開始獨自打坐（以蓮花坐姿，背部挺直，雙腿結成正確的姿勢進行靜坐冥想）。以下是他自己故事的一部分：

我走進山裡，發現了一個山洞，便走了進去，坐在那光禿禿的地方，絲毫不在意岩石有多麼粗糙。我經常連續七天不吃不喝地打坐。一旦坐下，我就全身心地投入其中，無論發生什麼都不管不顧，甚至為此冒著生命危險。我經常盤腿坐著，直到精疲力盡地從岩石上摔下來。由於沒有人給我送食物，我的禁食持續了好幾天。

這種情況一直持續到他放棄了所有生存的希望，事實上已經非常接近死亡。然後，直到那時，他才突然意識到自己一直走錯了方向，白白浪費了所有的精力。他意識到，他自己就是他拼命尋找的明德。他從儒家的語言轉向佛教的語言，將其重新命名為"不生"（Unborn），也就是我們所有人的真正本性。"它充滿了智慧和光明。因為它從未誕生，所以它永不消逝……並且通過它，萬事萬物都得到完美的管理。"他奇跡般地迅速康復，並很快成為一位著名的禪師，他最喜歡的主題是"不生"，每個人都能看出這原本就是他們自己的。"試圖去爭取、實現或攀登它"是荒謬的，只會使其隱藏起來。

不生，明德，我們的真正本性與療愈——歸根結底，它不就是我們壓力等級中標記為（i）的絕對不動性嗎？這個等級就此結束，就像一個巨大的沙漏一樣顛倒過來。

明德、不生、道、無壓力生活的秘訣、絕對的靜止、底線、世界的盡頭——無論你如何稱呼它——的確是每個人自身固有的，從一開始就顯而易見，所有那些精神上的雄心壯志，所有那些為了贏得它而進行的令人痛苦的壓力重重的工作，都是不必要的和荒謬的。

然而，事實並非如此。很自然也很恰當地，我們都從在高峰中尋求只能在深處找到的東西開始。

無頭之境，解壓之地　超越底線

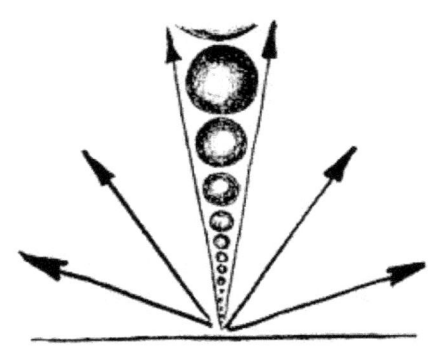

　　最終，我們所有人都是路西法，都必須像不斷膨脹的氣球一樣上升到越來越稀薄的大氣中，直到達到臨界點，突然因不斷增加的內部壓力而爆裂，然後墜落回我們最初的地方。最終墜落，不是回到第三、第二或第一格（那些是地獄中外部壓力不斷增加和收縮的區域），而是直接穿過地獄的徹底內爆和最細微的出口，到達零點，到達徹底爆發和擺脫一切壓力的無點無處。

　　事實上，我們的問題在於半途而廢——這是神風特攻隊的禪師盤珪完全沒有遇到的問題。打敗我們的不是我們所做的事情，而是我們做事時如此三心二意。我們卡在了蒲福風力等級（Beaufort Stress Scale）的某個中間點，我們的壓力一部分在外部（壓迫我們，限制我們的行動，使我們感到無聊），一部分在內部（向外擴張，解放我們的行動，使我們感到擔憂）。因此，我們正盡最大努力兩頭不討好。我們的補救方法是讓我們的上升的氣泡或氣球找到它的上限，在那裡它因內部壓力而爆裂，留下殘骸一直墜落回它們最初的地方，回到最根本的底線本身。

## 第十四章 成年階段

最終，治療我們無聊以及產生無聊的無力感的方法，不是獲得權力並攀登更高的地位，而是恰恰相反。阿克頓勳爵（Lord Acton）那句廣為引用的格言——"權力導致腐敗，絕對權力導致絕對腐敗"——在比政治層面更高更多的層面上都適用。真正的聖賢和先知始終警告我們反對一切形式的精神上的爭強好勝，尤其不要關注（更不用說培養）那些伴隨精神修養而來的神通或魔法力量。再次強調，正如但丁所說，逃離地獄的真正途徑是向下穿行，而不是向上逃離。

首先，盡一切努力提升自己，讓你的氣球膨脹並上升到其自然的上限，甚至（遵循彼得原理）略微超出它。然後，當你認為已經受夠了高處的壓力時，不要試圖去刺破它。讓生活在合適的時刻去做這件事，它肯定會這樣做。

你必須要做的事情——一件非常容易做到的事情，也是本書的主旨——就是有意識地從唯一沒有遊戲的場所觀看這場起起落落的遊戲，從唯一可以觀看它的地方觀看：即從寂靜之處，從最低處，從你的底線和世界的盡頭，從此刻正在理解這些文字、這些關於"自我"的各種同義詞的那只獨眼中觀看。也就是說，通過內爆的方式穿過壓力，到達無壓力的狀態。那時，你將很難找到任何讓你感到無聊的東西！

你或許會認為（難道不是嗎？），你堅實的常識也會確信，你所處的這個"無"（根據定義和經驗，它赤裸裸地沒有任何趣味，甚至不如無休止地觀看一張雪白背景上的無框雪景圖那麼引人入勝）——這個巨大的空隙將會是亙古以來最漫長的哈欠，是無聊的終極痛苦。你肯定會認為，這場以蒲福風力等級一級強度襲擊你的"中風"（病人完全清醒，但沒有任何部位能夠移動的希望，更別提移動它們的希望了）將會變成難以想像的最可憐、最痛苦的無聊。地獄深淵中的深淵：難以想像的、極其可怕的枯燥。你或許會這樣認為。

好吧，睜開你的眼睛，看看。現在就睜開你的眼睛，看看你是什麼，看看這只眼睛本身。你現在對此感到無聊得要哭嗎？這只眼睛曾經因為任何原因流淚嗎，更別說是厭倦了？你怎麼可能對"無"感到厭倦？你怎麼可能厭煩這頓"無餐"？你見過比這個"無物"更活潑的東西嗎？它漫不經心地湧現出宇宙。親愛的讀者，現在就為了這令人屏息的趣味嘗試一下。這難道不是極好的價值嗎——這世界的盡頭，你脖頸的線條，上面承載著整個時空世界，而下面卻沒有空間、沒有時間、沒有世界——絕對什麼都沒有？只要給它一半的機會，我保證你會發現，這個"無"是你唯一永遠不會厭倦的東西，它永不失去魅力，永遠煥然一新，你永遠、永遠不會習慣它。就我而言，連續聽最愛的莫紮特詠歎調不到一兩個小時，就會開始充耳不聞，或者凝視我最喜歡的夏加爾（Chagall）或米羅（Miro）畫作不到五分鐘就會不再注意到任何畫面。即使我能堅持更長時間，我終究會對這東西感到厭倦，正是因為它只是眾多物件中的一件，處處受限，毫無例外。"人從無限中得到滿足，從有限中永遠得不到滿足，"一本古老的印度經典這樣說道。多麼真實。一切都是內外壓力的玩物，由壓力構建、由壓力維持、由壓力摧毀，被壓力劃定界限，在壓力下艱難地停止，最終在壓力下讓你失望。只有這無法言說、無法形容的無壓力的"你"，你所來自的"你"——只有這個永不陳舊，永不褪色，永不消減，永不失去它的光彩和活力。我喜歡借用歌德

第十四章 成年階段

的一個名字來稱呼它,那就是"夜之母"。不是因為它能幫助我理解它,而是因為它告訴我我永遠無法完全理解它。

用它來對抗無聊。你是否正汗流浹背地處理那些令人厭惡的納稅申報表?看看是誰在做這件事。你是否正在用吸塵器清理大片地毯,上面佈滿了那些令人厭煩的、一模一樣的玫瑰花籃?休息一下,讓那些玫瑰動起來,看看是誰沒有在吸塵。你是否正在為車間裡那個令人作嘔、貪得無厭的怪物當牛做馬?看看那兩隻手,它們與任何肩膀都無關,正忙著取悅它,而你自己則是一個饒有興致的旁觀者。你是否正為普通中學會考而苦讀莎士比亞?看看是誰的注意力總是從那對無聊的朱麗葉和羅密歐身上遊移到教室前面那個非常有趣的同齡人身上,然後體會莎士比亞的創作靈感來自何處。

簡而言之,嘗試雙向觀察。向內觀察觀察者,同時向外觀察被觀察的事物。看看你是否不僅消除了無聊及其帶來的壓力,而且還看到並迎來了取而代之的一種奇特的興趣,一種平靜的喜悅,這種喜悅賦予了曾經無聊的物體價值和魅力。

不要相信，而是去檢驗我對你說的話：無論是什麼，當從其本源有意識地觀察時，都會沐浴在其芬芳之中，並被其光輝照亮。總有一種榮耀存在。要找到它，就要回到它所來的地方。

## （七）負罪感

我們生活中的許多壓力都源於負罪感，其程度遠超我們的想像。但什麼是負罪感呢？當你宣判一個人犯有（比如）謀殺罪時，你是什麼意思呢？

如果你指的是他做了這件事，當場被抓獲，並且必須承擔後果，那還算合理。我理解。但如果你指的是他應該受到譴責，或者簡直就是邪惡的——並且強烈暗示著你，那個這樣評判他的男人或女人，相對來說是無辜的，當然是無辜的謀殺者——那麼我完全不理解你。在我看來，你簡直是在胡說八道。

請考慮一下：你告訴我那個殺人犯是一個壞人，非常壞的人，並且要為自己的這種狀態負個人責任。很好（我問道），是什麼讓他變成這樣的？他的性情（你回答），他惡劣的品格，而惡劣的品格不是一天形成的。你說得很對，我同意，並追問它需要多久才能形成，以及是什麼構成了它的形成。要對自己的行為負責，就要對產生這些行為的原因負責，這包括一個人成長的家庭環境，以及他出生的父母類型，以及所有使他們成為那樣的人的因素。如此等等，一直追溯下去。沒有停止的地方或時間。我們是在責怪這個人的一切嗎？讓他對導致他犯罪的內在遺傳決定因素、基因和染色體，以及所有孕育其發展的物理、化學、生物和社會家庭環境負責嗎？他是否懷著邪惡的意圖，主宰了那段難以想像的複雜且幾乎沒有開端的漫長故事——長著角和尾巴，噴著火焰，興高采烈地一路指揮著它最終走向血腥的謀殺？別開玩笑了！這是無法逃避的：要麼他不為那場犯罪負責；要麼，如果他要負責，那也是一個與站在被告席上的"他"截然不同的"他"。當你考慮到"他"的全部，所有造就他現在樣子的因素時，你會發現自己包含了越來越多的世界及其歷史。最終，在那龐大的傳記，那巨大的因果網絡中，有什麼可以被省略呢？

這並非學術演習，也不是沉溺於無謂的好奇心，或者僅僅是進行智力上的消遣。深入探究負罪感這個問題極其重要，原因有二。首先，不能再這樣過於輕易地施加指責。誠實、仁愛、普通的體面，以及清晰的理智，都要求我弄清楚我對歸咎於他人的"負罪感"究竟是什麼意思——如果我真的有任何明確的含義，而不是僅僅發出慣常的社會噪音。就像狗對某些訪客吠叫表示不滿，而對另一些則不吠叫一樣。

我的第二個原因更強大，也更個人化。那就是，當我探究自己嬰兒時期以來的秘密生活時，我發現的負罪感遠遠超出我的想像，以及隨之而來的對寬恕的迫切需求。這相當於說：大量的被掩蓋的壓力。我發現，大片被認為是像新雪一樣潔白的"無辜"行為，實際上都被或多或少地染上了粉紅色，甚至因為卑鄙和冷酷而染上了血紅色，有些地方甚至被黑色邪惡所玷污和深深地浸染（如果這個詞有任何意義的話）。不，我不是在玩"我比你更謙卑"或者"我真是太糟糕了"的遊戲，而是在報告當我揭開虛偽的面紗審視我的童年和成年時所發現的東西。我不知道你怎麼樣，但這就是我發現的那種事情：

**無頭之境，解壓之地　超越底線**

幼時，我偶爾會模糊地聽說最近的災難；稍大些，我開始閱讀相關細節；青年時期，我著迷地聆聽現場報道；如今它們直接闖入我的客廳，色彩鮮明、聲音震耳欲聾。人類苦難的漸強音。多年來，當這些苦難越來越強烈地呈現在我面前時，我的態度和個人參與度是否相應改變了？是否終於能在電視裡看到火災、風暴、洪水、饑荒、疾病和戰爭時，默默對受害者說："我多希望遭遇災難的是我而不是你們，至少此刻能與你們共患難，而不是安全舒適地坐在這裡"？還是說出口的其實是"我很好，傑克"？答案不言自明。從小時候起，我就滿不在乎地花錢買第二袋糖果、稀有郵票、更時髦的外套、新跑車、最新百科全書等等，而不是捐給那些聖誕募捐信最終躺進我廢紙簍的慈善機構。更陰暗的是——雖然次數較少——在我漫長的人生中，曾對一連串敵人和"朋友"（沒錯）產生過憤怒、輕蔑、仇恨甚至殺意的情緒。童年最難忘的記憶包括母親痛心的呼喊"你缺乏天性之愛"，以及多位老師說的"如果眼神能殺人..."。這些評價都很中肯。（我曾反復做一個可怕的逼真夢境：自己確實殺了某個不明身份的人，最終會被捕。仿佛做夢時記起自己的罪，醒來又忘記。）我的生活遠比想像中更建立在他人代價之上，即使不算謀殺成性。在內心深處，我為此困擾，承受著負罪感，這成為我生活中壓力的主要來源。唯有寬恕——徹底、全面、無條件的寬恕——才能洗清這份罪孽。

我所說的寬恕是什麼意思？去哪裡尋找它？誰寬恕誰？我們很快就會明白。此刻我必須強調，我僅僅是在為自己發言，而不是代表作為第二人稱的你，或是那些作為第三人稱的他們——無論你們或他們被貼上體面公民、已定罪殺人犯還是其他什麼標簽。我前文關於指責他人——比如被告席上那個人，或是泛指的人們——既荒謬又不可能的論述依然成立。指責不該向外輸出。它只能牢牢粘在此處。當然必須如此：正如我們一再看到的，內在的第一人稱敘事不僅不同於外在的第二或第三人稱敘事，更是它的截然對立面。"他有罪"不成立，因為作為第三人稱，他從出生就受過去制約。"我有罪"成立，因為作為第一人稱，我是"未生"的，對我的過去負全責。從最初開始的一切。

所以核心的內在問題是：何時何地、如何獲得對自身罪孽的赦免，那種無條件的寬恕？若缺少它，生命將在暗處四分五裂，充滿壓力的翻攪。

答案是我們越來越熟悉的一個，也是唯一真實而確鑿的答案：必須徹底清楚"是誰在提問"，這意味著要對證據做出最深的敬禮。

在這裡，支撐著充滿負罪感人生的，維繫著"只關心這一個，其他聽天由命"心態的，是那條底線——當向上追溯時，它是所有罪孽的起源；當向下探尋時，它又是所有罪孽的終結。這個地方，赤裸的意識從無意識的黑暗深淵噴薄而出，像一場絢麗多彩的煙火，既輝煌又可怖，在此失去了它的純真。作為"我看起來的樣子"——作為你們看到的那個正立的第二或第三人稱，護照照片上那個完整的我，頭顱和所有部分都位於底線上方——我只對自己的行為負責，而非你們的。法律和常識都要求如此，社會不可能以其他方式運作。但作為"我真實的存在"，作為我看到的那個無頭、無名、倒置的自己，我的底線消解了那個不僅是身份證更是無罪證明的頭顱。在這裡，我赦免了可憐的老道格拉斯·哈丁（Douglas Harding）。在這裡，我為他和底線上方所有人承擔起責任。在這裡，我為所引發的一切負責。就在此時此地，我必須直面這個驚人的事實：作為第一人稱單數，我對這個世界及其中的一切行為與苦難負有罪責。忽視這個事實不僅不明智，更會累積壓力。

這不僅是表像，更是切身體驗。當我真正專注、對自己誠實時，我發現不可能與世上最邪惡、最愚蠢、最可鄙或最悲慘的生命劃清界限。這不是"若非上帝恩典，我也會如此"的情況，而是"那就是我——走進牢房、精神病院、絞刑架，正如走進歡樂場所一樣真實"——因為一個簡單卻震撼的真相：我真實的本體與你及所有人真實的本體並無二致。我們並非各自擁有一條底線。世界的開端與終結、存在的根基只有一個，我越早堅定立足於此，罪疚就越快得到平息。唯有當我認識到自己全然該受責備時，才能獲得全然的寬恕，罪疚帶來的壓力才會像所有有害多餘的壓力一樣消逝。它被徹底翻轉，傾倒在"無何有之鄉"的邊緣。在這裡，犯罪者、寬恕者與被寬恕者三位一體。為這個世界承擔罪責者，正是它的救贖者。我們的心靈難道不是早已無畏於其中的奧秘、悖論與恐怖，向我們昭示這是唯一道路、終極真理、至高智慧，並宣告一切終將歸於圓滿？

"未必盡然，"你或許會反駁。"若作為第一人稱單數——若作為存在根基與底線，我像維蘇威火山般噴發到這個災難世界，需要承擔的責任未免駭人。焰火固然絢麗，但承受最多火山灰的人們卻無動於衷。整場演出靠自私、罪疚、壓力與痛苦混合的惡魔藥劑維持。誰能為此獲得寬恕？"

對此我的回答是：這正是世間不難發現的慷慨、愛與歡欣，以及絕妙之美所需付出的代價。這是任何世界存在的必然代價。愛麗絲說得對,讓世界運轉的不是毫無節制的愛(氾濫的無私反會令世界停滯),而是"各人自掃門前雪"。每個人都忙於自己的存在與事務——正是如此,萬物才得以運行(儘管充滿壓力,必要時還得犧牲他物)。唯一替代方案是絕對的虛無,一片美好無私無壓的空白。這真是我們想要的嗎?坦白說:一個健康的人(我指作為人類)謀求自身利益時的罪責,並不比一棵健康捲心菜爭奪養分時的罪責更多。正因它是棵"自私"的捲心菜,才能長出飽滿的菜心,成為園中最優質的作物。

不,讓世界運轉的並非愛,而是愛催生了這個世界——這種愛無法推諉責任,這種愛用肩頭(而非頭顱)承擔一切罪責,這種愛通過背負所有罪孽來治癒所有罪孽。這樣的愛就是我們的底線,是我們從未遠離的源頭。

基督教信仰的獨特智慧在於領悟到:至高至善者同時也是其對立面。它之所以成為它自己,正是通過自我的謙卑,直抵至最低和至惡之境;它沉入造物最底層的污穢深淵,擁抱那裡所有的痛苦與骯髒。最奇妙的奇跡在於:拯救世界的愛,竟是通過承擔世界需要被拯救的一切而實現的!尤其是世人的罪孽。

這個奧秘深不可測。"理解"它的唯一方式,是開始活出它,通過感受其重壓來體會其分量。而實現這一點的唯一途徑,就是停止試圖掙脫底線,允許自己帶著所有罪疚與壓力,沉入它們永遠無法觸及的境地。

當人認罪並成為罪本身時,原罪便得赦免——這符合"徹底沉入什麼,就擺脫什麼"的法則。如此,我們便能像但丁與維吉爾那樣，穿透世界的沉重與深濃黑暗，抵達光明世界與璀璨群星。

　　真正的智慧從不廉價。成為你自己需要付出高昂代價——需要你捨棄一切。當然從某種角度看，認清"你是誰"本是免費的恩賜，不過是領回本就屬你的東西。睜開第三隻眼觀照世界——還有什麼智慧比這更輕鬆、更自然、更無痛？但你不能止步於此。長遠來看，觀照世界終將演變為承擔世界，連同它全部的罪孽與痛苦。還有什麼比這更具毀滅性？當你看見自己作為"未生者"、"無條件者"與"倒置者"的真相時，便赦免了所有"已生"、"有條件"與"正立"的眾生，只留你獨自認罪。忠於自己又憐憫眾生的你，別無選擇。這是不折不扣的事實。

　　這是一條不折不扣的下行之路。奧丁（或稱沃登）（Odin, or Woden）的故事或許能幫助我們接受這種必然性，甚至引領我們親歷這個過程。在日耳曼神話中，這位眾神之父既是天空之神，也是死亡冥界之主。他賜予戰士勇氣、詩人靈感、求智者智慧。人們自然想像這位崇高的神人統治者會像他的象徵——雄鷹般翱翔於塵世之上，而塵世中的智慧必須用極高代價換取。但神話給出了不同版本：奧丁同樣需要為智慧付出全額代價，且分兩次支付。他為此犧牲一隻眼睛——如我們所知，這不算大損失，因此他被描繪成獨眼。他還為此獻祭自己——被吊在世界中心的尤克特拉希爾樹（Yggdrasil Tree）上，經受九天九夜的劇痛煎熬，直到磨難終結時，他才能俯身取得將秘密知識帶給人類的魔法符文。這幅挪威古代木雕中他吐出舌頭的形象，並非挑釁姿態，而是絞刑者的自然反應。

# 第十四章　成年階段

這幅畫面陰森可怖。然而作為第一人稱的你，即便不在其他時候，也該在星期三——沃登之日（Woden's days）——記住這個現實的啟示。不過，奧丁的故事讓我們能以更明亮的基調結束本章。奧丁的另一個象徵是圓環，其變體是某些戰士佩戴的金屬項圈（通常工藝繁複並鑲有黃金），這些戰士因受神明護佑而敢於無甲作戰。無論他們是否完全明白，這些項圈標定了所有危險、暴力與罪孽終結的界限。用前文章節的術語來說，他們佩戴著終極安全帽——不包裹任何頭顱的永恆救贖之盔。

此刻你已抵達這條界線，穿越罪孽與苦難，到達永恆的天真之境。現在請看一眼被告席上的人：你的奧丁項圈標明了你的不在場證明。一個倒置無頭的被告，連最輕微的過失都無法歸咎於他。正如通過承擔與家園的距離才能歸家，通過承擔世界的罪孽才能抵達無罪之境。就在這裡，你比新生兒更純潔無瑕。這條下行之路就是如此徹底！

## （八）性問題

本書的核心觀點——這個需要日復一日驗證的假說——是自我覺知即為答案，是你作為君主的王國鑰匙，是解決任何問題的終極良方。正如托馬斯·肯皮斯（Thomas à Kempis）所言："若想獲得內心平靜與真正的目標統一，你必須放下萬物，審視自己。"確實如此。接近你的底線或世界盡頭，就是逐步放下那些帶給你壓力、卻非你本質的事物，直到抵達那個毫無壓力的"空無"——真正的你。這是有意識地剝開表像之洋蔥，直到成為核心的現實——即意識本身，完美無缺。

我大概能猜到你的想法：也許自我意識能解決我大部分問題，但肯定解決不了性問題。在這方面，解藥應該是無自我意識，忘我投入，自然而然地全神貫注於伴侶，完全被對方吸引。動物之所以完全沒有性問題，正是因為它們善於忽視自我；而人類之所以問題重重，正是因為難以做到這點。

對此我的回答是：只要是完全清醒的狀態，保持覺知永遠不會是壞事。人類的問題不在於太有自我意識，而在於自我意識遠遠不夠徹底。如果我們能貫徹到底，就能擺脫所有困境，包括性方面的困擾。實際情況是，我們兩頭落空——既做不到像動物那樣只向外看，也達不到覺者同時向內凝視、堅定徹底地內觀的境界。結果我們重重摔在地上，離那個不再有痛苦的底線還遠得很。不，我們無法退回到忘我狀態。通往幸福的道路是向前走向完全的自我覺知，這在性幸福和其他任何方面的幸福同樣適用。因為這裡同樣適用這個法則：找到自己就是失去自己。找到真正的"你之所是"，就是擺脫那些後天形成的"你"。最終接受你作為

"空無"的真實身份,就是卸下你作為各種"存在物"的虛假認同。正是這些虛假認同讓你和愛人分離,造成了你的性壓力。禪宗大師道元(Dogen)敦促我們竭盡全力尋找自我,並補充道:"尋得自我即是忘卻自我;忘卻自我即是被萬物所啟迪——而非去啟迪萬物。"完全相同的是,性愛的真正目標是充分享受伴侶——在深刻意義上被伴侶所啟迪——而這只有在你不再有任何自我阻礙和遮蔽視線時才能實現。在達到這個目標之前,你們的結合就尚未圓滿。

我們內心深處都明白這一點。正因如此,真相會以各種形式在各種場合浮現。舉個迷人的例子,看看斯堪的納維亞的林德蟲傳說:

他的故事始於所有故事的起點——女巫的詛咒將一位王室成員變成怪物。林德蟲王子如今成了一條可怕的巨蛇,他在王國裡擁有強大勢力,甚至要求——並得到了——國王的女兒作為新娘。然而幸運的是,在新婚之夜,公主展現了驚人的智慧。她穿了十件睡衣。當林德蟲命令她脫衣服時,她說他必須先蛻一層皮。他不情願地照做了,於是她脫下一件睡衣。他再次命令她脫衣,她再次同意——但前提是他再蛻一層皮。就這樣,脫衣與蛻皮交替進行,直到雙方都赤身裸體——而他重新顯露出英俊王子的真容。女巫的詛咒只不過是將王子殿下層層包裹了起來,十層堅硬不透明的鱗皮,各不相同。

圍繞這個童話故事(標題可以叫《俄羅斯套娃的婚禮》),結合其趣味與深意,可以創作出多麼美妙的芭蕾舞劇啊!

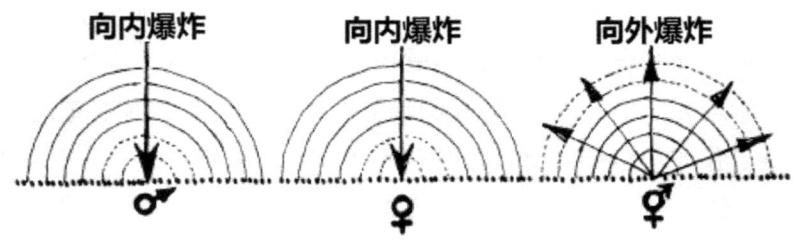

　對於我們來說,它的意義非常明確。我們的性問題(恐怕不會比林德蟲和公主的問題更嚴重)在我們從邊緣行為抽身,深入探究是誰在主導這些行為時就解決了。然後,我們每個人有意識地到達"無"的狀態,為了對方的"有"而清空自己。在發生這種核心轉變之前,我們仍然執著於自身的一些東西,執著於一個嚴重偏離中心的自我形象。因此,為自己而成為任何事物,就是心不在焉、古怪、不健全、從中間徹底分裂(或者說是骯髒地分裂?)。例如,分裂成床上做愛的湯姆或瑪麗,以及臥室鑰匙孔偷窺的湯姆或瑪麗。同時扮演表演者和偷窺者的雙重角色,至少會確保一場不盡如人意的表演。古怪的人或許能成為合格的交配機器,但他們絕對是糟糕的情人。

　夫妻之間無法真正結合,是因為他們珍視各自獨立的身份,因為十層(甚至更多)的保護層像正負電纜一樣將他們隔離開來。只有當他們剝去所有外殼,直達共同的導體時,才能在愛的火焰中焊接在一起。借用喬治·麥克唐納的話"唯有在上帝之中,人才能與人相遇",讓我們說:唯有在性愛的"無"之中,男性和女性的"有"才能相遇。(請注意,各種性別沙文主義者!)當一方為了對方的形體而變得空虛時,伴侶各自的內爆最終會彙聚成共同的爆發——他們的性高潮是其中的一個特例,一個推薦但並非必需的額外體驗。難怪幾個世紀以來，虔誠的藏族人發現，象徵形與空本質結合的唯一恰當的符號就是一對夫婦做愛。成千上萬對夫婦，在寺廟裡，以相當程式化的坐姿快樂地做愛：像保存在琥珀中排列整齊的蜜蜂一樣，被捕捉並為後代保存著這一幕。

確實，我們長期以來對這些歡喜佛形象過於拘謹的描述，早該同時展現其神聖性與世俗性了。是時候停止扭捏作態，開始用語言直白地表達——就像這些造像用視覺直白呈現的那樣。畢竟，遵循"兩極相通"法則，淫穢與神聖本就難以——也不該被強行分割。密宗即是明證。古代廟妓習俗亦是明證——廟宇基座裝飾著恰如其分的春宮雕塑。無數真實不虛的中世紀與現代靈修大師異常開放的行為也是明證。D·H·勞倫斯（D. H. Lawrence）與詹姆斯·喬伊斯（James Joyce）等天才作家的文字更是明證。諸如此類，不勝枚舉。簡而言之：宇宙父母——即"空性夫人"與"有形先生"——婚姻美滿，而人類的交媾正是對他們永恆狂喜交融的現世參與。

在西方，他們婚床的別稱，那個形相坍縮成虛空、虛空爆發出形相的神聖 – 世俗之地，就是我們內在的天國——愛統治的國度。這裡充滿雙向流動的活力：既向心又離心。推動世界運轉的愛貫穿其核心，往復不息。你很難不注意到這種持續進出運動的性感本質。

這是開啟王國的鑰匙：

在那王國裡有座城，

在那城中有個鎮，

在那鎮上有條街，

在那街上蜿蜒著巷，

在那巷中有個院，

在那院裡立著屋，

在那屋裡候著房，

在那房裡空著床，

床上放著籃——

一籃芬芳的花；

芬芳的花啊花，

一籃芬芳的花。

## 第十四章 成年階段

花在籃中，

籃在床上，

床在房裡，

房在屋中，

屋在雜草院，

院在曲巷裡，

巷在寬闊街，

街在高鎮上，

鎮在城池中，

城在王國裡——

這便是王國的鑰匙，

這鑰匙開啟王國門。

值得注意的是，這首著名傳統詩歌的轉折點——內爆達到外爆高潮之處——正是一張床。這個意象多麼精妙而多義：它既是臨終之床（個人的世界在此終結），又是產床（世界在此重生），還是婚床（整個宇宙進程在此由兩人重演，伴隨著我們稱之為性愛的獨特呼喊與纏綿）！這其中蘊含何等奧秘——如此粗俗又精妙，如此豐饒複雜且多變，如此神聖，如此深邃！天啊，又如此普遍！那塊戈爾貢佐拉奶酪裡正發生著足夠多的無壓力性愛，足以讓它從餐盤升起，也讓你那句"把那該死的奶酪遞過來"的唐突請求顯得合情合理。

是的,我知道。這個關於普遍情欲的故事太過普遍而缺乏實用價值。它確實充滿詩意且引人入勝,但對於樓上那張彈性良好的雙人床上等待進展的具體情境而言,目前還太過籠統。在那些夜晚——任何夜晚——對我們這些性生活如英國天氣般多變,或如極地冰凍般可預測,又或如香格里拉溫和氣候般千篇一律(且即將變得像其他例行公事一樣乏味)的芸芸眾生而言,這一切究竟意味著什麼?

嗯,我當然不知道你具體的問題是什麼。但我知道它們的解決方案是什麼。你必須要做的事情很清楚。無論它們是什麼,看看那是誰的問題。更詳細地說,即使在熱戀時——尤其是在熱戀時——也要看到為了所愛的人,你自己是缺席的。不要試圖去感受或理解你的缺席:沒有什麼可以感受或理解的。不要想像它或思考它,也不要用語言表達你看到的"我在這裡,消失了!"只要同時向內和向外看。這樣一來,就再也不是"我多麼興奮!"或者"他或她給了我多麼美好的時光!"的確有刺激,但沒有人在這裡體驗它們。不:情況是"他或她多麼令人興奮,多麼可愛和令人愉快!"這是一個清晰的"多麼令人難以置信的伴侶!"的例子,而不是"他或她正在為我和對我做多麼令人難以置信的事情!"刺激之所以令人興奮,是因為它們是真實的——真正以他人為中心而不是以自我為中心,是客觀的而不是主觀的。這種基於做你自己而不是某個可憐的替身的性愛——這意味著從零距離而不是遠距離看自己——是真正令人啟迪的,也是真正性感的。每個伴侶都被對方所啟迪。有點像黑人和白人在社交場合相遇時,他們會交換面孔;所以,當男人和女人在性方面結合時,他

# 第十四章 成年階段

們會交換身體。每個人都吸收並承擔了對方的性別。沒有這種轉換，那就是自慰式的二人性愛。有了它，就是一種二人冥想，雖然如此肉體，但其靈性絲毫不減。

當然，為了應景，和調暗的玫瑰色床頭燈一起試圖打開這種狀態，效果不大。你必須習慣於在機場、辦公室、商店、街道、客廳以及臥室裡都處於缺席但臨在的狀態——直到在任何時間任何地點自然而然地保持自然。然後（在給予足夠的時間和注意力來打破自我物化的習慣之後），你會發現，在床上處於缺席臨在的狀態並不比在餐桌旁、廚房水槽邊、書桌前或方向盤後更困難。或者，就此而言，在教堂、猶太教堂、寺廟或清真寺也是如此。這並不令人驚訝。你所做的只是將你在生活的其他方面一遍又一遍學到的教訓應用到你的性生活中——那就是，要做好任何工作，你都必須從你感知到的第一人稱視角出發，而不是從你構想的第三人稱視角出發：從你所看到的奇妙的"無－一切"出發，而不是從別人說你是的那個渺小的"事物"出發。你正在重新發現，雖然所有的謊言都是低效的，但對自己撒謊是極其低效的——無論在床上還是床下，差別不大。依賴虛假自我形象的虛假性愛是令人不滿意的性愛：最終，你所有的自我形象都是虛假的。另一方面，依賴於沒有任何自我形象的真實性愛是令人滿意的性愛。這是很自然的。

那麼，你如此自然地在做什麼呢？你正在做一件據說是世界上最困難的事情，但實際上卻是最容易的。你正在看清你是誰。這個習慣正在你身上養成。它正在擴展到你的性生活中，因此你的性生活也變得更加愉悅。但當然，真正的性愛不僅僅是肉體的愉悅。它關乎愛。否則，它只不過是動物的交配，導致低於動物水平的緊張感的釋放——只不過是給輪胎放掉多餘的空氣——然後隨之而來的是性交後憂鬱的空虛、酸澀或噁心。沒有愛的性愛之所以是一種毫無意義且充滿壓力的體操表演——為什麼贏得性遊戲（馬拉松、獵豔、收集性愛姿勢、權力遊戲、床上運動和各種床上技巧）遠不如贏得常規遊戲令人滿意——原因非常簡單。田徑賽事本質上是分離的，完全是關於競爭和爭強好勝；而床上活動本質上是統一的，完全是關於謙讓，一直謙讓到愛的源頭。真正地愛另一個人——無論是否有性愛的益處——就是下降到他或她不再是"另一個"，而是"自己"的層面。林德蟲和公主直到都看清了世界的盡頭和底線，那是所有愛的基礎、目標和圓滿，才能圓房，才能真正相愛。

但是，如果他們的剝離和看見是單方面的呢？如果他或她堅持保留某種保護性的覆蓋物——一層蛇鱗，或最後一道睡衣的縫線呢？如果你的伴侶希望停留在你能夠完全合二為一的那條線之前呢？

答案是你們絕對是一體的，不管願不願意，無論他或她此刻是否選擇忽視那個始終存在的真理。所以，單方面性的問題，基本上根本不是一個真正的問題。當然，你們兩人有意識地共同下降到不再是兩個的那個本源是好的。然而，所有必要的只是你管好自己的事，而在這一層面，你的事就是你伴侶和所有其他人的事。

試想：此刻你正在閱讀這頁文字。頁面內容對你而言的"非空"狀態，是否削弱了你對頁面而言的"空無"本質？你會因為玫瑰無法回應情感，就減少對它的欣賞嗎？絲毫不會。那個令人敬畏卻不言自明的真理是，你只能將真正的自己看作真正的自己——即，看作所有眾生，看作從所有眾生之中凝視出來的那唯一的觀看者。你不是作為"某個人"來到那個真正的自我意識和真愛的境地——你不是作為"某個人"向後靠，安住在你的底線上的——而是作為"不是誰–每個人"。在性事上，如同在所有其他事情上一樣，只要忠於你自己，所有其他人都會被照顧好。

在達到這個終極層面之前，仍然有一個必須面對的事實。那就是，無論你多麼成功地將我們激進的自我覺察療法應用於你的性困擾，有些困擾仍然會揮之不去。新的問題可能會冒出來。它們也會帶來壓力。我保證。

是的，但是有一種通用的根本療法可以解決所有這些問題，無論它們是什麼。那就是：將問題視為路標。這些路標指引你回到你的故鄉，回到那個充滿愛意和玫瑰花瓣的國度，所有的問題——性的或其他方面的——都被拒之門外。

看。那真正的玫瑰花床就在這印刷品的十二英寸之內，在你這邊。它是一個空曠而芬芳的愛之床，整個宇宙此刻正在其上孕育和誕生——一個空曠的床。

在那床上有一個籃子——

一籃甜美的花朵：

花朵，花朵，

一籃甜美的花朵……

這是王國的鑰匙。

這是王國的鑰匙。

## （九）人生是艱難的

我之前提到的那位不幸的朋友，就是那個本打算推廣我的發明卻因入獄而未能如願的朋友，他在一封長信中解釋說，他在獄中發現了一個令他極其興奮的事實。那就是，人生是艱難的！他經歷了從公眾讚揚到公眾蔑視的突然轉變（這種轉變因為其虛偽性而更令人難以忍受），一場廣為人知的審判，以及對家庭生活造成破壞性影響的監禁，才讓他意識到了這個非凡的道理。喬達摩·佛陀花了七年的苦行，其嚴酷程度幾乎要了他的命，才得出同樣的結論。他非常珍視這個結論，稱之為"第一聖諦"，即人生是苦。請注意，是"聖"諦。

我發現這非常奇怪。乍一看，這兩個人都為一項從一開始就應該顯而易見的發現付出了過高的代價——從嬰兒的啼哭到臨終的呻吟——而且根本不需要額外的花費。然而，仔細想想，顯而易見的是，我們很少有人開始學習，更少有人真正活出這樣一個道理：所有超越底線之上的存在都是一場空，一次令人失望的經歷。或者——為了不誇大其詞，也不要雪上加霜——它是分裂的，積極的一面與消極的一面相對應，我們無法只擁有其中一面。在它自身的層面上，這個問題是無法解決的。任何千年都不會來臨。交戰雙方永遠不會簽署停戰協議，更不用說和平條約了，由此產生的壓力和緊張也無法緩解。並非不幸地，生活恰好對許多人來說很艱難；而是它本就為所有人而設的艱難——無論表面如何，無論永恆湧現的希望如何。你就能理解為什麼無數的東方現實主義者相信，被捲入快速旋轉的生命之輪是最大的不幸，而永遠擺脫這種恐懼才是極樂。

令人好奇的是，每次我們重新做出這個意義重大的發現時，我們都會感到多麼驚訝——或者更確切地說，是震驚、憤怒、羞辱、痛苦，以不同的組合和程度。年復一年，幾十年，甚至一生的不斷重新發現，我們的鼻子一次又一次地被按在所謂的"聖諦"上，直到磨損，但這似乎並沒有帶來多大改變。我們這些無可救藥的樂觀主義者，儘管有無數證據擺在眼前，仍然繼續相信，生活並非一場善與惡、愛與恨、美與醜等等之間無法取勝的戰爭，而通常和恰當地來說是美好、充滿愛和美麗的，儘管暫時時運不濟。這不過是白日做夢。人生必須教會我們最艱難的教訓之一就是，它本質上是兩極的。從嬰兒時期起，我們就如同幼苗一樣分裂，並且一生都保持這種狀態。

這種分裂在實踐中的意義起初似乎令人難以接受，然後令人羞愧。最終，例如，我們不得不承認，我們的愛，只要它鮮活而健康，就絕非簡單的奉獻；我們與那個深愛的人的關係是一種愛恨交織的關係，對此無能為力。我們對工作的喜悅，如果是真正的喜悅，其中也夾雜著一半的痛苦。我們完全真誠的善良和無私，本身也並非沒有同樣真誠的邪惡和自私。我們最敏銳的智慧也需要某種程度的愚蠢。諸如此類，沒有止境。這條規律沒有例外。作為人生馬戲團裡的特技演員，我們從不停歇地進行分裂和偉大的平衡表演。你可以說，人生本身就是"二"，是一場巨大的二元性練習，充滿了根本的不一致和內戰般的衝突。"壓力"是我們對此的稱謂。

以下是一些隨機抽取的現實生活中這種不一致性的例子：

（i）首先，我們再次回到利雪的特蕾莎修女（Thérèse）。如果聖潔不僅僅在於善良，而在於謙卑和愛，那麼特蕾莎完全配得上她的封聖。但是我們不能過於簡單化。請看她自傳中的一段摘錄：

> 一種偉大的恩典降臨於我；我認為，這是我一生中獲得的最偉大的恩典之一……我感到我生來就註定偉大；但是當我問自己如何才能實現它時，天主在我心中放入了我剛才提到的那個理想。（她指的是聖女貞德。）為我保留的光榮是人類的眼睛無法看到的：我必須致力於成為一位偉大的聖人……這種渴望偉大聖潔的勇敢的雄心從未離開過我。

好吧，如果那是謙卑，我很想知道什麼是自負！而特蕾莎實現了她的雄心。她成為了近代最真誠和最可愛的聖人之一。達到那種程度的謙卑需要那種程度的驕傲，因為（除了是聖人之外）她和任何人一樣都是人。

（ii）我們第二個關於這種一分為二的例子，你可能會覺得來自完全不同的世界，但實際上離我們更近。我請你來提供這個例子。想想你非常非常愛的那個人，以各種各樣的方式——可能是你的丈夫或妻子——並且他也愛你。你們之間的愛是穩定而平靜的嗎？沒有反覆出現的誤解和怨恨，沒有任何形式的危機來打擾嗎？你真的相信，只要你更成熟、更有愛心，你就能享受那朵愛的玫瑰，而不會偶爾被它的刺紮傷嗎？你是否天真地認為，在這個世界的某個地方，在浪漫小說之外，有些人比你更幸運或更好，因此享受著一生穩定而簡單的愛，沒有其對立面的存在？如果是這樣，親愛的讀者，你最好再想想。

（iii）輪到我來提供第三個例子了。一位交往已久且我很珍視的朋友打電話來說今天來看我，但要我做好震驚的準備。不，他沒留鬍子。不，他也沒在事故中毀容——嗯，不完全是。他有一隻黑眼圈。我確信，不是在街頭鬥毆或酒吧衝突中弄的。他不是那種人。"在家裡？"我盡可能委婉地問道。"正是，"他回答說。而我認為他的婚姻是屬一般恩愛的類型。但是……人生是艱難的。它在給予明亮而微笑的眼睛的同時，也毫不吝嗇地給予我們真實的和比喻的黑眼圈。

（iv）昨天我也收到了來自以色列一位同樣親愛的朋友寄來的一個鼓鼓囊囊的信封。裡面裝滿了年輕的猶太女孩埃蒂·希爾圖姆日記中的許多引語。她二戰期間住在阿姆斯特丹，後來從那裡被送到奧斯威辛集中營，並在那裡去世。以下是我朋友從希伯來語翻譯過來的一些摘錄：

我們試圖用模糊的神秘主義來拯救生活中的許多事物，但神秘主義必須建立在完全坦誠和對事物進行冷靜而深刻的審視的基礎上。

大多數人只看到生活中允許看到的東西，但我們必須擺脫所有現有的觀念……然後，即使在深切的苦難時刻，生活也會變得豐富而充實。

這裡的苦難真是太可怕了。然而，到了晚上，當白晝消退時，我仍然邁著輕快的步伐走在鐵絲網旁，我的心中總是湧起一種感覺：生活是美好而偉大的。

我對埃蒂日記中這三段摘錄的評論是，它們是一體的，前兩段殘酷的現實主義應該被理解為第三段及其溫柔喜悅的前提和另一面。她擁有智慧、內心和優雅，能夠從它們的起源之地，從我們稱之為她的底線的地方，看待她生活中這兩個劇烈對立的方面，並將它們在那裡聯繫起來。她寫道："我在自己內心找到安寧。而這個'自我'，我最深沉、最豐富的部分，我稱之為上帝。"

這些隨機收集的例子將使我們對"偉大的平衡行動"在現實生活中是如何運作的有所瞭解。我想我們毫不費力就能從自己的經驗中提供更多類似的例子。真正的困難在於，我們總是放鬆地陷入片面的樂觀主義——如果不是欣快症的話——並繼續假裝我們可以擁有任何光明美好的事物而沒有其陰影：光明的一面越亮，陰暗的一面就越暗。隨之而來的是攤牌，不可避免的幻滅。這樣生活對我們不利。承認生活是一場過山車，它的起起落落就不會讓我們生病。否認它，它們就會讓你生病。為了避免有毒的壓力，至關重要的是說出真相，即"人生在世，難免有禍患，如同火星飛騰"，對此他無能為力。也就是說，除了不再忽視那未出生的事物之外，他什麼也做不了。

走鋼絲的表演者需要左手中那份沉重的麻煩，那份消極的東西，來平衡右手中的積極的東西。這是一場令人焦慮和疲憊的表演——直到他看到下面鋪開的安全網。

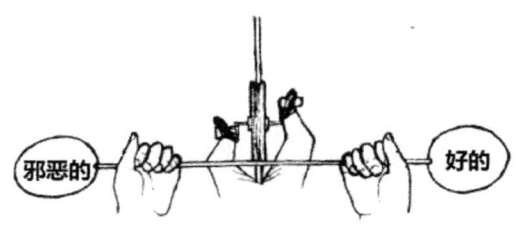

## 第十四章 成年階段

請再次低頭看向表演者雙臂交匯之處——更準確地說,是雙臂未能交匯卻逐漸消融成"無肩之境",徹底化為"空無"的地方。再次看看你的底線,世界的盡頭,所有多餘和有毒壓力傾瀉而下的懸崖邊緣。現在,我們為這個最非凡卻最少被提及的地方的名稱列表中,又增加了一個新的名字:安全網。因為只有它超越了一切對立,不可分割,不可撕裂,穩定,堅不可摧,是所有衝擊的減震器。懸掛在高處,遠高於那張金色的網或蹦床,或永恆堅韌的天堂地板(它也是地獄的地板),所有生命都是地獄般的艱難。應對馬戲團生活磨損的方式,就是永遠不要失去那張緩衝它的魔毯的感覺和景象。

那奇妙的地毯讓我想起了一個小故事,我不知道它出自哪裡。很久以前,天堂位於世界的最高處,如此之高,以至於很少有聖人(更不用說像你我這樣的罪人)能夠到達那裡。天使們商議後,決定將天堂降低一些。但仍然很少有人能到達。他們進一步降低了天堂,結果也沒有好多少。最後,他們放棄了,將天堂降到了世界的底層和地下室,然後,它終於被充滿了。

正如你現在能為自己清楚看見的那樣:要抵達天堂,先讓生活將你擊倒。生活註定會如此行事,讓你墜落——直至落入那張永不令你失望的安全網。生活註定令人失望。但對支撐生活的"空無"無所求時,它便無從令你失望;若對其無所不求,同樣不會失望。正是這種對生活假意謙卑的索求——期待某朵特定的無刺玫瑰——製造了壓力,阻礙我們享受整座玫瑰園。

你莫名其妙地出現了。魯莽地,你選擇了生命——一場可怕的、充滿壓力的冒險,讓你深陷其中。更重要的是,儘管外表看起來並非如此，但這是一場方方面面都充滿壓力的冒險。並非說，作為一個成熟的成年人，你註定要承擔每一種壓力、每一種表現和每一種變化，而是說，成熟就是承擔這一切。而真正成熟，就是有意識地從其本源，從根基開始承擔這一切——所有壓力湧現又回歸的那個根基。特別是，並非說你和我——哎呀！——只承擔了我們在本章中權衡過的一兩種（或者，最壞情況下，三種）令人痛苦的負擔；而——多麼幸運！——我們擺脫了其餘的負擔。例如，並非說，當我們充分地承受了無聊和孤獨的重負後，就能免於內疚和失敗感。不。承認與否，我們都深陷在這艱難的事業中（我的意思是深陷其中，當然），這是一場要麼全有要麼全無的事業——一場責任無限的全有全無的事業。我們對生活的認知總是片面而膚淺的：生活本身卻是完整而成熟的。無論我們如何嘗試，都無法只品嘗美味而吐掉其餘。無法在其本質成分中挑挑揀揀——儘管其中許多成分苦澀如艾草。

我們大多數人在遠離公眾視線的私人生活中，能夠向他人——在較小程度上也向自己——隱藏全方位的壓力狀態。少數人更多地暴露在聚光燈下，無論他們是否願意。由於這樣或那樣的原因，整個令人遺憾的事情都暴露了出來。資產負債表被公佈了。讓我們舉一個例子——一個對我們來說非常有啟發性的例子——那就是著名且有詳細記載的故事，講述了一個毫無疑問沒有逃脫我們列出的任何麻煩的人：一個堅稱自己遭受了所有這些麻煩，並且在某種程度上以相同的程度遭受這些麻煩的人。一個天才——正如我們稍後將看到的——他深入並自由地汲取了那些麻煩的根源，卻設法遠離了那些麻煩得到完美解決的基礎。我指的是彼得·伊裡奇·柴可夫斯基，通常被認為是俄羅斯最偉大的

## 第十四章 成年階段

作曲家。

在他的一生中,躁狂和抑鬱的階段交替出現。前者短暫,後者則往往持續不斷。例如,他的朋友尼古拉‧魯賓斯坦嚴厲批評了他的第一鋼琴協奏曲。結果:在接下來的九個月裡,柴可夫斯基陷入了嚴重的抑鬱症,他將其描述為一種可怕的絕望,以至於他經常希望自己死去。在此期間他唯一的作品——他的《憂鬱小夜曲》(Sérénade Melancholique)和幾首悲傷的歌曲——反映了他情緒的黑暗。這不是年輕時缺乏自信的表現。他當時三十五歲,並且已經走上了成名的道路。

即便後來享譽國際,事業成功堪稱輝煌,他仍會週期性陷入對職業生涯的抑鬱和自我創作能力的懷疑。頻繁的成功絲毫不能抵消偶爾失敗的影響。"贏幾次輸幾次"的平常心與他無緣,他本能奉行的是"輸一次全盤皆輸"的信條。評論界的負面評價帶來的打擊,遠非大眾追捧所能彌補——至少在他自己的計算中是如此。

伴隨這種令人崩潰的自我懷疑而來的,是優柔寡斷。他時而對某些作品寄予厚望,時而又厭惡至極將其樂譜銷毀,事後卻追悔莫及試圖復原。關於耗費心血完成的歌劇《禁衛兵》(Oprichnik),他寫道:"你無法想像還有人比我更痛苦…這部歌劇太糟了,我總是逃離排練現場,以免多聽一個音符。它既無戲劇性,又無風格,更無靈感。"

很自然地,這種自我鞭撻的狂歡並沒有帶來輕鬆的人際關係。某種程度的社交,在大量飲酒的推動下,與厭世和孤獨交替出現。雖然他對個人友善慷慨,但他聲稱"從整體上憎恨人類",並

## 無頭之境，解壓之地　超越底線

經常在鄉村的孤獨中和在國外無人認識的地方尋求慰藉。然而，他抱怨說，在訪問羅馬、那不勒斯、佛羅倫薩和威尼斯期間，他和遇到的當地人之間沒有說過一句友好的話。他渴望家庭生活帶來的溫馨陪伴。而當他最終決定結婚時（對於一個已確定的同性戀者來說，這簡直是瘋狂之舉），結果卻非常糟糕，導致他企圖自殺，而且幾乎成功。內疚感一直困擾著他直到去世，主要是關於他的性偏好和性行為（他隱晦地寫到"Z感覺"），但也包括在他周圍許多人缺乏生活必需品時，他自己的揮霍無度。

你可能會認為（至少作為一種補償），這洶湧澎湃的苦難之海永遠不會讓他平靜下來，成為無聊的犧牲品。事實並非如此。他經常覺得生活極其枯燥乏味。在創作《天鵝湖》之後，他為"腦中缺乏靈感"而苦惱，但他主要的抱怨不是貧瘠，而是厭倦。除了懶惰（實際上，很少有作曲家比他更努力工作），他還將厭世和倦怠列為他最討厭的事情之一。二十九歲時，他哀歎自己"憂鬱、厭煩、貧窮、不擅長教學、被忽視並且肥胖"（照片顯示他身材勻稱！）。三十一歲時，他寫道："我老了，什麼都享受不了了。我生活在回憶和希望之中。但我還有什麼可希望的呢？"

總而言之，很難找到這位才華橫溢的作曲家沒有嚴重遭受的任何實質性的壓力表現，這都是他自己在大量的信件和談話中坦誠承認的。令人稱奇的救贖——如果不是悖論的話，至少是一個謎——在於這樣一個飽受折磨的靈魂，竟然創作出了如此崇高的音樂——溫柔的、抒情的、歡快飛揚的——這些音樂曾落入一個欣喜若狂的世界的耳朵。

這個問題也許是荒謬的，但它仍然堅持要被提出：如果他的生活更穩定,不那麼充滿焦慮,在許多方面不那麼黑暗和殘酷,他還會創作出如此美妙的音樂嗎?如果他接受了生活無論如何都是地獄般艱難的這個事實呢?例如,如果他的性格更像勃拉姆斯,他那位相對穩重、平衡但才華橫溢的德國同時代人呢?而不是如此執著於自我毀滅?(他最終是否故意自殺,這是一個懸而未決的問題。)所有那些狂風暴雨般的壓力,是否就是那些寧靜樂句的代價,巨大的平衡成本?一個有意識地下降到自己的懸崖邊緣,並看到他可怕的壓力負擔被傾倒在懸崖下的柴可夫斯基,還會是我們今天所認可的那位偉大的作曲家嗎?或者,恰恰相反,他只會是一位普通的、平庸的音樂家,只為他自己的時代所知?

對此我確信:當所有該說和該做的事情都說完做完之後,人們必須接受他們本來的樣子,必須認可甚至愛他們不得不成為的樣子,並且停止假裝知道此刻對他們來說什麼是對的什麼是錯的,什麼對於他們必須要做的工作和他們必須探索的嚴酷之地是必要的。最終,一個人能夠安全且有益地做的,就是管好自己的事。然而,我們一直在提出的關於柴可夫斯基的那些無法回答的問題非常值得提出,因為它們引出了另一個真正屬我們自己的問題,並且需要一個明確的答案。那就是:我是否面臨著一方面是高度的壓力和創造力,另一方面是較低程度的壓力和創造力之間的選擇?殘酷地說,如果我們傾倒掉有毒壓力的所有努力,卻連同我們的獨創性和天賦、我們珍貴的靈感天賦、我們對我們的文化、物種和世界獨特的、不可重複的貢獻(無論付出什麼代價)也一併失去了,那到底有什麼用呢?

嗯,我希望我們共同取得的這些發現能讓你和我一樣確信答案。就我而言,我不相信,在任何意義或程度上,我們的健康會對我們自身和我們對他人的影響不利，對我們為人類服務不利。我不相信如果柴可夫斯基更理智，音樂就會遜色，他的獲得就會是我們的損失。我不相信宇宙是一個地獄，苦難和邪惡擁有最終的發言權：一個苦難沒有減輕且毫無意義的場景，我不相信其中不蘊含著可以轉化為特殊的和意想不到的快樂的種子。我的心，我的思想，我在這片被稱為"生命"的危險海洋中受洗的全部教訓，都讓我確信情況根本不是那樣。恰恰相反，一切都在告訴我，不是（請注意，不是）我們中的任何人都能免於即將到來的苦澀，而是那種突然的、神奇的化學變化，轉化為其對立面，永遠不會遙遠。這個公式不僅僅潛伏在拐角處。它會直接擊中你的臉，擊中你的本來面目，你在這裡沒有的那張臉。這根食指隨時準備著指向我的家。那首老掉牙的歌是對的：真的沒有別的地方能與之相比，沒有其他地方的甜蜜永遠不會變質。

不：我們不是在逃避或麻痺痛苦，而是要將痛苦定位在它所屬的地方。這本書是關於發現並進入那個痛苦永遠無法侵入的唯一的聖所。它是關於阻止壓力，就像你將你的馬從花園引到馬廄一樣。

每當靈感來臨時，彼得・伊裡奇・柴可夫斯基都能暢通無阻地進入那個快樂的花園，花園中央的噴泉源源不斷地湧出靈感。那時，是的，至少在那時，他不再堵塞那個噴泉。在優美的音樂中，他盡情地歡笑歌唱。他砰的一聲拔掉了瓶塞，香檳酒自由而充裕地湧出，閃閃發光。

但可惜的是，大部分時間裡，他天生的開闊心胸都被一個巨大的九英寸的塞子堵住了——儘管那只是幻覺——但它仍然牢固

# 第十四章 成年階段

地存在著,將靈感的流動限制在涓涓細流,一種可憐的滲漏。不管怎樣,他設法保持著清醒——當然,不像我們大多數人那樣穩固而持續地保持清醒,但足以讓他飽受各種折磨。

例如,他的朋友描述了他第一次公開擔任指揮的場景。

我看到他心煩意亂。他怯生生地走上來,好像想躲起來或逃跑,登上指揮台時,他看起來像一個痛苦的人。他似乎完全忘記了自己的作品。他沒有看眼前的樂譜,給出的所有提示都是錯誤的,或者將指揮給到錯誤的樂器。幸運的是,演奏員們對樂曲非常熟悉,以至於他們沒有理會他……事後,彼得·伊裡奇告訴我,他在恐慌中產生了一種幻覺,除非他緊緊抓住自己的頭,否則他的頭就會從肩膀上掉下來。為了防止這種情況發生(另一位朋友報告說),他一直緊緊抓住自己的鬍鬚。

事實上,當然,放開那可憐的東西反而會拯救演出和這個人。為什麼對柴可夫斯基來說,沒有頭的存在比有頭的存在的現實更令人恐懼?為什麼我們所有人,即使不是一直,也總會在某

個時候為了苟延殘喘而緊緊抓住那怪物？甚至會去愛撫折磨我們的工具？

答案不言自明。我們認為，苟延殘喘總比沒有生命好。我們認為，生命那燈火輝煌的刑訊室裡的尖叫聲，比死亡那無人居住的黑暗中的永恆寂靜要好。我們認為，把我們煎成脆皮的煎鍋，比徹底毀滅我們的火焰要好。我們認為，無論是在天堂、地獄還是地球上，沒有頭的存在一定是虛無。我們認為，即使像柴可夫斯基那樣腦袋鬆動得令人痛苦，但腦袋掉下來一定更痛苦——他這樣認為，我們也這樣認為。假設，假設，假設……

與其進行廣闊的假設，不如稍微看看，檢查一下我們的恐懼是否毫無根據？現在就開始：自己當自己的劊子手——然後活下來。一刀下去，把自己從那比鐵還重的濃稠悲傷之球上解脫出來——然後像整個世界的光明和輕盈一樣，歡欣自由地逃脫。現在就看看死亡是什麼樣的——然後毫髮無損地從另一邊出來，不僅毫髮無損，而且被淨化和刷新，擴張到無限，並獲得永恆。如果你發現自己不是溫順地走向那個黑夜——而是憤怒地踢打，自憐地呻吟——那是因為你拒絕去看它，拒絕發現那黑暗是過度的光明。那是數百萬個太陽令人目盲的眩光。

但是，你到底有多一致呢？儘管你對顯而易見的事實，對呈現給你的事實，懷有如此深刻的恐懼，難道在你內心深處，就沒有某種更深的東西在熱烈歡迎它們嗎？在某個層面上，你是否知道，當你順從既成事實——當你謙卑地臣服於"第一人稱單數，現在時"的存在狀態時——你的救贖就在其中？如果是這樣，那麼就感謝上帝賜予的不一致吧！但這又是多麼巨大的不一致，更確

第十四章　成年階段

切地說，是多麼的虛偽！這種矛盾思維與矛盾感受，偏偏還關乎最根本的命題——關乎主體自身，無論是"他"還是"她"！

你還記得嗎，早些時候，那位古埃及舊王國的女神，她積極地炫耀她的第一人稱主體性，並如此有效地指向我們的主體性？嗯，考慮到我們所有人共有的這種內在的虛偽性，她同時兼具美好和醜陋、最神聖和最野蠻、最令人安心和最令人恐懼的特質，也就不足為奇了。在新王國時期，她被稱為蠍子女神。你可以理解為什麼了。

是的。生活確實是艱難的。女神和蠍子不安地、永遠地共存著。那些帶來幸福的手，不會停止變成那些抓住、碾碎和撕裂的爪子。

但是，不要忽視兩者都來自哪裡。在每一幅圖畫和現在的你的圖畫的底部，都是那個底線，在那裡，你們三個都是一體的，超越了一切美好和醜陋。

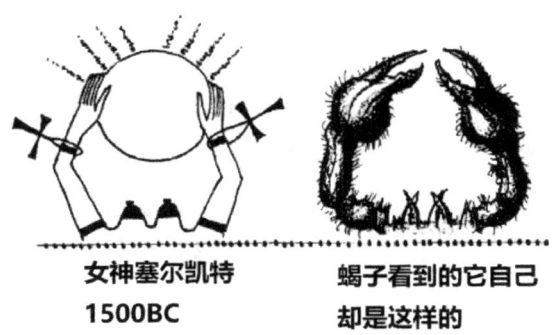

女神塞尔凯特　　蝎子看到的它自己
1500BC　　　　　却是这样的

看見這個和成為這個並不困難。

事實上，永恆的生命——生命背後的生命——簡直易如反掌！

## （十）結論——三種應對方式

在本次探究過程中，我們一次又一次地得出了關於你個人——第一人稱的——結論，這些結論按照任何普通標準來看，都極度令人受寵若驚。對此進行投票，誰不會同意將你描述為"存在的根基"，或"萬物之源"，或者更進一步的"獨一的"，委婉地說，都是一種陶醉？既然如此，現在就是宿醉的清晨。我們將以幾乎所有人都會稱之為對你清醒而冷靜的估計來開始本章的結論部分——可信的、不令人尷尬的、"現實的"：這與另一種完全相反的估計形成鮮明對比。我心中可接受的人物素描大致如下：

你沒什麼特別的，只是無數人中的一員，並不比其他人更像神。畢竟你只是凡人，這意味著你有缺陷，並不完美。事實上，你出了問題，而且是非常嚴重的問題。首先，你正在閱讀這本關於壓力的書，這相當於承認壓力正從你身體的某個地方冒出來，讓你日子不好過。而這只是從那裡湧現出來的眾多麻煩之一，就像腐爛植被產生的沼氣一樣。我們已經看到了你的壓力所呈現的七種左右可怕的形式，但事實上，這些形式是無限的。這確實是個壞消息。然而，不要絕望。很多事情可以做，並且迫切需要迅速採取行動來改善你的狀況。各種各樣的救援嘗試，各種各樣的療法都在提供。所以不要只是坐在那裡抱怨人類的處境。看在上帝的份上,看在你自己的份上,做點什麼!停止所有這些沉思和內省。行動起來!

千真萬確,這正是社會在我們一生中,以一百種微妙和不那麼微妙的方式,不斷向我們灌輸的東西。我們多麼早就聽到了這個教訓並銘記於心!我們現在是多麼興高采烈地確信,多麼渴望相信這一切,甚至感到如釋重負。我們多麼高興擺脫了我們孩子氣的那種自負,即世界之王就在這裡統治,世界的中心就在這裡,那個獨一無二、絕對非同尋常、絕對重要的人就在這裡。我們多麼高興加入了人類這個卑微的群體。我們簡直是津津有味地接受壞消息。我們中的許多人渴望跪倒在任何一位能夠令人信服地解釋我們身處何種困境的宗師或反宗師面前,並且會年復一年地追隨他們走遍世界,只是為了聽到更多關於這種困境的消息,以及我們擺脫困境的可能性有多小。

我並不想掃人興致,去潑那些熱衷於聽聞自身糟糕狀況——越糟越好——之人的冷水。這本書不是寫給他們的,而是寫給那些樂趣正在消退,需要少一些陰鬱和厄運的人。寫給那些既不沉溺於也不否認長期以來從四面八方湧來的可怕消息,而是希望以真正誠實、聰明和務實的方式來對待這些消息的男男女女。

我對你們說,讓我們以冷靜和不歇斯底里的態度來對待這非常個人的悲慘故事,就像我們對待不太個人的悲慘故事一樣——例如,在我們的商業生活中。

假設你是一家公司的董事長,有一天,每個人都在說災難迫在眉睫,公司正走向破產,其老闆將面臨恥辱和毀滅。你會如何反應?你可以做三件事,它們形成了鮮明的對比:

無頭之境，解壓之地　超越底線

（i）你可以拒絕做出反應，開始一次環球航行，把所有該死的事情都拋在腦後。你可以讓它自行糾正——你認為這很可能自行發生。

幾乎可以肯定的是，它不會自行糾正。你很可能會回來發現自己身處困境，而且朋友所剩無幾。活該。

（ii）你可以驚慌失措。你可以左一道右一道地發佈命令。你可以解雇工廠經理和銷售經理，關閉一兩家子公司，解雇工人，報廢幾款舊的生產模型，並啟動新的模型。"行動起來！"你喊道。"不要只是坐在那裡希望！趕緊行動！任何改變都比沒有改變好！"

幾乎可以肯定的是，結果會變得更糟。盲目地對醫生沒時間檢查的病人施用衝動的療法，很可能會殺死他。這些療法治癒他的機會微乎其微。

（iii）如果你是一位通常稱職的商人，你不會採取這種瘋狂的過度反應，而是會按兵不動：在瞭解事實之前，什麼補救措施都不採取。因此，你召開一次特別董事會會議，銷售經理在會上展示他的圖表，說明當前的趨勢和未來的市場前景；工廠經理報告生產力提高和原材料成本下降的可能性；會計師預測本財政年度的損益，透支額增加或減少的需求等等。

然後，只有在那時，你才會決定該怎麼做。充分吸收和理解這些信息，是做出明智決策的必要前提。這些信息可能表明需要採取哪些短期和長期的嚴厲措施來整頓業務。這些信息可能表明，在事態的實際情況變得更加清晰之前，根本不應採取任何倉促的行動。或者，這些信息可能表明，所有最初的恐慌衝動都是完全沒有根據的，所有關於厄運臨頭的謠言即使不是惡意的，也是毫無根據的，並且經過仔細檢查，公司實際上非常繁榮。事實上，情況再好不過了。

如果我們有任何實際的常識，我們就是這樣處理我們的商業事務的。

但願我們能以一半的智慧，以同樣"事實第一，行動第二"的商業化原則，來處理我們的私人事務——特別是其中最私密的，我們自己！當我們從生活的外圍轉向其核心時，我們中很少有人能如此明智！當處理僅僅是事物、財產、市場、金錢和商品時，我們還算理智；但是當處理"交易者"，即它們的主人時，我們卻悄悄地發瘋了。在沒有任何證據的情況下，僅僅基於道聽途說和一廂情願或恐懼的想法，我們就斷定我們的生活出了問題，我們有嚴重的缺陷，不幸，甚至被詛咒。因此，我們驚慌失措地掙扎著，尋求我們從未調查過的病症的治療方法，而這種病症可能與我們如此確信的情況完全相反。

但是現在你和我正在恢復理智。我們正變得像處理一項偉大的事業一樣，以商業化的方式來發現我們的真實本性並與之和諧地生活，做我們自己而不是別人。拋開謠言，拒絕恐慌，我們正在尋找確鑿的事實。既然如此，下一步該怎麼做呢？

在我們現代世界，最像商業活動的活動根本就不是商業。它是科學。我指的不是應用科學（看看它所做的那些荒謬和自我毀滅的事情），而是那種純粹的科學或基礎研究，它源於在證據面前的謙卑，源於對既定事實的真正敬畏的臣服，而沒有想著如何利用和濫用它。為了在幾個世紀裡取得如此驚人的進步，它不得不不斷清除各種各樣的一廂情願的恐懼想法和出於自身利益而對事實進行的篡改。這是一項艱巨的任務，一場永不停止的反對偏見和既得利益的鬥爭。現在，如果有什麼東西能夠摧毀我們自大的幻想，或者相反地，摧毀我們可憐和個人微不足道的幻想，那就是這種極其像商業活動、耐心、自我否定、公正的學科，即純粹的科學。如果它恰好認可我們的完全偉大和包羅萬象，或者相反地，認可我們的完全渺小和排斥一切，或者（可能）兩者同時認可，那麼我們最好坐直身體，注意聽。如果我們知道什麼對我們有好處，我們就應該認真對待它的發現，並學會接受它們，無論我們最初的感覺是恐懼、不信、虛假的或真實的謙虛、狂喜，或其他任何感覺。

那麼，科學對你有什麼看法呢？首先想到的答案是：太多了，我們無法在此處或任何其他地方完全理解和處理。然而，我們能夠輕易辨別出你的總體模式。我們能夠勾勒出你作為一個多層次的自然現象系統的簡略輪廓——現象意味著你無數的顯現圍繞著那唯一的本體或實在而排列，而那些顯現正是它的顯現。只要我們敢於發問，科學就已準備就緒，裝備精良，可以揭示本章和本書的結論是無稽之談，或者證實它們是相當合理的。它有資格為我們提供這項偉大的服務，因為它建立在清晰的事實基礎上，並不斷回到所見而非想像的事物上。這座最高聳建築的基礎必須是卑微的感官經驗，沒有感官經驗，它就永遠無法拔地而起，更不用說保持高聳了。

在對你的形象進行簡要勾勒之前，讓我們先指出兩個構成這一勾勒的原則。第一個原則是，你被觀察到的樣子，乃至你本身的樣子，取決於觀察者從何處觀察你，取決於觀察者與你的距離,是靠近還是遠離。第二個原則是,沒有哪一種對你的觀察是"正確"的,能夠揭示"真實的你"。所有的觀察都是正確的,缺一不可,它們共同構成了關於你是什麼的漫長敘述。而且,它們相互關聯,每一個都通過"幫別人洗衣服"來謀生。它們相互依存,彼此都與你所稱的自己的生活和存在密不可分。單獨挑出一種對你的觀察,比如在某一距離範圍內(例如200米到2米之間,A–B段)所揭示的你的形象,並將其標榜為"現實",甚至是特殊的現實,是荒謬的。作為一種表像或現象,它沒有權利擁有這樣的地位。而且,脫離了圍繞那個中心現實C的所有其他區域性表像,這種觀察只是空洞的抽象——那個中心現實C是你那獨一無二的點,觀察者在接近你的過程中始終將注意力集中於此,而這個點正是我們在探究過程中你常常指出的那個"點"。

現在開始內在的旅程,歸鄉,來到那個"點":

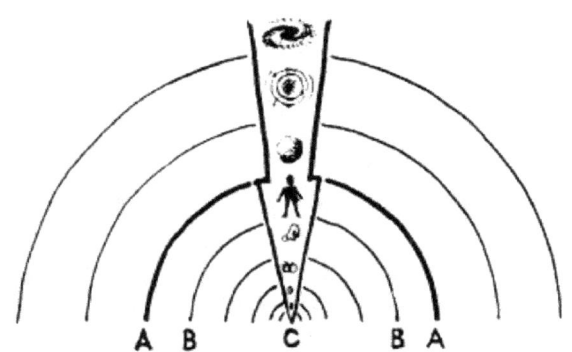

你的裝備精良的觀察者,從遙遠的距離觀察這個"點"c,發現廣闊的空間,點綴著針尖般的光點。它們呈離心狀,以緩慢的爆炸向外移動,超出視野範圍。他所關注的那一個光點變成了一群光點,仍在爆炸,其中一個光點變成了一個螺旋星系(銀河系,我們自己的島嶼宇宙)。這又逐漸讓位於其無數恒星中的一顆（即我們的太陽,我們自己的太陽系),然後是它的一顆行星(地球),然後是一個國家,一座城市,一個家,一個人,一張位於中心大約一米處的臉。你的來訪觀察者配備了一套新的光學和電子儀器,繼續發現他旅程的最後一米中發生了很多事情。這張臉分解成一片皮膚,然後是一組皮膚細胞,然後是其中一個細胞,然後依次是分子、原子和粒子。然後呢？

他是否一直到達整個旅程的"點"？到達真正的你,那個位於整個宇宙景象核心的你？到達你本來的樣子？

在嘗試回答之前,讓我們注意一下在你接受這次穿透裝甲般的射擊,這次揭示的過程中,你身上發生了什麼。你的洋蔥幾乎被剝到了核心。你的資產幾乎被剝奪得一文不剩。你的所有區別性特徵都逐漸消失了——你的天體般的明亮和自我發光,你那不發光而塵世的人性,你作為瑪麗·史密斯或約翰·羅賓遜的獨立身份(作為細胞,你不再是任何類型的人),你的生命(作為分子,你不再活著,並且失去了色彩),你的堅固性和物質性以及獨特的地點(作為原子和粒子,你甚至失去了這些)：直到非常接近"家"時,幾乎沒有任何明顯的"你"留下了。儘管如此,你的來訪觀察者作為觀察者本身,永遠無法完全完成他的旅程,永遠無法揭示那個產生全球顯現系統的中心現實（central Reality）。他永遠無法抓住那顆閃耀的寶石,那顆被投入宇宙之池並引發所有漣漪的寶石。不：他依然是個局外人,與你（此處的"錯過"無異于光年之遙）仍有距離——唯有你才能通過揭示"你真實為何"、"你於你自身而言為何"來補全他的故事,而這真相就在中心處,與你零距離。

## 第十四章　成年階段

與其告訴他（他不是最好的聽眾），不如你展示給他看。你可以邀請他轉過身180度，將你們兩個"無頭"並在一起，與你一同向外看，而不是向內看向你。那時，也只有那時，他才會完美地完成並證實他對你是什麼的漫長調查。在幾乎沒有距離的地方，他發現你幾乎化為烏有。在完全沒有距離的地方，他發現的正是你發現的，發現你化為絕對的空無——那個覺知的空無，它意識到自己是空無－一切。

簡而言之，這就是當代科學在被要求暫時放下其部門化和外圍職責，而變得徹底跨部門、呈放射狀並直指核心時所發現的。在圍繞著客體或第三人稱建立起這個複雜的同心圓系統之後，接近的觀察者不可避免地會將它們編織在一起，並指向它們的共同中心，即主體或第一人稱單數。只要擁有足夠的誠實和徹底性，他對客觀證據的深深敬禮必然會最終變成對他自身的主體的最深敬禮。

這不正是我們喜馬拉雅山但丁式體驗的另一種版本嗎？它被去神話化、充實和更新了。對於本書迄今為止描述的你那宇宙般的宏偉，我們還能期望有比這更有說服力的證實嗎？或者，對於本節開頭概述的、將你視為"畢竟只是凡人"並且遠非宏偉的常識性觀點，我們還能期望有比這更有說服力的駁斥嗎？無可否認的事實是，要成為男人或女人、孩子或成人，你必須無限小於那個，也必須無限大於那個。你無法擺脫你的神秘和你的宏偉。你無法逃避在沒有開始也沒有結束的那一天結束時，成為最好和最偉大、唯一的那一位。

否認你的本質是什麼，便會遭受壓力。

**無頭之境，解壓之地　超越底線**

我們貫穿本書一直在拼湊的關於你的圖景，以及由此產生的應對壓力的技巧，都基於兩位主要證人的證詞，他們的背景差異如此之大，以至於排除了串通的可能性。首先，訴諸顯而易見的事實，我們採納了孩子般的觀察者的證據，他告訴我們關於他自己和既定的世界。其次，我們訴諸經過檢驗的事物，採納了那位務實的科學家提供的證據，他向我們講述了他所謂的自然世界。我們已經看到他們是如何完美契合的。但這還不是全部。還有第三位證人，我們偶爾提到過，現在必須更仔細地審視他。訴諸直覺，讓我們簡要地採納人類學家的證據——比較宗教學和神話學的研究者——他告訴我們關於超自然世界，正如人類從歷史初現時期，在各種文化和地方，一直到今天所體驗到的那樣。現在，如果所有三位證人都同意基本要點，你我就確實應該坐直身體，注意聽。

當我回歸本真、回到自己的核心時，我所發現的——自然科學家在此處所發現的——是：我並非遠處看起來的模樣。我經不起仔細檢視。我被逐步解構，直至抵達時徹底消融，隨即又在全世界範圍內重構。內爆引發外爆。現在，我們的第三位見證者——超自然主義者——對此有何說法？讓我們從可能持對立觀點的證源——一個看似會反駁我們發現的源頭——獲取證據，事實上，就是從被稱為薩滿教的奇異現象中獲取。比起西伯利亞薩滿在夢境和恍惚中的狂野幻象（若非身心俱病，至少也是高度神經質的表現），還有什麼能離"顯而易見"更遠——離直白呈現的事實、離耐心研究的結果、離所有冷靜超然與對證據的深深俯首更遠？

薩滿教至今仍活躍於全球各地的"原始"部落中。某個薩滿雖是部落核心成員，卻在多方面顯得格格不入。職業生涯初期，他顯然承受著巨大壓力，獨自離群索居，行為難以理解——時而狂躁奔走，時而呆滯不動。成為薩滿的入門儀式（他必經的初步體驗）是逐步肢解的痛苦過程。他夢見自己的頭顱被劈開斬斷，四肢也被分解。鮮活的器官被石頭等無機物取代。要完成這場消解，他可能還需忍受大鍋沸煮的煎熬。通過舊我的死亡，他可能發現新自我化作頭頂與軀體的光芒，居於宇宙正中心。此後他掙脫大地束縛，飛越多層上下世界。在那裡，他向靈界居民學習部落所需的奧秘，並獲得治癒之力。這些冒險經歷反復上演後，他自身終得痊癒：器官被更優的替代，精力與智慧顯著提升。他與自然（尤其是動物）的關係變得無比親密，某些案例甚至令人驚歎。最重要的是，他現在能行使治癒疾病的超凡能力。

當然，這個故事的細節因部落和地區差異而大相徑庭，內容也充滿奇幻色彩。但令人震撼且對我們至關重要的，是故事核心要素的驚人一致性——它超越了所有文化差異。用我們這裡的語言來說，它宣告：壓力（無論表現為哪種病症）無法在其自身層面（或看似其所在的層面）治癒，也無法通過直接攀升到更高層次治癒，唯有沉降至最底層——即一切真正治癒之源的底線——才能解決。壓力根植深遠，需要深度療法。那些將患者視為"終究只是凡人"的膚淺緩解法和江湖騙術，根本觸及不到問題本質。真正的療法再徹底不過：它摧毀舊我，按全新設計重建自我。難怪這藥丸苦澀難咽——它可是整個宇宙！那熾烈、冰冷、多層、不可思議的宇宙。要痊癒，就成為整體。薩滿以其迂迴生動的方式（比他奇異的裝束和舉止所暗示的更務實）向我們傳達的正是這一點。

**無頭之境，解壓之地　超越底線**

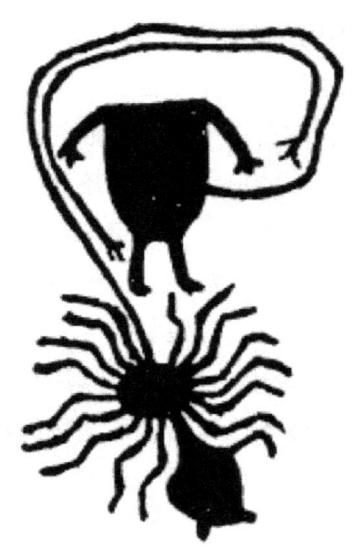

當你失去頭顱時，力量之根便在腹中覺醒

——這似乎是密歇根州梅諾莫尼領地這幅薩滿岩畫傳遞的訊息。

回到本節早前討論的三種應對自身壞消息的方式。

第一種是視而不見，這很不實際。它無法緩解痛苦，但至少不會雪上加霜。多數人這樣湊合著過，既未大幅增加也未明顯減輕壓力。

第二種是絕望慌亂，試圖對尚未診斷的患者接連實施治療。這確實極不實際。往好了說，它只治標不治本，毫無持久效果；往壞了說，它會害死患者。許多指望以此減壓的人，若壓力反而加劇，也不該驚訝。

第三種方式主張先弄清事實，再採取行動。在找到時間和勇氣重新誠實地審視那個所謂的"承受壓力者"之前，不要對壓力

第十四章 成年階段

採取任何措施。屆時很可能會發現（正如我們一再見證的那樣），我們壓力的根源不僅在於誤解事實，更在於顛倒了事實。我們絕非因懶惰或恐懼而疏於檢查"患者"狀況，也絕非隨意忽視，而是徹底顛倒了證據。正如我們在探究過程中屢屢所見，關於自我的傳統或常識觀點不僅荒謬，更是徹底悖謬。壓力滋生於謊言，反之，事實則是壓力的終結者。唯有真理能讓我們獲得自由。

在奧斯維辛集中營死去的猶太女孩埃蒂，實踐了這第三種應對方式——面對你能想像的最壞消息及其帶來的壓力。在本章關於成年壓力的結尾，我再次引用她的話，無需致歉：

多數人只看見生活允許被看見的部分，但我們必須從一切既定觀念中解放自己……如此，即便在深陷痛苦的時刻，生活也會變得豐盛富足。

每當暮色降臨，白晝退去，我踏著輕快的步伐走過鐵絲網圍欄，心中總會湧起一種感受：生活如此美妙而壯麗……

我在內在尋得安息。而這個"自我"，這個我最深邃、最豐盈的部分，我稱之為上帝。

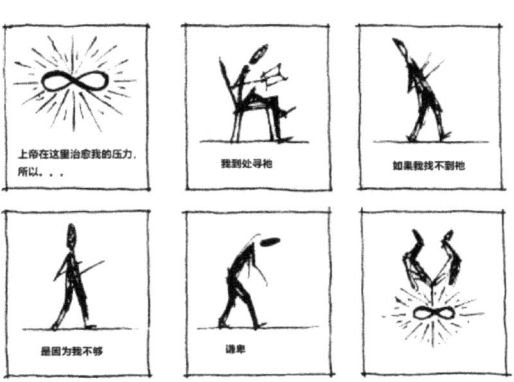

281

# 第十五章　老年

我們在此不打算詳細探討老年問題，主要原因在於前文已涵蓋其大部分內容。尤其是，我們已經討論過抑鬱、孤獨與厭倦。儘管我們認為老年人更容易受這些困擾，但年輕人同樣無法倖免——正如他們也無法擺脫優柔寡斷、失敗感、罪惡感與性問題一樣。這七種困境從童年起便伴隨我們一生。

然而，有兩種壓力狀態會隨著年齡增長而凸顯。其一是對死亡的恐懼——包括死亡的時間、方式與痛苦，以及對死後未知的畏懼。我們將在下一章探討這種恐懼。另一種則是此處的重點：無目的性。它表現為我們曾經追求的目標逐漸消逝（組建家庭、養育子女、求職晉升、樹立理想中的聲譽、為退休儲蓄等等），而新的目標卻未隨之展開。當我們步入七十歲、八十歲甚至更老時，還有什麼能規劃我們的時間、喚醒興趣、激勵行動？當生活既無可為之生、亦無可為之死的事物時，除了習慣或惰性，我們還有什麼理由繼續活下去？難道僅僅因為害怕放手、害怕沉入比老年更無意義的深淵——即死亡本身深不可測的虛無——我們才緊抓著生命中僅存的零星殘骸不放？

對於老年時期無目的性與空虛感的常規解答（至少來自中年人充滿關懷與深思的建議）是：我們應抓住天賜良機學習新技能、精進舊才藝，深入現有愛好，嘗試改變環境，總之振作起來。無

# 第十五章 老年

論這建議多麼合理善意，它有一個致命缺陷：它要求老人不再像老人。它要麼建議他們回歸昔日真實追求過的目標，要麼轉向完全不切實際、人為捏造且無法激發熱情的虛假目標。兩者皆不可行。必須正視的事實是：老人就是老人，與過去的自己已截然不同。試圖通過灌輸虛假熱情讓他們返老還童，就像我年輕時熱議的"猴腺注射"療法一樣徒勞。

我們這些老人暗自困惑（儘管很少說出口）：學習一門永無用武之地的語言有何意義？種植永遠看不到成蔭的樹木有何意義？編織籃子、刺繡跪墊或雕刻小木偶——這些對誰都無半點益處的事——有何意義？拖著疲憊身軀逛完更多美術館，強迫消化系統適應異國飲食，再次睡在可疑的床上、靠行李箱而非家度日，又有何意義？買一輛很快將無力安全駕駛的新車，或定制一棟來不及入住便會離世的新房，究竟圖什麼？毫無意義。一切都是虛空，都是精神的煩惱。不，我們無法重回中青年時期的幹勁與冒險。它們已永遠逝去。若老年人真要活出真實而非虛假的人生，就必須以自己的方式生活。為什麼？因為儘管我們的困擾（抑鬱、孤獨等）與年輕人相似，但承受困擾的主體已截然不同。我們亟需的是能被年老助推而非阻礙的目標、追求與生活方式——不是克服所謂衰弱而達成的成就，而是借由這份衰弱實現的境界。

這要求可不低！真有這樣的生活方式嗎？是否存在一種適合老年、能賦予其尊嚴、意義、靈感甚至——沒錯——動力的活法？我指的不是專屬老人的追求，而是那種適合人生各階段、直至生命盡頭仍充滿活力的目標。或者更理想的是：一個老人特別適合全心投入、甚至可能比以往任何時候都更容易達成的目標。就像童年是"自我人性化"的時期，成年是"表達與發展人性自我"

的時期,那麼老年則是⋯⋯什麼呢?

是"認識真我"的時期。是認識那個超越人性的"自己"的時期。老年尤其適合探索生命的意義,以及體驗者(即自己)的本質。在這方面,老人比年輕人具有明顯優勢,至少有以下四點:

(i)埃德加(Edgar)在《李爾王》中說:"成熟就是一切。"真正的年老意味著被生活啟迪且充滿生活,生命盈滿至溢。就意識層面而言,年老意味著看透無關緊要之事,直指本質;意味著懂得失敗與成功、失去與獲得、墜入深淵與攀至巔峰的滋味——更懂得何者不會如此起伏如悠悠球。它是對人性及其根基的直覺,是辨別金玉與敗絮的能力。若我們未能達到這種實踐智慧的高度(坦白說多數人確實沒有),這不是年齡的過錯,而是因為我們拒絕順應年齡,緊抓著過去不放。擁有年歲的智慧,意味著與你的人生故事同步,與當下的自己同在,最終明辨真偽。這不僅是暢飲生命之酒,更是發現貫穿始終的永恆之味。我們的實驗始終關於那個"何者"——你真正的本質。你究竟為何、為誰。如今你真正成熟,不僅準備好看見它,更準備好活出它。

(ii)要全神貫注、心無旁騖地投入這場生命巔峰的探險,你需要時間。而你現在擁有時間。除非你極其不幸,或是刻意用瑣事填滿日子來麻痹知覺,否則你有足夠的閒暇來完成這項功課。那就行動起來吧。這不僅僅是明智地規劃從職場退休到人生謝幕之間的過渡期——因為偶遇某個值得投入且引人入勝的愛好。更在於:辭去屠夫、麵包師、燭臺匠或其他任何臨時性職業後,你終於開始從事真正的工作——弄清那個"執行者"究竟是誰,以及他是否像屠夫、麵包師等顯然易逝的存在。因此你非但沒有退休，反而接手了有生以來最艱巨、最重要的任務。這絕非輕鬆選擇，而是從多重意義上都堅硬如釘的工作。要出色完成它，你具備全部必要經驗，擁有全天候的時間，以及畢生積累的閱歷、消化這些閱歷的時光，還有這場真正非凡盛宴所能轉化的能量——那足以讓你在生命盡頭遇見靜候多時的"你自己"：盛裝相迎，笑靨如花。

（三）這項事業最需要超然的稟賦，而老年正將其慷慨贈予你。幻滅、失望、未竟的目標，以及那些達成目標後卻未獲預期持久滿足的落差——如今以事後的睿智回望，這一切構成了珍貴而不可或缺的禮物。早年阻礙你認識真我的，是對種種外物的執著追逐：你需要抓住這個，達成那個，緊握其他——那時的激情與需求在於行動。但如今，你終於逐漸超脫於必要行動，也超脫了常為行動而行動的慣性，得以自由地去發現那位"行動者"，去成為祂／她／它。障礙無需搬除，它們自會識趣地消散。

（iv）你正整裝待發，準備啟程生命中最壯麗的冒險——相較之下，年輕時最大膽的越軌冒險都顯得畏首畏尾。你蓄勢待發，不是躍入黑暗，而是躍入你日漸熟悉的光明。你將終止"自己是青蛙"的頑固幻夢，永遠覺醒於"實為美麗王子"的真相。不，是國王。不，是萬王之王。

而他們竟說你大勢已去，說你行將就木！隨他們去吧！

綜上所述，我們擁有老年賦予的四重無價優勢：成熟的閱歷、廣闊的閒暇、卸下如牛馬般背負的重軛，以及偉大探索的臨近。

我似乎聽見你反駁：儘管這些聽起來美好，卻完全不切實際。有多少老人——尤其是終生從未想過探究真實身份的大多數——可能在此階段改變根深蒂固的思維習慣，對此產生絲毫興趣？

對此我的回答是：第一，暫且別擔心他們。管好你自己的事。這本書關乎你我的探索。我們一路同行至深水區的事實，已充分證明這場冒險適合你。若非如此，你早該仍在淺水區撲騰，或更可能像街上任何男女一樣早已離水上岸，擦乾身子穿戴整齊了。

其次，雖然老年時轉向一個全新的興趣的難度確實非常真實，但我們要指出，這更多的是一種文化現象，而非與生俱來的。在人類歷史上的某些時期和某些地方，人們普遍認為老年時期的恰當任務是獲得最終達到自我實現的智慧；雖然越早開始這項任務越好，但開始永遠不會太晚；而錯過老年提供的實現這一目標的良機，就如同錯過了人生的班車，簡直是一場悲劇。這種態度的最顯著例子是古老的印度人生階段範式。簡而言之，這個模式是：首先是兒童和青年時期，他們的任務是學習如何在社會中運作；其次是成年時期，他們的任務是通過工作和養育家庭來為社會做出貢獻；第三是老年時期，老年人的任務是找出是誰一直在做這些事情，他或她真正的身份是什麼，以及它如何融入宇宙的同一性之中。在印度，這種理想的人生模式尚未完全消失。我們當代的西方文化，說實話，幾乎沒有時間考慮這種生老病死的生命設計，也幾乎不知道它的存在以及它是一個真正的選擇。它信奉一種荒謬的，甚至可以說是侮辱性的觀點，即老年只有在不像老年本身，而是模仿中年和青年時才能夠被容忍。但是時代正在迅速變化。我們的文化正處於熔爐之中。這取決於你和我來幫助煽動熔爐下的火焰，塑造從中產生的東西。

## 第十五章 老年

好的,現在讓我們回到你個人,假設你是一位飽受漫無目標、毫無追求的生活壓力困擾的老人。你會怎麼做呢?首先,你可以將那種漫無目標的狀態重新命名為純粹的恩典,為你人生偉大的目標——自我實現——掃清道路。至於所謂的難以到達那個目標,一個字都不要相信。你一直在做的實驗已經一次又一次地表明,看清你是誰是世界上最容易的事情。說保持這種覺察是世界上最困難的事情也並不完全正確。既然它只是如此簡單的重複,直到變得完全自然和毫不費力,那又怎麼會困難呢?因此,這就是你晚年真正的任務。記住,這不是一個人為或刻意的任務,而是比自然本身更自然的事情。你很可能會發現,一旦你全身心地投入其中,從你的本真出發的有意識的生活會如此順利和迅速地到來,以至於你會感到驚訝。最後,關於你我可能會老年癡呆,在去世前失去理智這種令人擔憂的可能性呢?那樣的話,這個取代所有次要目標的偉大目標——自我實現的價值又在哪裡呢?

嗯,事實是,你,那個真正的你,也就是覺知本身,從未擁有過可以失去的心智。另一方面,它所覺察到的,你所有的那些心智活動,在你出生時就像一場巨大的轟鳴的混沌開始,然後組織成一個宇宙,並且在你臨終前或臨終時註定會再次瓦解。這就是宇宙的運作方式,它們被呈現出來的方式。是它們在遭受衰老。那又怎樣呢?它們的本源,也就是你的真正本性,依然不受干擾。

儘管如此,對衰老持悲觀態度實屬自然。預防衰老的最佳保障,就是去認知並活出那個完全不受此類侵擾的本體。雖無法給出保證,但若想保持頭腦清醒,就請將心智維繫於外在、非中心處,同時成為內在那個作為其源頭的"無念者"。保持神志清明的最佳方式，就是看著你的"彈珠"在莎士比亞筆下那"全然透明的甬道與玻璃精髓"中彈跳。莎翁的承諾是：如此你便不會退化成暴怒的猿猴——容我補充：任何猿猴都不會，尤其不會是老糊塗的猿猴。

疑慮仍然存在嗎？嗯，你我都有充分的理由對"第二次童年"感到擔憂。擔憂退化成愚蠢的老東西，忘記我們辛辛苦苦獲得的知識的十分之九。擔憂變成近乎白癡的人，他們的頭腦動不動就會一片空白，以至於我們常常叫不出熟悉的面孔的名字，或者把熟悉的名字和面孔對不上號，或者搞不清今天是星期幾，或者記不起昨天做了什麼。擔憂衰退成愚蠢的老糊塗，對自己和幾乎所有其他事情一樣不確定。進入老年，如果不是完全老糊塗的話。變成安靜的白癡，如果不是語無倫次的話。所有這些以及更多，我們恐懼，這是有道理的。

且慢！這種所謂的"退化"真如我們確信的那般可悲嗎？道家聖人甚至斷言：絕非如此！恰恰相反！事實上，我們恐懼成為的模樣，正精准對應他欣喜已達的境界。在那部中國經典《道德經》中，這位聖人以世俗標準衡量，將自己描繪成十足的殘缺之軀——且反覆如此自陳，帶著奇特的熱情與堅持。我們視為壓力源頭的缺陷，在他眼中卻是瓦解壓力的憑證，恰是成聖的資格。我們與他的唯一區別在於：他清醒認知、欣然接納、徹底融入並由此圓滿自己的"癡愚"；而我們卻在退縮。但不必再退縮了！與其等待歲月將我們推入，不如主動躍入！通過深入"病理性衰老"（它從不曾完全佔據一個人）直至穿越其盡頭，來防範它。就是現在！記住：要確保永不"失去理智"（如常言所說），就先確認它從未真正屬你。無論你多麼失敗，都無法失去從未擁有之

# 第十五章 老年

物。看清這顯而易見的事實,持續體味它,你就能畢業成為一位深藏不露的道家聖人。若你不喜"道家"標籤,滿足於單純的"智者"身份亦可——它僅意味著有意識地成為你真實的本然狀態。

無論如何,這神秘的"道"究竟是什麼?它是"道路"——宇宙運行之道,也是你與宇宙和諧時生命運作之道。它是你真實的內在本質。它近似我們所說的"上帝",更接近耶穌以第一人稱宣稱"我就是道路、真理、生命"時的深意。用本書的語言來說,它正是你的"底線",是珀爾修斯那把致命又治癒的魔法之劍——斬斷使你與上帝及眾生分離的頭顱,讓你與他們絕對且永恆地合一。

這一切都濃縮在中國篆書的"道"字中:由"首"(頭)與"辵"(行走)組成(道——頭,走了)。

# 第十六章　死亡

　　動物和嬰兒自然經歷死亡，他們不會預知即將到來的終結。而對於預知死亡的我們，這種前景在不同程度上帶來深重壓力——尤其當我們不願承認自己知曉時。我們最好認識到：壓力與死亡之間的聯繫確實極為緊密且錯綜複雜，而恐懼正是編織它們的纖維。本章的目的並非剖析這種恐懼，而是穿透它，看清其後的真相。

　　常言道，我們所有的恐懼歸根結底都是對死亡的恐懼。果真如此嗎？你或許認為相反，許多恐懼是對生命的恐懼。但看似對生命本身的恐懼，更可能是對其終局——那場終極對決——的恐懼。事實上，當我們檢視具體恐懼時，往往會發現其底層正是它們暗示或直接構成的死亡威脅。例如我們恐高有充分理由：高處極易墜落喪命。若我們害怕蜘蛛，是因為隱約感覺（或祖先的記憶）提醒：某些大型黑蜘蛛劇毒，為保險起見最好避開所有蜘蛛——除了幼蛛。若我害怕站起來演講，害怕眾目睽睽，我想這與那些大膽闖入我花園的鹿——當我直視時便逃竄——出於同一原因：殺戮者的第一件事就是用目光鎖定獵物。同樣，我們有充分理由害怕事業、運動、愛情等方面的失敗、恥辱與嘲笑。這些不正是死亡進程的序幕與初期階段嗎？不正是最終將我們擊倒、永不復起的首波打擊嗎？死亡本身確實該被畏懼為一種奇恥大辱與終極荒謬：臨終時我們多麼自我封閉、舉止失態、給周遭添亂、面目可憎！它是最確定的結局，也是最不光彩的潰敗。有什麼失敗比"生存失敗"更徹底？有什麼念頭比"每分鐘都逼近這種失敗"更催生壓力？卡爾德隆(Calderón)說，最大的罪過是我們出生。活著是死罪，而我們很快將為此付出代價。令人驚訝的是，這種處境的壓力竟未在官方（卻隱秘）的行刑日前就讓我們崩潰。

若這些思考在我們看來過於陰鬱，或誇張離奇，那恰恰說明我們不願面對事實的程度。這些無可逃避的事實，使得本章——我們探索的倒數第二章——至關重要。現在，我們必須直面《奧義書》中稱為"死神之王"的對手。"你永難逃脫！"他逼近時喊道。他說得對。既然如此，我們轉身直面他，又會失去什麼？戰勝他的唯一機會，是承認他的勝利，但以全新的眼光看待它。通過屈服於威脅、深入其中，並沿著我們日漸熟悉的路徑，希望從另一端走出，來克服威脅。

換個說法：與其在地面上與如此穩固且防禦森嚴的敵人交戰，不如再次嘗試挖掘和坑道作業，深入死亡的根基，盡可能將其瓦解。為此，我們需要精良的採礦工具——謙卑的鏟子、迅捷的鑽頭和強力的炸藥。那麼，讓我們試試這套裝備：

## （一）常識＝謬誤

所謂常識，在涉及自身時純屬荒謬。它適用於他人——即第二、第三人稱時頗為管用，但用在這第一人稱身上就徹底失效。若我真要探究這個最嚴肅的議題而非回避或推諉，那麼問題核心必是我自己的死亡，而非他人的。他人的死亡易於接受，因其稀釋、平淡、相對無害；而我的死亡卻是百分之百的純粹，直擊要害——猛烈無比。若我們的探索闡明了一個事實，那就是：常識與大眾觀點關於我（這第一人稱單數）的一切言論，不僅是謬誤，更是顛倒的認知。舉幾個簡例以作提醒：他們說我通過兩個小孔窺視世界，說孔周圍有張臉，用它面對所見之臉，說我渺小、不透明、確實靈活多變，說我嵌在身體裡……不勝枚舉。可以毫不誇張地說，常識斷言我是什麼，我就很可能（幾乎確定）恰恰不是那樣。由此可得：我可以將常識作為嚮導——只要它說"往北"時我向南，說"攀登"時我下降，說"是"時我回以"不，謝謝，絕無可能！"當常識主義者堅稱我將消亡，我答："諸位請便。你們對我必死性的宣誓，恰是對我永生性的證詞！"

有位熟人以一貫撒謊著稱，但若我將其所言全部倒置，他便出奇地可靠。常識正是這樣的"摯友"。通過其代表（幾乎涵蓋我遇見的所有人），它畢生向我預言生命終局的模樣。因此，真實結局必截然不同。我並非將此視為確證，而是作為指向性證據。"常識＝謬誤"公式提供的雖非炸藥，只是鎬鏟，但仍是展開挖掘的利器。

## （二）你本非此類

世人皆有一死，每個張三李四都不例外。但這些凡人——根據他們自己的表現及你我的仔細觀察——究竟是什麼？

他們是背景前輪廓分明的渺小物體，如他們沉睡時倚靠的原木般不透明且實在。他們四處奔波，定期將異物塞進頭部的齒洞。他們持續朽壞，終將變質。這些正是死神標記認領的所有物。終有一日他們會徹底腐壞，躺下不再起身，呼吸停止，冰冷僵硬，被火焰或蛆蟲分解。若你與他們別無二致，你必入此行列。現在就看看你是否屬"將死型"。

## （三）死者不再死

沒錯，那些人的確活著——所以他們才會死。但你呢？現在就審視一下：你不是早已以最戲劇性、最徹底的方式——斬首——經歷死亡了嗎？得了吧，你總不會被斬首兩次！

要絕對確定你永遠不會失去生命，就要確認你根本沒有屬自己的生命可失去。

若你認為我在開玩笑，或簡直荒謬，請再思考。允許你的"洋蔥"再被剝開一層。以科學的威望與力量為證，它堅稱：在你存在的核心處，你比門釘更死氣沉沉——死得多得多。容我提醒：在一兩米外，你看起來是人類，活著，實在的。

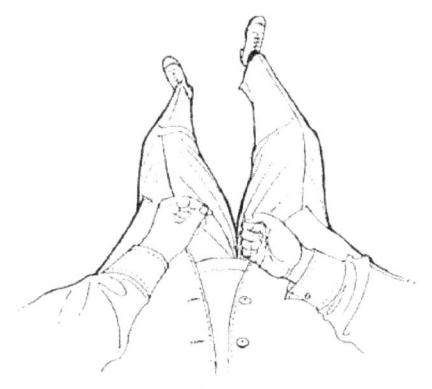

要絕對確定你永遠不會失去生命，就要確認你根本沒有屬自己的生命可失去。

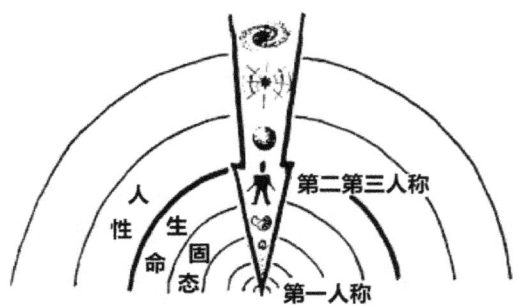

在一釐米距離，你顯得有生命卻遠非人類；在一毫米距離，你顯得堅固卻既非人類也無生命；當距離繼續縮小，連那點虛幻的堅固感也被驅散，你幾乎無物可顯。最終，在零距離處，你親眼所見：這裡找不到人性，沒有生與死，毫無堅固或實質，只有對他人身上展現的這層層屬性的覺知。你享有的所有生命都是他們的生命——那些出生因而必將死亡的眾生的生命。既然你本無屬自己的生命，你便是世界生命不朽的承納者。哪怕一絲個人生機的火花或顫動，都足以簽署你的死刑令。

射向你的箭矢或子彈——任何從彼處來襲之物——必須穿透你層層區域的巢穴，在其中逐漸消解物質性，使作為第一人稱的你毫髮無損。我們在深處知曉這點。比如聖克裡斯托弗（St Christopher）的傳說：他肩負基督孩童渡河。在他殉道時，射向他的箭全都未能擊中目標。於是他被斬首：不過這沒關係，因為他本來就是無頭的！

## (四)覺知,這個"無物"只在此處,只在當下

沒有任何事物能夠覺知事物。即使搜遍整個宇宙,你也只能在作為搜尋者的自己身上找到覺知——你這個不是物體卻能容納萬物的存在,你這個空無自我卻因此包容一切凡俗事物的存在。

覺知在哪裡?只在此處。覺知在何時?只在當下。能被記憶或預期的只是覺知的內容,是它呈現的短暫景象,而非覺知本身——它永不消逝、永不改變、永不停歇。其他人作為"他者",顯然會睡覺、昏迷、被麻醉甚至死亡。但對你這個"第一人稱"而言,這些顯然都不會發生。你不會經歷"晚上入睡"和"早晨醒來"之間的覺知空白,也不會在手術臺上經歷覺知中斷。當然不會:因為你本身就是覺知——與覺知對象截然不同,覺知永不間斷。對真實的你而言,既無生也無死,甚至不會有瞬間的意識喪失。

難怪作為覺知的你不來不去、不被開關,完全超越時間。難怪你根本不在時間之中,反而是時間存在於你之內。根本原因在於:從核心本質上說,你根本什麼都不是,因此不變,因此永恆——在沒有事物記錄時間的地方,時間就不存在。證畢。

當你把手錶舉到眼前時——或者我該說舉到"我"前?提醒自己看看你所在之處的時間吧。

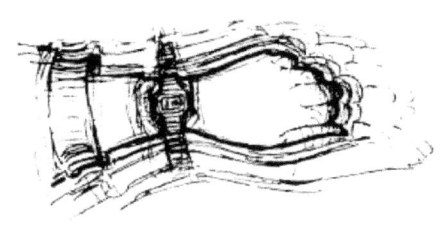

## （五）瀕死體驗

對你而言，死亡並不存在——這一事實將在你（根據外部觀察者的判斷）瀕臨死亡時得到驗證。那些從重病或事故中康復的倖存者所講述的瀕死體驗，實際上根本不是對死亡臨近的體驗，而是對死亡無限退卻的體驗——取而代之的是一種被解讀為永恆的光與愛。這些故事雖驚人地一致且鼓舞人心，但作為道聽途說而非當下可驗證的一手證據，嚴格來說並不能證明任何關於死亡的真相。不過，它們確實強化了我們在其他更確鑿基礎上得出的發現：你真正所是的那個"什麼"和"誰"，遠非易朽之物，而是唯一不朽的存在。

## （六）死亡的退卻

死亡（我指的是自己的死亡）這種奇特的習性——不斷退向遠方、難以捉摸——早在瀕死體驗出現前就已顯露。眾所周知，許多睿智的老人（不僅限於我們這些糊塗蟲）在八十歲時對死亡的臨近感，並不比十八歲時更強烈。值得注意的是，我們並不感到時間緊迫，也不覺得生命將盡。我們不會清晨醒來時顫抖著擔心能否活過今天或這周，也不會懷疑自己能否看到下一季盛開的水仙。我們此刻並不覺得自己比風華正茂時更短暫。但更關鍵的是，這種"永葆青春"的信念並不會投射到他人身上。他們明顯在衰老——可憐的人啊！每次來訪都更遲緩、皺紋更深、白髮更多，顯然離墳墓更近一步。唯有"第一人稱"享有這種"荒謬的"不朽確信。單獨來看，這不算確鑿證據。但結合前五章內容，這

# 第十六章 死亡

絕對是一條不容忽視的線索。不妨常備此念，不失為一件利器。

那麼，這就是你的工具，你那用來深入挖掘死亡問題的裝備。當你在礦井最深處掘進時，會觸碰到什麼？不是沙土，也不僅僅是緩解死亡恐懼的"白銀"，而是純粹的"黃金"。就在這礦井的最底層，寶藏再次顯現。

這寶藏究竟是什麼？它正是你從死亡中想要得到的——不多不少，恰如其分。它分三步呈現：首先，你會發現你想要的是鏡中人和護照上的那個"你"繼續活下去。其次，你會明白你真正想要的是——當那個"他"活夠了、完成了使命時，就該安然離世。最後，你真正、真正渴望的是——作為超越生死的本源，你希望生命與死亡及其所有壓力，都恰如當下在你之內的運行方式那樣繼續下去。這第三步終結了所有恐懼之下的根本恐懼——對死亡本身的恐懼。在你的"底線"處，世界及其生死、恐懼與壓力，都觸底了——而你，滿足了。啊，多麼滿足！

與其只是描述這個"觸底"的過程，不如讓我們再仔細看看它。

## 實驗22：再次向證據致敬

你需要一張卡片，上面有一個頭部形狀和大小的洞——我們在之前的實驗中用過它。

最好站在戶外，或窗前。

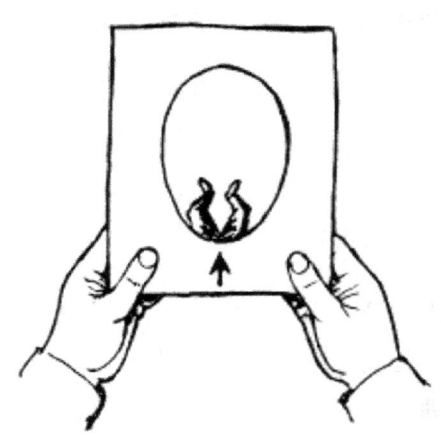

在整個實驗中,專注盯著洞的底部邊緣——就是我標記箭頭的地方。

將卡片舉到一臂遠的距離,讓遠處的景色填滿那個洞……

慢慢將卡片拉近,讓更近的景色填滿它……

現在,緩緩將它完全拉近,貼合在你的"臉"上,讓最近的景色填滿它——包括那些倒置的小腿,和截斷的襯衫前襟……

多麼奇妙,多麼貼切啊!像一件破舊襯衫這樣微不足道的東西,竟能揭開一切奧秘中的奧秘,一切寶藏中的寶藏!看啊,死亡之王被擊敗了。

通過這最卑微的"退出生命"的方式,你已徹底死去。因此,你永遠擺脫了死亡,並在它的遊戲中擊敗了它。徹底地。而現在,死亡成了你真正的朋友——它讓你不必再扮演瑪麗・羅賓遜、約翰・史密斯,或是任何人。也讓我不必再扮演道格拉斯・愛迪生・哈丁(Douglas Edison Harding)。只有它,再無其他。多麼大的恩典啊!

# 第十六章 死亡

## 聖杯傳說

在本章關於死亡的討論中,我們一直關注的是它暴露在光明中的那一面——清晰明確地呈現在意識中,一覽無遺。但死亡當然還有另一面:模糊、幽暗、隱秘,且無比複雜。這一面對我們應對壓力的目的至關重要,正如它對整體健康和生命本身的重要性一樣。它以幻想、夢境、民間傳說、傳奇故事、神話、宗教教義和儀式等形式呈現——這些形態都如此朦朧難辨。

此刻,我從這片幽暗密林——這片廣袤無垠、難以馴服的荒野中——為你我採擷了一朵特別的花:聖杯傳說。因為它比其他傳說更能體現死亡與蛻變的土壤,也是這片神秘地帶植被的絕佳代表,充滿野性的活力和多樣性。不過在細看這個精選範例之前,我想先談談它的生長環境——也就是神話的普遍意義,以及它們對我們探索壓力(尤其是死亡壓力)的重要性。

神話就像世界的紙幣,面額從一文不值到價值連城不等。有些相對嶄新潔淨,有些則皺皺巴巴、破舊不堪,幾乎無法流通。有些早已失去法定價值,還有不少是粗劣的贗品。我們隨身攜帶著這個混雜可疑的錢包,卻無法擺脫它。但有一種通貨絕不可疑——它像乘法表一樣全球通用——那就是"永恆的偉大神話"。它給每個人都提供了一本厚厚的旅行支票(可以這麼說),全球都能兌現。迄今為止,這個"神話中的神話"是最有用、最持久的,已有百萬年歷史,至今仍在流通。它幾乎從未受到質疑,被視為理所當然的"鐵律",甚至不被看作神話,而是神賜的自然法則。它文雅的名稱叫"常識"(Common Sense),粗魯卻真實的名稱叫"無稽之談"(Non-sense)。我們可以用公式記住它:CS=NS。它的格言是："我就是我看起來的那個凡人"。它的標誌是一根指向四面八方、卻唯獨不指向內在不朽的手指。在漫長的鼎盛時期，這個神話曾極具活力與生產力——但代價高昂。過去這個代價雖高卻尚可承受，如今卻已得不償失。事實上，它正迅速適得其反，甚至可能引發種族滅絕——或者該說是"萬物滅絕"？它始終是製造有毒壓力的罪魁禍首，也始終是神聖不可侵犯的——神聖到凡人根本無法清醒意識到它，更遑論質疑了。

是的：確實存在壞的神話，也存在好的神話。它們屬每一個時代。如果你對此有疑問，想想人類不得不忍受的所有極權主義神話吧。

其中最為陰險且持久的——在某種意義上最為極權的神話——是這個自詡為"常識"、以其備受尊崇的頭銜而驕傲自滿的超級神話。好消息是，它有三個不可調和的敵人。第一個，如我們所見，是幼童。第二個是非凡的常識（別名"恢復理智"和"用心觀察"），這是本書存在的根本理由，也是我們實驗的全部意義所在。可以稱之為激進的去神話化。它的任務是耐心地用鎬、鏟和炸藥，瓦解敵人的堡壘。第三個看似與敵人站在一邊，實則是強大的盟友。可以稱之為激進的再神話化。它的任務是協助同樣的挖掘和破壞工作，使用一套古老神話和民間傳說的強大工具箱，這些工具經過調整和潤滑，適應當代需求。因此，它們被重新投入到它們一直以來的任務中——那些古老的美好故事，顛覆當代壞神話的工作。珀爾修斯（Perseus）與戈爾貢（Gorgon）的故事就是一個典型的例子。我們已經看到，這位英雄如何忠實地對付蛇髮女妖——那位"常識女士"，她將所有注視她的人"物化"；他如何因此戳穿了常識關於第一人稱與第三人稱對稱的謊

# 第十六章 死亡

言,並清除了常識帶來的對抗詛咒。另一個例子是《珍珠之歌》(Hymn of the Pearl),它已經為我們揭示了許多關於死亡與轉化的智慧,以非凡的常識和獨特的魅力。還有更多內容將在下一章中呈現,正如你即將看到的。

不過需要提醒的是,對於這些"美好神話"能否作為證明我們真實本性及生死意義的證據,我持謹慎態度。我對它們點頭致意而非頂禮膜拜,將它們置於證人席上。正因我如此重視它們,才要以感恩而審慎的態度從中提取所需證詞,剔除那些無關緊要或混亂不清的部分——而這部分可不少!我正進行一場生死攸關的審判,因此必須堅持:花一分鐘凝視那個"正在看出去的那個我",比花多年研讀弗雷澤(Frazer)、坎貝爾(Campbell)或伊利亞德(Eliade)的著作更重要。這是必然的,因為除非將注意力180度轉向"閱讀者"本身,否則我無法驗證所讀神話對我生活、愛與死亡的真正意義。我用此處的直接證據檢驗彼處的間接證據,用親身體證衡量旁證材料,以"我所是"驗證"我所擁有"。唯有如此,我才能在世界神話的幽暗密林中點亮火把,開闢道路。而後呢?多麼令人安心啊——當我在這片迷人森林中(它容易進入卻難以脫身)不斷邂逅那些簡單發現的佐證與深化。真實的神話釋放出令人心暖的解放力量,與虛假神話那種令人戰慄、缺乏愛的蠱惑力形成鮮明對比。關於生死的救贖知識及其蘊含的喜悅,就這樣從清晰認知沉澱為深切感受,從冷靜領悟滲透到熱血沸騰,從"無頭的我"流淌至我的心臟與骨髓——而非相反方向。

但丁再次道破真諦——

蒙福的源頭在於看見,

而非隨後產生的愛。

——但丁的詩句（我多希望用加粗大寫字母印滿全書）

於是我們來到12世紀盛行于英法的聖杯傳說。這個關於愛（雖非愛情故事）的傳說中，"看見"始終佔據優先地位。這個在當時已極其複雜（卻出奇地未完結）的故事，在後世歐洲各國衍生出各種續篇：有的結局圓滿可信，有的則充滿懸疑。為達探討目的，我從這個包羅萬象的神話中選取以下核心片段。

聖杯最初是耶穌最後晚餐時盛載逾越節羔羊的淺盤，後世傳說逐漸將其與耶穌飲酒的杯子混同——據說這杯子後來還承接了十字架上滴落的鮮血。更神秘的版本認為，它是路西法墮入地獄時從其冠冕上墜落的寶石，一塊保留著天國特質的翡翠。無論如何，它被視為最神聖的器物：擁有不可思議的魔力，是不死者的護符，永恆真理的容器。因此，尋找聖杯成為亞瑟王圓桌騎士唯一值得追求的使命。無論危險多大、耗時多長、成功幾率多渺茫，這都成為他們畢生的摯愛追求。

踏上聖杯追尋之旅的騎士根本不知該去往何方。他只能漫遊，依靠上帝與運氣指引。若有幸歷經奇遇，會抵達一座聳立在荒蕪之地中的輝煌城堡——聖杯就在其中。城堡主人是神秘的"漁夫王"，一位大腿或生殖器受創的病人。他無法親自觸碰聖杯獲得治癒，但敞開的傷口使他無法死去，而他持續的病症正是土地荒蕪的根源。奇怪的是，他仍有體力去釣魚——唯有垂釣時，他才獲得片刻安寧。

騎士在城堡中目睹聖器遊行，其中一件光芒四射的器物——

他認出那就是聖杯。此刻他本應追問："聖杯為誰而存在？它供奉何人？"但他錯失良機。次日清晨醒來，城堡已成空城，聖杯消失無蹤。只因未能提出關鍵之問，眼見聖杯卻未悟其義。某些典籍記載，對"聖杯為誰而存在？"的正確回答是："為聖杯王而存在。"而這又引出更深的詰問："聖杯王是誰？"

在另一些版本中，一位純真的愚者騎士來到城堡，意外治癒了漁夫王的創傷。這使國王終得善終，隨之荒原重現生機，生命得以更新。聖杯的完整意義於此顯現——愚鈍的騎士反而參透了死亡與重生的奧秘。

## 聖杯傳說的解讀

這個形態多變、支離破碎的故事，對每個覺得它意味深長、令人不安或莫名著迷的人而言，都能從中找到屬自己的意義。有人淺嘗輒止，有人大快朵頤——這正是神話的妙處：能為眾人提供萬千解讀。以下是我的理解，如同簡約的自助餐任君挑選：

### (i) 神奇餐盤

你或許已意識到，聖杯餐盤不過是"生命底線"與"世界盡頭"的另一種稱謂。這個命名恰如其分——就在我這襯衫前襟終止之處，是宇宙為我獨設的餐位。何等豐盛的筵席啊！從"不存在的"廚房的不可知深處，端到我面前的是一道名為"存在"的神聖菜肴：熱氣蒸騰、香氣四溢、精心裝盤，啊——還帶著辛辣滋味。多麼琳琅滿目的菜單（既有單點也有套餐），多麼慷慨的分量，多麼周到的全天候服務！卻無人知曉主廚是誰，更不知他如何獨自完成這一切。

這就是生活。

聖杯餐盤的另一個用途是呈上死亡。它曾盛載獻祭羔羊的身軀，後來又承接被釘十字架之主的熱血。在這裡，人不是食客而是被享用的菜餚。在這裡，人被"裝盤"了（"裝盤"這個英語詞在美國不常用，意指徹底失敗）。在這裡，人被徹底"伺候"得恰到好處，被擊敗、被焚毀，不是被餵養，而是對這一切感到絕對的厭倦。

當我在此處感受聖杯時，神秘地獲得了調和這兩種完全對立用途的能力，幾乎無需言語。我莫名地能夠為死而生，為生而死，而不必反復向自己解釋這個雙重悖論。此刻，聖杯就是我的餐位——在這裡，我既充滿世界又被世界掏空，從而卸下它的重負。正如我在探索之初就發現的。

### (ii) 聖杯體驗與聖杯意義

T.S. 艾略特（順便一提，他的《荒原》（The Waste Land）正是聖杯主題的變奏）在另一首詩中有句："我們有過體驗，卻錯失了意義。"他說的正是那位騎士——在漁夫王城堡目睹聖杯遊行，卻任其經過不發一語，未提出任何疑問。由於未能認識珍寶，他失去了它，至少暫時如此。

他在踏上征途時的任務和目的是什麼？並不是在發現聖杯後，將它帶到亞瑟王的宮廷，讓所有人連同勇敢的發現者一起讚歎。不，他的目的是去看聖杯，而不是佔有它。聖杯將其豐饒的禮物賜予那些接納它的人，而不是試圖奪走它的人。這些禮物就

第十六章 死亡

在那裡,免費的給予,與觀者的任何功績或行動無關。儘管如此,在他準備好接受並從中受益之前,他需要重視這些禮物的來源,認真對待。否則,就如同他從未找到聖杯一樣。就像他在一家舊貨店裡發現了光之山鑽石(Koh-i-noor diamond),清楚地看到了它——卻只當它是垃圾——然後像來時一樣貧窮地離開。

不得不承認,我猜十個讀者中,會有五個根本不做這些實驗。而做了實驗的五人中,三四個會說:"我當然看見了。可那又怎樣?"——或許伴著一聲歎息,又或是世故者厭倦的哈欠?對此我只能回答:"這意味著你與別人告訴你的完全相反。意味著你是不朽的光輝。意味著你由神構成。意味著萬物皆屬你、源自你、歸於你。還有太多,太多。僅此而已。僅此而已!"說完這些,我只能放棄。現在轉向你,我親愛的讀者——你不僅完成了實驗,更以孩童般的真誠將其銘記於心。你是治癒漁夫王、讓王國重獲生機的那位純真騎士的合格繼承者。我要對你說:"看啊,這安排多麼完美——你真正是誰的景象永遠不變且完整,你所看見的意義無窮無盡,能不斷豐富。觀察你如何需要兩者結合。只要稍加時間和關注,它們就會自然交融、密不可分。"

聖杯為聖杯王而存在——這句話蘊含著深刻的意義。聖杯不屬騎士,也不屬你我的世俗身份。事實上,以凡人之軀,我永遠無法看見我真正、真正是誰。作為瑪麗·羅賓遜、約翰·史密斯、道格拉斯·哈丁或其他任何身份,我的真實本質始終對我隱藏。當我見證這個終極真相時(我怎可能錯過?),我所見的是我們共同的本體——那唯一真實的存在。領悟這一點既令人謙卑,又令人昇華。這意味著你我在此共同進行的雙重"自我工作"——認識並珍視我們的真實本性——是為整個世界而做的工作,是最崇高的事業。我們的覺醒必然惠及眾生，只因我們本就是眾生。那麼，這個作為你的珍寶、生命底線與世界開始與終結的聖杯，究竟為誰而存在？不是作為凡人的你，不是作為負傷漁夫的你，而是作為"人的漁夫"的你——作為一切、王中之王、獨一不朽者的你。得救就是成為祂，而成為祂就是拯救祂的世界。

### (iii) 荒原之境

騎士並非在什麼瑰麗奇境中尋得這神奇的聖杯，而是在一片荒原中央。這片空寂的不毛之地究竟在何處？它就在你此刻所在之處——在你繁忙世界靜止荒蕪的中心點。在這個圓心位置，你已拋卻了神聖性、塵世性、人性，甚至拋卻了生命與存在本身。在這裡，你比死亡更死寂。唯有當你清晰看見並全然接納這點時，你才足夠空無、足夠豁裂，才能被復活的生命之流浸透——那滋養整個世界生命的活水。當你毫無疑問地確認自己就是這片可怖的荒原時，聖杯便在此顯現，它湧動的活水早已將你充盈漫溢。

### (iv) 漁夫王

聖杯傳說中最神秘的人物——正因如此，或許也是最需要我們正確解讀的角色——就是那位臥病在床的漁夫王。他腹股溝處的奇怪傷口象徵什麼？為何這傷口既讓他超越自然壽命存活，又拒絕癒合？這位王室病患究竟如何、又在怎樣荒涼的海岸垂釣？為何這成為他唯一的慰藉？他釣到的是滿筐肥美的鮭魚，還是些鰻魚和偶爾的破靴子？或是前所未見的深海怪物？

我們不難從這個拼圖中辨認出一個熟悉的身影。姑且稱他為"國王先生"。國王先生深知自己病了——厭倦了無能與不育，這

## 第十六章 死亡

讓他所有的抱負與社會地位都成了笑話,更別提那折磨人的渴望。他嘗試了正統與偏方療法,卻未見好轉。他深入涉獵各種心理治療,卻不確定它們是在緩解還是加重他的壓力。絕望中,他考慮接受一個可能持續數年、且永不會真正完結的分析治療。與此同時,他閱讀關於潛意識海洋的著作,期待從中獲得啟示——至今徒勞。那些象徵與原型組成的奇異動物園令他著迷。他懷抱微弱的希望:終有一天這些影子生物會組合起來,使他完整,恢復他失去的活力與創造力。他確實夢到並記錄下其中一兩個朦朧身影。至於其餘的,每晚入睡前,他都會為它們投下一線希望的釣鉤。

是的,國王先生處境不妙,但至少從這項愛好中有所收穫。雖然可能徒勞無功且時有壓力(他會這樣告訴你),但總比什麼都沒有強。做個永遠期待轉機的米考伯先生(Mr Micawber),總比當個無名小卒強——他是這麼說的。

我想你會同意,國王先生——也就是傳說中的漁夫——其實並不陌生。甚至可以說(只需稍作調整他垂釣的目標)他近在咫尺。那麼,那位幫助漁夫康復、最終使其安詳離世、讓土地重獲豐饒的純真騎士又是誰?剝去隱喻的外衣,他成功的秘訣究竟是什麼?

讓我們繼續國王先生的故事。被病痛逼至絕境的他,在一位天真而智慧的朋友鼓勵下(或許還蒙受天恩),回歸至簡,回歸顯而易見的真相。終於鼓起勇氣直視時,他收回"垂釣總比空等強"的說法,轉而領悟:沒有什麼比"空無"更珍貴。世間萬物、芸芸眾生,都無法與他親眼所見的"無物之我"相比——因為那分明就是"萬有"。

　　於是，他不再徘徊在"虛無之海"的岸邊，指望為自己釣取什麼珍寶，而是縱身躍入海中。他成為了海洋本身——那孕育無限可能、蘊含無限存在的海洋。這一次，他終於釣到了生命中的至寶——那條從未溜走的大魚。他釣到了整片海洋。

　　他經歷了終極的死亡，因而活出了終極的生命。不再是那個虛弱永遠失望的垂釣者，而是成為統禦萬有、永遠健康的聖杯之王。要看見祂（也就是成為祂），只需逆轉你的注意力。

　　此刻。

## 第十七章　彼岸

　　無數人活過又死去，與其說他們害怕死亡，不如說他們更恐懼死亡之後的世界。過去，只有極為聖潔或極為自信的人，才能在臨終時完全確信自己能逃脫那永無止境、極端殘酷的折磨——被鉤子撕碎，被叉子投入熾熱的熔爐，像龍蝦一樣被活活煮沸在沸騰的大鍋中，或被永遠禁錮在永恆的冰霜之中——這一切都在一個被魔法醃製過的身體中承受，永不腐爛，且意識永不減弱。這種折磨，以及更多，發生在一個與人們居住的城鎮街道和房屋一樣真實的地方。這個地方的方向如同頭頂的星空般精確，但其距離卻近得微不足道。地獄，這個宇宙中龐大且擁擠的酷刑室，就在腳下，而且並不那麼深遠。噴發火焰的火山和湧出熱水的間歇泉，進一步證實了由牧師、主教和教皇，以及神聖文獻本身所描繪的那幅恐怖的地下世界圖景。

　　這就是我從嬰兒時期被教育要毫不質疑地相信的圖景，所以我知道自己在說什麼。那種感覺和壓力是難以忘懷的。雖然天堂對我來說遙遠而模糊，幾乎不構成什麼問題，但地獄卻非常真實且危險。有一位名叫貝爾的先生，一位德高望重的長者，身材高大，留著長長的白鬍子，莊嚴肅穆地宣講末世論，他的地獄烈焰佈道讓我在十二歲時確信，我（一個註定要下地獄的罪人，如果真有這樣的罪人）必須趁還有機會，加入得救者的行列。在此之前，每當我無法立即找到父母時，我都會驚慌失措，唯恐他們已經與其他的聖徒一起，在主的第二次降臨時被悄悄帶上天堂，而我，與其他迷失和邪惡的人一起，被留下來等待地獄的尖叫和呻吟、咬牙切齒，以及那永不熄滅的烈焰。

如今，我們喜歡將我們輝煌的教堂和大教堂遺產視為對全能上帝恩賜的崇拜和感恩表達。它們擁有精美的音樂、絢麗的彩窗和華麗的祭服，再加上朝拜者們溫馨的團聚，對於建造它們的人來說，這些建築一定像是天堂的預覽。的確如此。但還有其他考量。這些建築也是甜頭、赤裸裸的賄賂，或者說是支付給"天上的保險代理人"的保險費，目的是最大化自己加入天國的機會，而不是被扔進那個可怕的地方。我懷疑，與其說是喜悅或感恩，不如說是恐懼催生了沙特爾大教堂、亞眠大教堂和羅馬的聖彼得大教堂。這些虔誠的宏偉建築，以及各種朝聖和苦修，都是為了對沖地獄可怕風險的小額投資。唉，它們最多也只能減少一個人在死後被送往全能上帝的"集中營"永受折磨的可能性。相比之下，我們的貝爾森和布痕瓦爾德集中營簡直像是豪華酒店。

當然，我們現代人不會愚蠢到相信這些荒唐的說法。我們對這種曾經幾乎通行的"彼岸"圖景感到驚奇、嘲笑和厭惡，尤其是它的下半部分。倒也不是說上半部分有多好。根據一些最優秀的中世紀神學家的說法，蒙福者在天堂俯瞰他們成功避開的場景——下方受詛咒者永恆的痛苦——時所享受的滿足感，我們該如何理解呢？我們確信自己已經遠離了那些充滿惡劣迷信的時代，以及它們可怕的末世論所帶來的壓力。

這樣的說法或許過於簡化。幽冥之境並未被廢除，而是其地理格局已被重新定義。地獄已悄然融入現世，卻不引人注目。那些痛苦與折磨依然存在。在此番探索中，我們將地獄定位在"世界邊緣"與"生命底線"之上，確確實實存在於每個人今生可及的體驗範圍內。要避免永久困在這個地獄中，要應對這依然兇險的威脅，方法既非將其推到來世然後遺忘，也非輕率否認其存在，相反，我們必須直面它，強調它近在咫尺——比"近"更近。我們向證據深深鞠躬，然後向下穿越這片煉獄，前往的並非某個"存在的彼岸"，而是"不存在的彼岸"，當然也不是任何超越我們熟悉世界的來生。不：現世的地獄已然足夠——那個在此刻此地我所在之處收縮沉淪至最低點的地獄，那個彙聚於某一點隨即爆裂成我們這個從粒子到星系的廣袤世界的地獄。這個世界，正是天國降臨塵世的模樣，是從其源頭被如實觀照的世界。在此之外並無其他天堂或地獄：有的只是空，是既不具高度寬度深度、也不占時空甚至容不下一粒塵埃的深淵。

這條底線之下的深淵，這個超越天堂地獄與存在本身卻絕對真實的彼岸，對我們至關重要——因為它恰是我們的避難所、治癒之地，也是我們所有毒性壓力的最終歸宿。在這調查的終章，我們將借助某些宗教與世俗傳統，勾勒這個"無位之所"的完整圖景：那裡無處安放枕頭，也沒有需要安放的頭顱。

## （一）基督教中的彼岸

首先轉向我們西方的靈性傳統。歷代神秘主義者要麼忽視要麼蔑視官方描繪的死後圖景——更不用說那些流行的扭曲版本。他們遠離那些困擾我童年的噩夢般的來世幻想。

對這些神秘主義者而言——正如我們在此研究中所發現

**無頭之境，解壓之地　超越底線**

的——天堂與地獄存在於當下而非未來，在此處而非彼岸，屬現世而非來世。它們非但沒有遠離我們，反而日夜與我們同在，完全屬我們今生此岸的範疇。超越生死之外，才是真正的彼岸——那是生命與死亡、時空及其無數形態全然神秘、不可描繪的源頭。這個萬物的起源，因其不具備任何造物的屬性，只能通過對比以否定方式被認知：無空間、無時間、無邊界、不可想、不可捉、全然玄奧。而正因它如此純淨無染，完全擺脫了造物必然攜帶的烙印、局限與缺陷，它成為了它們的淨化劑、終極解藥與唯一持久的療愈。這個無與倫比的源頭與資源擁有諸多名稱：存在之基（我們稱之為"生命底線"）、神性（我們稱之為無枕可依的無首之首）、深淵（我們稱之為超越深度的至深）、不可言說者、神聖黑暗、荒漠、非神（我們稱之為既不具備神的積極屬性也不具備魔鬼消極屬性的存在）等等——每個名稱都拙劣不足，甚至可能造成誤導。所幸真正重要的、能緩解我們痛苦與壓力的，並非我們對"偉大彼岸"的認知（它絕對不可知，甚至對自身亦然），而是我們對它的直接感知。令人欣慰的真相是：唯有它能被清晰看見，因為唯有它如此簡單、如此明晰直白、全然顯現，絕不可能被誤認。唯有它能被完全獲得，因為唯有其中空無一物可得。唯有它能抵禦並修復時間的摧殘，因為唯有它超越時間。唯有它能被全然信賴，因為唯有它既不依賴也不需要任何基礎：它擁有神奇能力，能憑自身力量從虛無中升起。如果你無法信任那個擁有這種不可思議智慧的存在，你還能信任誰或什麼呢？

　　遇見這位"壓力主治醫師"並接受其治療的方式——事實上也是體驗祂的唯一方式——就是通過祂自身來體驗祂：這實際上意味著成為祂。因此，儘管祂仍不可言喻地陌生、難以觸及且令

## 第十七章 彼岸

人敬畏,卻又不可言喻地顯而易見、親密無間——比"親近"更親近,比"親密"更親密。清醒地說,祂之所以既珍貴又令人震撼,是因為——無論是實際還是隱喻意義上——祂徹底顛覆了我們。準確地說,我為祂神魂顛倒(更確切地說是"無頭可倒")地癡迷。

以下是從傳統中隨意選取的關於這位可愛療愈者的描述(祂的治療方法包括將病人倒置):

埃克哈特大師(Meister Eckhart):"當靈魂缺乏合一時,就從未真正愛過神,因為真正的愛在於合一。"(此處埃克哈特實際指的是神性。)

"若你將神當作神、靈、人格或形象來愛,這些都須摒棄。那麼我該如何愛祂?愛祂的本然:非神、非靈、非人格、非形象——純粹、清澈的統一體,遠離一切二元。在這太一中,讓我們永恆地從空無沉入空無……"

"終極為何?是永恆神性黑暗的奧秘——它不可知,從未被知,也永不會被知。"

聖十字若望(St John of the Cross):"那些最完美認識祂的人,最清晰地感知到祂全然不可理解。"

亞略巴古的丟尼修(Dionysius the Areopagite):"祂無相的本性生出萬相。在祂之中,'非存在'是存在的滿溢,'無生命'是生命的滿溢,'無心智'是智慧的滿溢。"

安傑勒斯・西勒修斯(Angelus Silesius)用詩句對"生命底

線 " 的描繪尤為精妙：

> 我的居所在何方？
>
> 那裡無我亦無你。
>
> 我的終極歸處，
>
> 我必前往之地？
>
> 那是不存在終點之處。
>
> 那麼我該向何處奮進？
>
> 直抵上帝之外，
>
> 進入一片荒野。

儘管不確定他是否願被歸為 " 基督教神秘主義者 "，我仍忍不住引用當代精神分析大師 R.D. 萊恩（R. D. Laing）的箴言，作為本節最恰當的結語：

> 人類最根本的使命，不在於發現已有之物，不在於生產，甚至不在於交流或發明。而是讓存在從非存在中顯現。當人體驗到

自己是存在持續創生的媒介時，便將超越抑鬱、迫害與虛榮，甚至超越混沌與虛無，直抵非存在躍入存在的奧秘。這體驗可帶來偉大的解脫——從恐懼虛無過渡到悟知本無可懼。

## （二）佛教中的彼岸

涅槃，佛教徒修行的終極目標，被描述為從存在局限中的解脫。佛陀稱它為"無生、無起源、無創造、無形相"，與有生有滅的現象世界（輪迴）形成對比。雖然涅槃擺脫了一切局限性的特徵，但它（據我們所知）是：永久的、穩固的、不滅的、不可動搖的、不老的、不死的。它是力量，是極樂，是安穩的庇護所，是無可攻破的安全之地。它是真理與至高實相。它是至善，是我們生命唯一的目標與圓滿，是隱秘無與倫比的平靜……

我們通過階段性的修行接近涅槃。這些階段包括（我引用愛德華・康澤（Edward Conze）的話）：

四種"無色"禪定（禪修），代表著逐步克服客體殘留痕跡的階段。只要我們執著於任何客體，無論多麼精微，我們就無法進入涅槃。首先將一切視為無邊無際的空間，然後視為無限的意

識,接著視為空性,最後連"抓住空無"的行為也放棄......(超越這個階段後)據說就能以身體觸證涅槃。

涅槃是輪迴之海沖刷的彼岸,是兩者的交匯處;智慧即是將此岸觀照為絕對的光禿與空無。解脫痛苦的方法,在於安住於——並有意識地源自——那不可言說卻清晰可見的潮線。佛陀本人描述涅槃為"有智弟子可及、清晰可見之處"。

這一切豈非正是對本研究導向之處的另一種表述?引導我們不再幻想"生命底線之下存在容納世界的空間",轉而發現那條底線本身即是時空世界終止之處,是"以身觸證涅槃"之地。引導我們與佛陀所見相同——他在另一篇開示中說,此身之中即含世界的起源與終結。終於能明確知曉此身中的具體方位,何等快意!

誠然,佛教發展出了比基督教更精密的地獄體系(分熱獄與寒獄)。但墮入其中並非永劫。地獄(如《頓悟之道》所言)僅存於心:當證悟人格本空,地獄即滅。換言之,輪迴世界之外的諸地獄確具威脅,直至我們識破其虛妄,並了悟自身無瑕本性才是真實不虛(卻不可言說)的彼岸。

## (三)蘇菲主義中的彼岸

偉大的蘇菲大師魯米(Rumi)毫不懷疑人與彼岸相遇之處:"你從未見過人的頭顱,"他說,"你只是尾巴。"他在許多篇章中指出,第一人稱(真我)是被斬首的。就這樣,人以最直白的方式與所有渺小(實為虛幻)的個人資源切斷聯繫,並與那"永恆非存在"的終極資源和源頭合而為一。與魯米所稱"神的工廠"的非存在合一。正如要獲取埋藏在房屋地基下的鑽石寶藏，就必須充分拆除房屋；同理，人的身體也必須被充分拆毀。魯米說，在這裡，人來到"空間本身都無法進入之境"，這裡就是寶藏本身。

土耳其納格什班迪教團大師哈桑·舒舒德（Hassan Shushud）近期對蘇菲主義作了如下描述：

> 這是那些無法接受造化既成事實之人所追隨的證悟之道……消融（fana）是證悟的根本基礎。沒有它，就無法接觸實相，遮蔽事物本質的面紗也無法揭開。沒有消融，宇宙幻象不會停止，心智與記憶的虛構將永無止境。什麼是消融？就是從現象存在過渡到真實存在，進入絕對解脫的奧秘……對"活人"永遠隱藏的奧秘，必定已向那些找到從表像世界逃往真實發現之境的人揭示。他們擺脫了所有問題，無論是心理、情感還是玄奧的。

這與我們的表述相去不遠。即：應對世界壓力的答案，正是世界由此升起的彼岸。

## （四）王子變青蛙變王子

現在從宗教轉向世俗對彼岸的暗示。

在民間傳說和童謠中，"世界盡頭"是奇跡發生之地。（人們也樂意想像這類奇跡會發生在那樣名字的酒吧裡。）

最精彩的例子是童話中英俊王子被女巫變成醜陋青蛙的故事。你會記得我們自己改編的版本——《明眸與女巫》的寓言。事

## 無頭之境，解壓之地　超越底線

實上，它與本書主題如此相關，以至於將作為附錄再次出現。

在傳統英式版本中，變成青蛙的王子發現自己被困在世界盡頭的井裡。一位願意聽他差遣的女孩出現了。最終，他對她說：

打開門吧，親愛的，我的心，

打開門吧，我的愛人。

別忘了你我曾說過的誓言，

在那世界盡頭井邊的草地上。

把我抱上你的膝頭，親愛的，我的心，

把我抱上你的膝頭，我的愛人。

記住你我曾說過的誓言，

在那世界盡頭井邊的草地……

砍下我的頭吧，親愛的，我的心，

砍下我的頭吧，我的愛人。

別忘了你對我許下的承諾，

在那令人疲憊的冷井邊。

女孩履行承諾，真的砍下了他的頭——轉眼間！青蛙又變回了英俊的王子。

用更接近本書語言的方式解讀：嬰兒時的你天生美麗可愛，因為那時你的"生命底線"之下沒有可供皺眉或拉扯的臉，既不用

# 第十七章 彼岸

拿臉面對他人，也不用它推開他人。你如帝王般富足，因為底線之下你一無所有——沒有任何需要緊抓的私有物，作為對"底線之上"廣袤領地的可憐替代品。但後來你染上"人類病症"，在底線之下長出巨大腫瘤，與之共存的壓力令人窒息。你的治療採用了最極端的手術——頭顱切除術。手術如此成功，惡性生長的癌細胞被徹底清除。現在的你，如同幼時般健康、充滿愛意且自然——或許比那時更美。

回到王子與青蛙的童話：其風格意象雖與神秘主義者的沉重宣言截然不同，實質卻何其相似！民間傳說以輕盈筆觸，向大眾揭示他們內心深處知曉、卻需要提升至意識層面的真理。童謠亦然。這是四五歲時我最愛的一首：

湯姆，湯姆，吹笛人之子

年少便學吹笛藝，

卻只會奏一首曲——

"翻山越嶺去遠方"，

遠至天邊群山裡，

風兒吹落我髮髻。

七十五年過去，我仍未改調。在世界的盡頭，神之風依然吹落我的髮髻。

## (五) 邊緣策略

人類歷史中一個永恆的執念——看似無解的謎題、威脅與永恆迷人的挑戰——正是世界邊緣：發現它的可能性（或必然性），以及找到後墜落其外的危險（或必然性）。墜入何處？

即便在孩童時期（尤其孩童時期），無限既令我們著迷又困擾。我們推想：空間不可能永遠延伸，它必在某處消逝或戛然而止——被神的全能剪刀截斷。時間同樣必有終點，如同它有起點，越過終點便空無一物。然而時空又不可能在任何"何處"或"何時"終止。兩種可能皆超乎想像。這謎題非凡之處不在於它顯然無解（這使得它僅是趣談），而在於正是其無解性讓它如此引人入勝。不僅引人入勝，而且珍貴。不僅珍貴，更是我們至樂的關鍵。

我們可區分此謎題發展的三個階段：（1）扁平地球的彎曲，（2）"扁平"宇宙的彎曲，（3）第一人稱不可彎曲的宇宙：

### (1) 扁平地球的彎曲

在哥倫布與其他偉大航海家所處的時代之前，人們普遍相信地球是扁平的———一塊漂浮在深淵中的有限木筏。因此當船員們恐懼靠近海洋盡頭那可怕的邊緣、即將滑入無底深淵時，他們的驚慌與嘩變完全可以理解。

如今我們已克服這種恐懼，因為發現地球是球體，其表面是彎曲的"：無論環球旅行者走多遠多久，都絕無墜落之虞。

## (2) "扁平"宇宙的彎曲

直至本世紀,人們仍普遍假設宇宙也是"扁平"的——其空間與時間永遠直線延伸。永遠延伸?這難以想像。那麼它們是否會在時空之外的深淵終結?使人可能墜入其中?這雖不值得失眠,卻始終是個揮之不去的謎題。後來愛因斯坦提出"有限無界宇宙"的著名概念。其高等數學對多數人過於艱深,我們只能滿足於"時空彎曲"的圖像:這意味著,正如水手無法抵達地球邊緣,我們也不可能到達宇宙盡頭。若持續行進足夠久,將回到原點。

那麼,這個有限(或所謂有限)宇宙之外是什麼?絕非稀薄褪色的"城外時空"。事實上,這個問題本身沒有意義。最好不要試圖描繪不可描繪之物。處理客觀宇宙的基本概念,本就不該被扭曲為感知對象。

## (3) 第一人稱不可彎曲的宇宙

而作為第一人稱單數,我毫不費力就能看清真相。我的宇宙從始至終都是感知性的而非概念性的,我以最大敬意接納它向我顯現的方式。就像有位訪客登門——與其費力推測他的樣貌,不如直接觀察傾聽,這樣一分鐘瞭解的信息勝過一年研究。同理,當我謙卑地如實體察宇宙時,發現它確實是"扁平"的。我看見:其高度與寬度是既定的,其深度與距離卻是建構的(參見前文第九章)。其空間將所有內容呈現於"此處",其時間將所有內容呈現於"此刻"——過去未來唯有在當下顯現時才真實存在。

事實上,作為真實自我的"第一人稱",根本無法通過"彎曲"時空來避免墜出時空的風險。時空斷然拒絕服從這種指令。當年那些船員的恐懼其實完全正確——若他們肯觀察，早該發現：作為第一人稱，甚至在啟航前，他們早已頭朝下懸在深淵邊緣，身體其餘部分也隨之倒懸。

但這個不言自明的事實非但不會引發嘩變，反而會解除所有壓力——只要他們予以關注。本節三個階段的啟示在於：第二第三人稱的世界因竭力回避虛空、遠離懸崖，反而錯失了解決壓力問題的答案。我們躲避的"災禍"實為至福，而逃避行為本身才是真正的苦難根源。

這裡出現了一個相當重要的質疑：

好吧，我承認我的頭已經消失在世界的邊緣，墜入深淵。但我依然遠非無頭——為什麼？因為我能用手摸到它。如果我能像把手伸進普通池塘一樣，輕鬆探入這個所謂的虛無之池，摸索水面下的東西，那它顯然是個實有之池。得了吧：這個美妙的"彼岸"終究沒那麼"彼岸"！它只是超出了我的一種感官範圍而已。所以呢？

這個質疑在我們將其作為簡單實驗對象時，就會不攻自破。

## 實驗 23：世界的臉

全程保持雙眼睜開。

用手指全面觸摸你的前額，來回移動……

觀察這種觸感如何屬場景的頂部區域——天花板或天空所在

# 第十七章 彼岸

之處……

現在用探索的手指緩慢下移,觸到眉毛、鼻子、臉頰……注意這些觸感如何屬畫面的中部——樹木、房屋和人群所在的區域。或者,如果你在室內,則屬牆壁、窗戶、門和家具的區域……

繼續緩慢下移,觸到嘴巴和下巴……注意這些觸感如何屬畫面的底部——無論你看到的是草地、石板路還是地毯……

以及這一切如何再次終止於那些倒置的腳、截斷的腿、戛然而止的襯衫前襟……

最後,回到場景和面部的頂端,用清晰可見的動作,一次性向下觸摸至兩者的底部……

注意觀察你這個看不見的"髮髻"的驚人之處:多麼意外,多麼可笑啊——那些倒置的腳如此微小,而這個正立的面孔卻如此廣闊!

這個既被觸覺感知為你的臉,又被視覺感知為世界的存在,證實了你與萬物、與所有面孔最親密的聯結。可以說，通過它，你給每一個遇見的面孔都印上了一個吻。這確實是個"頂髻"而非"底髻"——從額頭到下巴的每個部位都遠高於那截斷的襯衫前襟，遠高於你的底線。在底線之下，是任何感官、甚至意識本身都無法穿透的彼岸。難怪禪宗稱之為"無意識"。

至於我們那位提出質疑的"魔鬼代言人"，和他關於伸手探入普通池塘的輕率言論——且不論你怎麼想，他確實幫助我重新認識了我與"底線之上"世界的聯結。就在今天，煥然一新的認識！

## （六）作為"大無意識"的彼岸

將禪宗引入西方的學者鈴木大拙（D. T. Suzuki）稱此彼岸——這治癒所有壓力的良藥——為"大無意識"或"宇宙無意識"。他承襲了中國禪宗祖師千年前的指引，寫道：

相對的意識領域消逝於某處（筆者強調），進入未知；而這未知一旦被認知，便融入日常意識，重整所有曾折磨我們的複雜紛擾......有限的意識因其局限，帶來種種憂慮、恐懼與不安。但當我們意識到意識源自某物——雖不能以認知相對事物的方式知曉，卻與我們親密相連——所有緊張便得釋放，我們全然安歇，與自我及世界和平共處。

隨後鈴木警告：若這"大未知"無法自然顯現，它將劇烈或病態地爆發，那時我們將"無可救藥地毀滅"。

## 第十七章 彼岸

我需補充：避免病痛與毀滅的方法，是停止忽視已知與未知相遇的邊界——那裡患者與真正的療愈者直接相連，那裡彼岸的超越性絕對成立。

認真對待而非僅僅閱讀時，這條處方絕非空洞的形式或蒼白的抽象概念，也不是無法實踐檢驗的崇高情懷。恰恰相反，一旦與這具軀體及其需求相連，它便立刻鮮活起來。沒有什麼比這更貼近日常的了。在這裡，有個生動而不斷重現的提醒正等待著我——但願它對你同樣受用。當我再次躬身面對證據並接近其下限時，發現了兩個扣件：第一個是條平凡的拉鍊，垂直安置，其普通程度近乎可笑。它每天需要解開多次，否則就會導致不適、難堪與污穢。儘管使用頻繁，卻容易故障需要更換。第二個扣件橫向安置，絕不普通，它標出了我那神奇的底線。它雖永不故障，卻極易因疏忽而僵硬難用。我更需經常拉開這第二條拉鍊，否則後果比尿褲子還要有害——我會中毒，被自我生產的毒素侵蝕，最終發瘋，而我的瘋狂會散發惡臭。我的解藥就是持續拉開這條橫向拉鍊，直到它能順滑滑動並保持開啟，讓積聚在後的有毒物質

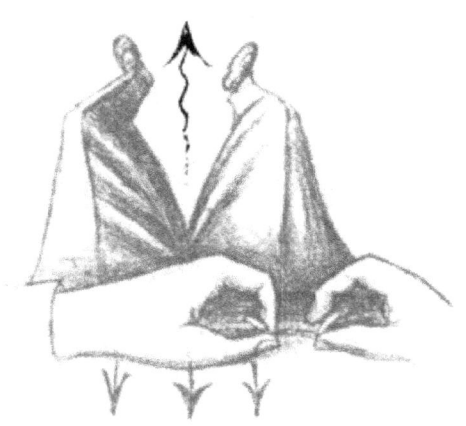

（那些向下排放的廢物）得以釋放。可以說我擁有兩個膀胱——一個裝廢液，另一個裝壓力廢物——若不想生病，兩者都需頻繁排空。

那麼，還有什麼習慣比這更值得培養：每次拉開那條垂直拉鍊時，都提醒自己拉開這條橫向拉鍊？或者更進一步——確認它其實早已、並且永遠處於解開狀態？

## （七）從 180°到 360°的視野

如何以這種解開底線的方式生活？它在日復一日、每時每刻的實踐中究竟呈現為何種面貌？

這如同一瞬間讓生命翻倍。是從 180° 到 360° 視野的驟然轉變，從半球式的生存躍入球體式的存在，從半盲半醒到明察秋毫，從承受世界的壓力到同時接納它的解藥。它意味著保持專注而非心猿意馬，是重獲完整的療癒。

這種治癒並非模糊、隨緣而神秘的療法，而是精准、具體且全然可見的。底線上方的每一種壓力狀態，都對應著底線下方匹

配的解藥——每個"此岸"都有其"彼岸"。

這種多方面的療法，以其優雅和徹底，與其說是用來理解的，不如說是用來生活的。因此，我們來做最後一個實驗。

## 實驗24：360°視野

看著這一頁，用手指指向它。看它是多麼清晰地呈現。現在將手指轉向180°，指向它的對立面——即正在接收這一頁內容的那個。看這個"容納它的空無"甚至比"它"本身更加清晰地呈現⋯⋯

看向你的最左側，指向那裡顯現的東西。看它是多麼清晰地呈現。再次將手指轉向180°，向內指向它的對立面——即正在接收那個對象的那個。再次看它是多麼清晰地呈現⋯⋯

看向你的最右側，重複這個操作⋯⋯

確認無論你指向哪個方位，它都在這裡有一個對應點。每一個對象都在主體中找到它的位置、插槽或分類格。每一個外在的壓力狀態，在這裡都有一張病床，隨時準備接收病人。或者說，隨時準備讓他痊癒出院⋯⋯

這就是它的樣貌。那麼痊癒的感覺如何？不再殘缺，雙目清明而非半盲，是怎樣的體驗？它像許多種感受，每一種都值得嘗試。從下列描述中，選出適合你的那一種：你感覺像一盞無罩的燈。你感覺像四面的梵天，永恆凝視所有方向。你感覺像警覺的武士，渾身是眼（包括你"無頭"後腦勺上的眼睛），無人能偷襲，萬事俱備。你感覺像一位墮落的聖徒拼合破碎的光環,逐漸重歸完整,完完全全做回自己。 你感覺像小女孩旋轉呼啦圈。你感覺像一罐美味濃湯,半清澈半濃稠,被開罐器整個掀開,蓋子脫落。你感覺像終於尋得真愛的戀人。你感覺像乘地鐵駛出隧道重見天日:經歷擁擠的壓力後,你找到座位,沉入鐵軌哼嗒聲下的寂靜,沉入飛逝的市郊喧囂背後那靜止的純粹。

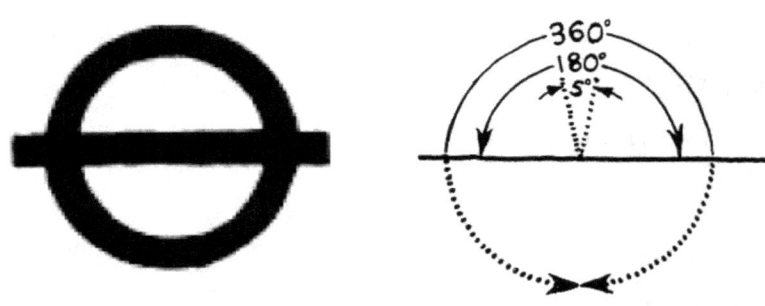

你所承受的壓力與視野角度成反比。從病態的管狀視野(或許僅有 5°)到 180° 的部分健康,再驟然躍入 360° 的完整健康。

但本質上,這並非從殘缺片面轉變為健全全能,而是意識到你從來如此。

## (八)結語

一旦發生,存在的本質便是豐盛地 " 在 "。但最初,它根本無需存在。宇宙之母仍震驚於生下了她自己。作為所有規律背後的大反常,她永遠不會習慣於已經發生的。至於 " 未發生 " 或 " 非存在 "(她所處的產房的名稱),她只能咬住自己的手背。

# 第十七章 彼岸

若你為存在之外不可言喻的奇跡震顫，這份震顫正是以存在之名、為存在而生。若你被其不可知性徹底擊倒並奇跡般痊癒，只因"不可知"不等於"不可及"，"玄妙"亦非"晦澀"。這在某種意義上是至暗的奧秘，在另一意義上卻澄澈無比，比萬物更昭然，煥發著極致的輝光。

逆轉你的注意力，此刻請凝視你"超越性"的輝光，以及你"輝光"的超越性。

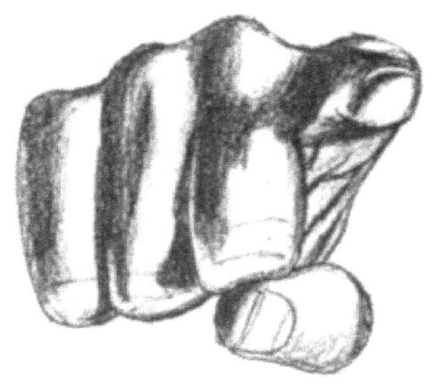

那些關於你的妄言算什麼——你這超越彼岸者——還會為壓力所困嗎？

# 第四部分　實踐方法

實踐可以在日常工作中進行。剛開始對初學者來說可能有些困難，但經過練習很快就會見效，而且工作不會成為冥想的障礙。

**什麼是實踐?**

持續追尋"我"——那個妄念之源。叩問"我是誰？"純淨的"我"即是實相，是絕對的存在 – 意識 – 極樂。此真我一旦被遺忘，萬苦遂生。

——拉瑪那・馬哈希（Ramana Maharshi）

如幼童般赤誠直面真相，捨棄一切先入之見；謙卑追隨自然指引，縱臨深淵亦往——否則你將一無所獲。

——T・H・赫胥黎（T. H. Huxley）


本書開頭引用的赫胥黎這段話，現在再次出現在結尾，因為它變得更加重要了。現在我們不是"坐著"面對證據，而是"俯首"臣服於證據。它帶領我們前往的不是普通的深淵，而是終極的深淵。

讓自己越來越頻繁地通過更多途徑被引導到那裡——這就是我們的實踐。

# 第十八章　實踐方法

## 兩種實踐途徑

讀完本書前半部分並完成其中的實驗後,你已經開始實踐這種應對壓力的方法。這最後一章將探討如何持續深化實踐,以及如何克服可能遇到的困難。

主要有兩種實踐方式:第一種是設定為日常固定練習,第二種是從你的"空性"或"底線"出發,應對當下出現的各種壓力。前者是人為設計的訓練方案,稍顯刻意;後者則更為自然,是生活本身賦予的根本實踐——唯一的難點是我們很容易忘記實踐。因此對大多數人(尤其是初學者)而言,建立固定練習計劃很有幫助。這套程序能在壓力較小時為我們做好準備,以應對高壓時刻。我們可以自主選擇練習環境和時間,但生活從不會如此體貼。

我們建議的周計劃是漸進式的,對應第二部分的七個章節(你會看到),也呼應第三部分開頭提到的女巫的七種咒語——每週的每一天都在編織解咒之法。

大致安排如下:

(i)清晨閱讀當日對應章節並完成實驗

(ii)白天尋找機會實踐"今日練習"

(iii)完成一周計劃後,重新從週一的主題開始循環

| | 章節 | 日期 | 今天的練習 | 當日要點 |
|---|---|---|---|---|
| | 4 | 星期一 | 獨眼 | 當你注視著眼前景象時，也要覺察你從什麼看出去——這扇橢圓形、廣闊無邊、毫無壓力、沒有框限的"窗"。 |
| | 5 | 星期二 | 沒有臉孔 | 看看你把臉放在哪裡——在外部那裡的鏡子裡，安全地躲在玻璃後面，而別人和他們的相機正在兼容它。 |
| | 6 | 星期三 | 廣大 | 感受到一種充滿場景的感覺，沒有邊界。看看你在一個身體裡的想法是多麼荒謬。 |
| | 7 | 星期四 | 交換臉孔 | 不論你面對的是誰，在家、街上、辦公室裡——看到你們沒有面對面。看到的在那兒的臉正是在這兒缺席的臉。 |
| | 8 | 星期五 | 你靜止的中心 | 當你走路、跑步或坐小車、公交、火車旅行時，看到你是靜止的。讓那些正在切換的場景來應對移動的壓力。 |

| | 9 | 星期六 | 你的財富 | 看到你與你所注視之物之間沒有被距離分隔開：這意味著它完完全全屬你。 |
|---|---|---|---|---|
| | 10 | 星期日 | 你內心的欲望 | 通過認識壓力而擊敗它，觀察這周發生在你身上的事情，帶上你的真實意圖。通過源頭對壓力說：YES。 |

## 你的實踐成果

我們自然期待實踐能立即見效，儘管事實上，我們才剛剛開始逆轉那些積累、固化了幾十年的信念和社會模式。當看似毫無進展時，我們難免會灰心。對此，有五個答案，每一個都令人鼓舞。

第一，只要做了實驗，就是完美地完成了。你無法"部分"地看見自己是空性，也無法"部分"地看見它。既然如此，效果必然與其起因一樣完美。從第一次起，你看見它的結果就已經深刻而確定，儘管你自己可能察覺不到。當然，每一次的看見都會讓下一次更容易，直到某天——你會驚喜地發現，新的習慣早已悄然建立。比如，終有一天，你會發現自己的臉自動缺席，取而代之的是你所愛之人的臉，甚至是你完全沒有意識到自己在愛的人的臉；你會沉浸在一種領悟中：你生來就是為了愛所有人、成為所有人，而非對抗任何人。這就像稱米：雖然最後一粒米讓天平傾斜，但每一粒米都對這一轉變是必要的。

第二，你很可能是最晚才察覺自身的變化的那一個——那些曾讓你倍感壓力的場合，如今已無法困擾你。這本就在意料之中：中心的"你"始終完美無缺，外圍"你"的改善自會由旁人察覺。而你要體會的，是安住中心、作為那無需完善的源頭時，內心湧現的深沉滿足。

第三，別僅憑感受判斷。最常見的抱怨是："好吧，面對煩心事時我確實觀照到空性，可煩惱依舊糾纏，絲毫沒覺得好轉！"事實是：作為"空性"，你本無好壞感受可言，只是包容一切而不受影響。持續安住在這中正的覺知中，長遠來看，你會對境遇越來越常坦然說"是"，越來越少評判"好"或"壞"。當接納變得艱難時（這難免發生），想想理查德・沃姆布蘭德在羅馬尼亞監獄的喜樂，重拾信心繼續觀照。

第四，你正開始從源頭生活，以真實的"空性"而非虛構的"自我"存在。你如實面對生命，如實活著。因此，生活必然已在方方面面改善，只是你尚未覺察。畢竟，若依靠幻覺生活反而有益，這宇宙就太荒謬了。此刻你是否喜歡實相並不重要——這就是萬物的本質，也是你的本質，而你正以信任之心與之和諧共處。

第五，也是最後一點：儘管偶爾觀照到你自己作為純粹的容器是再簡單不過的事，但持續保持這種觀照卻遠非易手——這個反差不正是我們內心真正渴望的嗎？沒有膽識、沒有冒險、沒有激發潛能的巨大挑戰，生命還有什麼意義？而有什麼挑戰能比得上這場永無止境卻又始終圓滿的偉大冒險？因為你從邁出第一步起，就已安住目標之中。更何況，這並非由無數艱難小事組成的艱巨任務，每一次觀照都簡單得如同眨眼。就在當下。

## 這種方法經過多少驗證?

在投入時間精力實踐這套嚴格（或者說高要求）的修行方法前，你完全有理由詢問：這種新穎——甚至在某些方面獨一無二——的壓力應對方法究竟經過多少驗證？

首先談談本書介紹的特殊技巧。這些工具(如紙袋、卡片孔洞)和方法(如手指指向、停鐘練習)在過去二十年間已被證實有效。我和朋友們與北美和歐洲各國（鐵幕兩側）數萬人分享過這些方法——從2500人的大型研討會到三五人的小聚，再到無數次人與"無人"的相遇。幾乎所有人都領悟了要點——通常帶著驚訝與熱情。（誰會否認紙袋近端——看啊！——是敞開且空無一物的呢？）另一方面，那些完美見證這種"敞開與空性"（別無他法）後繼續深化體驗，直至修行自然持續、碩果累累的人——這個數量相對較少，至少表面如此。對一些看似無動於衷的人而言，這種看見可能像顆健康的休眠種子，時機成熟自會萌芽。當然，必

**無頭之境，解壓之地　超越底線**

定還有些人從一開始就持續著這項偉業，只是我與特定友人們無從知曉。我們沒有組織來追蹤曾經的參與者（稱他們為"客戶"並不貼切，但總比"紙袋客"好些）。畢竟，一旦見證過這個真相，他們便擁有——他們就是——完整的智慧，不再需要我們。至於那些保持密切聯繫的"見證者"朋友們——在我看來，他們虔誠修行的成果極其多樣，常常令人驚歎、美好且始終利益眾生。

　　關於我們這條獨特路徑就說到這裡。儘管它開闢了新天地，但無疑與那條已敞開約三千年、見證無數旅人歸鄉至終點的"康莊大道"並行，並在某些處相連——而旅人們最終發現，自己本就一直在終點。 所有偉大宗教的核心——印度教、佛教、道教、猶太教、基督教與伊斯蘭教——都篤定：眾生萬物皆是一個中心實相的區域性顯現，這個實相被暫時賦予諸多名稱（"覺知"與我知曉的其他名稱同樣實用）。它們教導：生命的目的就是回歸那個源頭與中心，歸家於真我，向內探尋並發現、成為"這個"——"這個"無法被定義，"這個"玄妙不可言喻卻又觸手可及，因它正是我們永恆的本質。這個宗教核心、這股內在烈火，千百年來屢遭壓制、稀釋、唾棄、掩埋，看似一次次被撲滅——卻始終無損其光芒。它仍是所有"神秘"體驗的熾熱中心。就其在我們生活中的實效——應對壓力而言——它經受住了時間考驗，流傳至今時比往昔更璀璨、更可行，無愧"永恆哲學"之稱。本書汲取並延續這一傳統，旨在通過剝離非本質內容、華而不實的枝節、祭司式的複雜與遮掩，揭露那至簡的核心，使其與時俱進。因此，儘管書中技巧盡我們所能做到現代、精簡、去神話化，但它們背後的真理與人類歷史同樣古老豐饒，與世界本身同歲，堪稱人類所有偉大靈感中經受最徹底檢驗者。

**第十八章 實踐方法**

你無需刻意探尋本書刻意採用世俗化框架背後的宗教根源（未經檢視、不受打擾的根系，反而能開出更健康的花果）。但若你對此有興趣，探索這種"神秘體驗"將大大助益你應對壓力的實踐——不僅能獲得歷代偉大靈魂的支持與親密友誼，還能見識通往源頭與家園的眾多通途與蹊徑。你會發現一個令人驚訝或許還鼓舞人心的事實：本書真正不可知論的方式與基於質疑的實驗——對我們最根深蒂固的假設與信念提出疑問——竟能即刻將我們帶向人類靈性生命史的源頭，事實上也指向人類應對壓力問題的本能之道。

## 傳遞下去

通常，新技能與方法需完全掌握後才能傳授。這個卻不同。只要完成書中第一個實驗——見證你的手指指向那空－滿（Emptiness-Fullness）的你——你便完全具備引導他人的資格。你絕不可能傳遞出低劣版本的這種內觀。事實上，我敦促你：為了自我激勵，為了朋友，為了人類的未來，請傳遞這種真正解放的體驗。你無需理解其中所有曲折（誰又能呢？），更不必傳授它們，只需與同伴完成當下適合的實驗即可——重要的是你所見的，而非你所想的。你會發現，沒有什麼比引導朋友發現他們的空－滿，更能讓你安住於自己的空－滿之中。

但切忌強行向他人推銷這種體驗。有個可靠的判斷標準：若你想分享的衝動輕鬆自在，那就儘管去做；若這衝動相當強烈，就要當心；若它令你感到壓力，那對雙方都可能適得其反。要緩解這種壓力，不妨記住：無論是否覺察，所有人都完美地活在自己的空－滿中，而他們此刻是否願意意識到這點，完全是他們自己的事。

　　向人們展示這一點有個非常實際的理由：可以由此建立一個由真朋友組成的非正式團體，大家盡可能有意識地活在那人人同一的本性中。這種情誼是最棒的鼓勵與支持——難怪，因為"無頭"的狀態極具感染力。所以，與其等待志同道合的夥伴出現，不如主動創造他們！這是我所知最有回報、最快樂的工作。它會為你找到終生的朋友，他們的愛——如同那共同本體的顯現——不依賴人性優點，也永不毀滅。

　　將這種體驗傳遞給世界，你就是在提供無與倫比的服務——同時也服務於自己。培養這份天賦的方法，就是自由地給予它。這些年來讓我持續"看清我是誰"的，正是我有幸為此做些事情、作出積極貢獻。若沒有這份工作，我懷疑自己能否堅守那個啟發它的洞見。親愛的讀者，屬你自己的獨特服務形式自會顯現。放手去做吧！它會帶給你無與倫比的喜悅。

# 附錄　王子、蝌蚪與青蛙

本文稍作修改的版本曾發表於近期《交互分析期刊》，對熟悉艾瑞克·伯恩（Eric Berne）《人間遊戲》（Games People Play）的讀者或有啟發。用漢斯·塞利博士（Dr Hans Selye）的話說，其核心論點是：" 我們多數的緊張與挫折，源於強迫性扮演非真實自我的需要 "。

讓我這樣闡述：萬物皆處壓力中。若我扮演負面角色——一隻惡蛙——會承受某種壓力；若改扮正面角色——一隻善蛙——則承受另一種壓力。唯有停止扮演任何蛙類（無論善惡），承認自己是那位名為 " 覺知空性 "（Aware No-thingness）的王子，方能真正解脫。

下文以交互分析理論的語言，對這個貫穿全書的主題進行了變奏演繹。

# 《王子、蝌蚪與青蛙》
## 關於自然孩童、攝魂父母、著魔孩童與破咒成人的探究

D·E·哈丁

## 摘要

施施泰納（Steiner）（1975）認為："伯恩（Berne）為精神病學引入的首要且最重要的概念……體現在他的格言中——'人生來是王子和公主，直到他們的父母將其變成青蛙'"（第2頁）。本文基於這一觀點，探討其歷史背景及對當今理論與實踐的影響，並深入以下問題：父母如何施展這種魔法？王子/公主與青蛙的本質區別何在？從前者淪為後者是何感受？成熟的青蛙能否學會逆轉魔法，變回王子/公主？深層治療在於這種身份的突然轉換，還是逐漸成為更完整、自足的青蛙，在沼澤中活力跳躍？這種緩慢發展在多大程度上是突變的前提？父母的黑暗魔法會損毀——更別說摧毀——王子/公主的本真面目嗎？抑或那些王室特徵始終完好，隱藏於玩家在《臉的遊戲》（The Face Game）或《對抗》（Confrontation）（哈丁，1967，1986）中被迫佩戴的青蛙面具之下？若《交互分析》（TA）目的是擺脫遊戲（伯恩，1964，第178頁及以後），而非僅以好遊戲替換壞遊戲，這意味著甚至要摘下最好的面具，這該如何實現？作者基於三十年來鼓勵人們直面關鍵問題——"我真實（即無遊戲）的身份是什麼？"的經驗探討這

些問題，並敦促讀者勿輕信，而要在實踐中嚴格檢驗。

# 王子

關於自然孩童（即王子或公主）的真實本質，我們有四組線索——四種不同的信息來源。這裡所說的"真實"，是指孩童在其自身位置上的本來面目，而非我們眼中所見；是其中心實相，而非該實相所呈現的表像；是作為主體的內在體驗，而非旁觀者將其客體化的描述。

（i）第一組線索來自孩童學語前的直接行為表現：視線外的玩具不會被尋找——消失即意味著不復存在。會伸手觸碰牆上畫作或天上月亮——距離對孩童似乎並不存在。鏡中面容不會引起特別關注——那不過是場景中的普通元素。常將臉埋入墊子又抬頭大笑——似乎在享受毀滅與重建世界的遊戲。

（ii）當孩童開始說話，線索急劇增多：作者記錄的典型案例包括：一個孩子突然宣告："我好大！"另一個（這現象並不罕見）清點人數時堅持不算自己——仿佛將自己計入就像把房間算作人，或錢包等同於錢幣。有個女孩帶回學校全景照，能說出所有人名，唯獨認不出一個"陌生人"——那正是她自己。還有個男孩泡澡時盯著身體驚呼："我沒有頭！"這些證據表明：自然孩童的自我認知，與我們對其的感知截然不同。

(iii) 第三類關於自然孩童本真本質的線索證據，往往在人生後期由"覺者"所揭示——這些所謂的開悟男女宣稱自己重獲了童年的純真與質樸，向充滿懷疑或漠然的世界宣告：他們與世俗眼中的形象截然相反。例如，許多覺者聲稱在徹底放空自我之時，反而全然融入了眾生。他們將自我體驗為純粹容納萬物的空間或容器。有些指出距離對他們而言不過是實用虛構，對世人卻是代價沉重的幻象。若當真執著，距離會不斷割裂觀察者與被觀察物，最終導致與宇宙的疏離、孤獨與匱乏。某些覺者甚至養成照鏡自觀的習慣，只為確認自己"非鏡中所見"，提醒自己與表像之身毫無相似之處。一位禪宗大師曾解釋他不確定自己多高，但"或許三十英尺左右"！其他覺者則強調自己"無臉孔"或"無頭"的特質。最重要的是，跨越不同時代與文化背景的覺者們都不約而同地斷言：他們真實的內在本質（區別於表相的人性），即他們宣稱的真正本性，實乃萬物的源頭與歸宿——持續創造、毀滅並重塑世界的終極本源。當然，也有著名覺者特別指出他們的標誌正是"複歸於嬰孩"。總之，過去約三千年間，這些非凡的男女似乎以極高強度重新活出了童年的本質特徵，並向世人保證他們從未真正脫離這種本真狀態。此外，這種內在覺悟通常與覺者的生活方式相互印證——他們的率真天性、對世間至簡之樂的純粹享受、幽默感、愛的能力、優雅舉止，以及種種最佳意義上的孩童般行為特質，皆為明證。

(iv) 最後，我們來到關於自然孩童——那位王子或公主——內在真相的第四組線索。這是最關鍵的決定性證據，唯有本文讀者方能親自驗證。它要求你此刻就以第一手經驗檢視：你是否仍如幼時他人所見那般存在著？具體而言，需驗證你此刻並非從某個不透明、複雜而輪廓分明的物質塊體上的兩個小孔窺視世界，而是（睜大獨眼，或者說根本無眼地）從無垠虛空中凝視——這空間與所見景象即刻交融，不可分割；驗證你此刻與眼前文字或周遭萬物實則毫無距離（所謂 " 近端 " 該從何處丈量？況且當卷尺端頭對準眼睛時，讀數又當如何？）；驗證你此刻並未以一張臉面對屋內眾人，倒像座肖像畫廊或放映機，而他們才是展品；驗證你此刻根本不在 " 世界之中 "，恰是世界在你之內。事實上，筆者的提示是：一旦掌握訣竅，對這般顯而易見的真相的再發現——對你內在自然孩童的重新激活——將永無止境，其所慷慨提供的樂趣與生機亦無窮盡。

綜上，我們已檢視了關於孩童本原天性的四重線索：觀察過幼童特有的行為模式；傾聽過年長兒童的自我描述；發現返璞歸真的覺者們講述著相同的故事；並親自內觀，可能正尋得與他們相同的發現——讀者與作者皆可莊嚴披上覺者的衣袍（我們完全有此權利，哪怕行使這權利僅片刻）。最終可斷定這四重證據彼此契合、相互支撐。簡言之，筆者認為我們已揭示了自己的本真面目。若世間真有值得之事，此當屬其一！

## 王子變蝌蚪

然而，父母從一開始就忙著念咒，很快便會讓王子或公主變成青蛙——準確地說，只是一隻蝌蚪；而這只發育不全的小生物，還得花上幾十年才能長成一隻像樣的、完全體態的 " 合格 " 兩棲動物。

這道咒語有許多版本。有些是讚美——甚至誇張的——" 多可愛的天使寶寶啊！" " 瞧瞧那紅撲撲的小臉蛋！" " 再笑一個，讓我看看酒窩！" 另一些則粗魯無禮。但無論奉承還是貶損，效果大同小異——蝌蚪已在成形,而語言信息更通過種種認可或否定的非語言信號(語調、表情、對待方式)不斷強化,這些正是魔法的關鍵成分。

當孩子開始理解咒語的文字時,效果便成倍放大。紅潤的臉頰、酒窩等開始具象化,其他不那麼討喜的特質也隨之成形。以下是現實中塑造他們的咒語版本之一:"你不行。為什麼?因為你'又小又髒、笨手笨腳,活在一個由高大、整潔、敏捷的大人掌控的世界裡'。1 這就是你必須看待自己的方式。"2 但這道旨在塑造孩子未來、卻被包裝成現狀陳述的蠱惑咒語,很快便真的成了現實。完美的自我應驗預言就此實現——幼小的孩子在強大咒力下無助地屈服,逐漸學會配合,將自己削砍成"不行"的尺寸,全方位變成一隻蝌蚪。簡言之,活脫脫就是挑剔的家長眼中那只渺小、骯髒、笨拙的生物。

在繼續之前,別忘了(如果我們目前的論點成立):那個無限可能的孩子在此刻多麼"正確",而籠罩它的魔法又多麼"荒謬",那道咒語宣稱的謊言何其刺眼。除了孩子自己,誰能告訴它——在離自我零英寸的核心處,它究竟是誰、是什麼?除了這唯一的居住者,誰能觸及那個原點?終其一生,它才是那裡真相的權威,而其他所有人,偏差何止以英寸英尺計?但年幼的孩子——那個孤獨的內在權威——如何抗衡無數外在權威聯合施加的、始終如一的否定?用形象的話說,這場陰謀的天真受害者,在一場用偽造選票操縱的選舉中以壓倒性票數落敗,它的認輸,難道出乎意料嗎?

多年間,王子或公主仍殘存著些許抵抗力,對社會虛構與魔法咒語尚存最後免疫。起初，這道超級咒語（"你即你所見"）僅間歇生效。當孩子快樂玩耍時，未與成人對峙亦無負罪感，種種跡象表明：他仍自視為浩瀚無垠的存在，是周遭唯一真正成熟的大人，是自由的第一人稱單數，是空無一物又包羅萬象的主體。反之，當他不快樂且受壓時，面對（或被面對）那些不悅的皺眉、訓誡或指控的手指（它們如此確信正指向此處的某個東西）——這個"東西"自然就不得不蜷縮成發育不良的笨拙生物，亟待儘快長成那些自信精明的大人模樣。

筆者觀察到，這種未社會化孩童與已社會化狀態間的痛苦搖擺，可能持續十年之久，也可能早至三四歲便終止——個體差異懸殊。但無論如何（除非孩子終身未社會化，很可能需機構看護），他終將首先且主要成為客體，無論對自己或世界而言皆如此：從幼小生物急速成長為年長生物，從滿懷希望的蝌蚪穩步邁向青蛙的完整尊嚴。

當我們想起孩童的成長多大程度是語言的成長，而語言又多大程度是青蛙語言時，某些孩子能抵抗如此之久實在驚人。但假以時日，咒語終將獲勝——主要歸功於其陰險卻鮮被察覺的雙重話術。此處僅揭示其詭辯之一（供讀者如常核驗）：既然"我吃"與"你吃"謂語相同，我們便認定事實相同。實則"你吃"意味著"異物被塞入一個擁擠小球體的齒縫中，索然無味"，而"我吃"則意味著"它們被送入無垠虛空，化作美味"。由於語言壓制，這兩者的天壤之別隨成長逐漸模糊。此類語義混淆的總體效果（我們所有感官體驗皆如是）是將其稀釋，榨盡鮮活滋味。除非被挑戰並逆轉，這種語言濫用的後果是貶損我們第一人稱身份的豐饒浩瀚，將我們壓榨成幾乎抽空全部內在性與主體性的機械客體。就這樣，王子與公主被話術誘變成青蛙。這正呼應伯恩的觀點（1964年，第178頁）："嬰兒的視覺與聽覺品質與成人截然不同"。

難怪這道咒語最終會施展出近乎完美的魔法——其效力之強，早已不限於外在影響或強加。逐漸地，成長中的孩子似乎體驗到一種迫切需求：要變得和他們一樣，成為人類俱樂部裡完全正常、繳清會費的成員，對種種被視為理所當然的規則——無論多麼專斷——都無條件服從。事實上，這種渴望歸屬、渴望被接納進魔法圈子的衝動如此強烈，以至於孩子幾乎會相信並執行任何被告知要相信或執行的事。 比如那些幾乎普遍存在、看似無害的信念：在公路上，"這個"人（在其實際體驗中）正以每小時50英里的速度穿過靜止的鄉野，透過兩隻眼睛觀察，並看到廣闊的距離層次——外加許多其他司空見慣的錯覺或迷信。（讀者不妨下次乘車時驗證這些是否確為迷信。）至於那些更特殊且明顯有害的信念，只需想想在高度文明的民族（更別提"原始"部落）中，被視作成年標誌的種種對身體、心智及行為序列的摧殘。而我們這些現代西方人若自以為進入我們"優越"文化模式無需類似條件，那才真是被咒語蠱惑到了極致！在某些來自另一星系的坦率訪客眼中，我們的某些信念必定顯得難以置信地怪異，甚至堪稱瘋狂。

## 蝌蚪變青蛙

遲早，如果一切正常，這只"不行"的蝌蚪——早已忘記自己的皇室血統（或慶倖自己擺脫了那種幼稚的幻想）——會成長為一隻越來越"行"、越來越自信、越來越成功的青蛙。它甚至可能成為統治沼澤的超級青蛙。

那麼，它是否因此變得更"行"了？絕非如此。眾所周知，太多成功反而導致慘敗的例子比比皆是。娛樂界、藝術界、商界頂尖人物的悲劇性名字立刻浮現在腦海中。而這種不幸的結局也不足為奇。我們的論點是："青蛙遊戲"不僅僅是一種自欺欺人的偽裝，而是最根本的遊戲與謊言——也被稱為"臉的遊戲"或"對抗"（哈丁，1967，1986）——所有次要遊戲皆由此衍生。事實上，這是最古老、最根深蒂固的——且僅屬人類的——虛構敘事。儘管在物種和個體的生命故事中，它一度可行（甚至必要），但最終只會越來越適得其反，直至釀成災難。

我們的論點進一步提出：一個人玩這個"終極遊戲"玩得越好，長遠來看反而越糟糕，自我欺騙越深，伴隨的麻煩也越嚴重。換句話說，作為一隻青蛙，你看起來越是自給自足、強大、獨立（在這個意義上"行"），實際上就越"不行"。事實上，不可能存在一隻真正"行"的青蛙，就像不可能存在一句完全真實的謊言或基於事實的虛構——因為青蛙天生就有缺陷：它們是假像，是一場遊戲或偽裝，並非真實。"行不行"的問題往往被誤解和顛倒。正如伯恩所言，孩子的本性是"行"的，而隨著成長，當這個孩子逐漸被取代時，他反而變得越來越"不行"。真正成熟的成年人，恰恰是那些足夠清醒、知道自己幾乎沒有"長大"的人——他們的青蛙面具越來越不舒服、越來越歪斜，甚至可能徹底滑落。而面具之下是什麼？當然是那位王子或公主！

## 青蛙變王子

但我們暫且按下不表，需將時間軸回撥至更早。

自遠古起，人類群體間的競爭——爭奪食物、配偶、棲所、領地——逐漸使那些更客觀看待世界、更善於接納新信息處理方式的人佔據優勢。命運眷顧那些在證據面前保持謙卑的族群。他們的科學加速發展，日益精密深遠，技術更先進的社會幾乎在所有層面取得勝利。

最終，科學家對外部世界的所有發現，都將反諸己身。作為科學家，人自身成為研究對象，而目標始終是拓展對這一內在疆域的控制。從外部逼近自我，人傾向于將一切向內映射：從宏觀視角（系統化為歷史學、人類學、社會學、行為心理學）到微觀視角（系統化為生理學、細胞學、生物化學、化學、物理學、粒子物理學），人離"家園"越來越近，無限接近萬物——包括科學家自身——的核心本質，直至誇克之下的終極基底。

看似即將抵達終點，幾乎掌握最深奧的秘密。但人永遠無法從外部進入核心——譬如通過進一步解析時空連續體或追逐誇克之下的粒子。那條漸近線永無終點，也無需抵達。人早已歸家，且從未離開。科學家只需調轉注意力的箭頭，向內審視自己正"從中觀世界"的源頭，便能完成閉環，洞悉自己、他人及一切存在的內在真相。

若是前者，那麼父母當初強大卻終究敵不過現實的魔法咒語，最終回旋鏢般自我反噬。在其內在邏輯的驅動下，它引領我們重新發現那位始終安坐家中、毫髮無損的王子或公主——他從未真正沾染半分蛙性。換言之，真正成熟的青蛙（當然純粹出於青蛙的利益）以處理現實為業，卻不得不培養誠實與公正，這些品質終將使其重獲真實身份：非蛙也，乃喬裝的王族。客觀世界的科學導向將自我作為客體（第三人稱）的科學，而後者（若完成跳出蛙境的飛躍）又將導向將自我作為主體（第一人稱）的科學（哈丁，1974）。作為謊言——因而也是遊戲——的敵人，科學取得了雙重勝利。

需注意真正科學自始奠定的基礎：它立足於無偏見的觀察，立足於"親眼去看"，拒絕依賴傳統、信仰、未經驗證的理論或純粹臆測，而是謙卑耐心地讀取量尺、刻度盤、計時器等數據。中世紀科學直至人們停止通過查閱《聖經》、亞裡士多德或其他權威來解答宇宙問題，敢於直接檢視並實驗實際呈現的現象時，才真正起飛。客體科學的可靠性，絲毫不高於它所依託的感知基礎。主體科學、第一人稱科學、王子或公主的科學亦複如是。將科學探究的方向從被觀察者180度轉向觀察者，並未降低"此時此地依憑親眼所見證據、摒棄一切時空外來信念與成見"的必要性。3 有意識地從青蛙複歸為王子或公主，即是從遊戲中解脫，這正是覺者的境界：如實地照見自我核心的本質，觀看當下真實呈現的景象，而非試圖看見被告知應見的、希望所見的或偶然感到舒適的幻象。響應前文的邀請，或許讀者已邁出那決定性的"非步之步"，完成那場直通形而上學的終極物理實驗，實現最後一次蛙躍——跳出沼澤，重返宮殿。當讀者照見自己本然的無名、無瑕、寂靜、澄明的本質，便成為容納世間無盡豐饒的真正王者。作為這份清明的"空無"，人即是一切。以上所述，皆待諸君親身驗證——或證偽。

## 國王／女王

當然，從初次照見本性的那一刻起，人並不會永久性地複歸為王子或公主。那道咒語並非輕易可擺脫。耗費漫長歲月將我禁錮、年復一年收緊的枷鎖，需要同樣耐心的解縛——換言之，需要一次又一次、再而三地清醒過來。我必須不斷將自己從昏瞶中輕推醒來，反覆將游離的注意力帶回"我來自何處"與"我從什麼看出去"，直到回歸自然本性成為本能，直到停止偽裝非我之相、不再沉溺遊戲、真正活出"本然空無"的狀態。而我的經驗確證：從"本然空無"的核心活著，其效率遠勝於從"非我表像"的邊緣活著——後者充滿壓力與耗損。委婉地說，這場遊戲根本不值得消耗生命之燭。

如今，王子與公主終於成長為國王與女王。而這條成長之路必然艱辛、令人謙卑且別無他途：它必經痛苦的自我削損，將獨一無二的第一人稱罷黜為平凡第三人稱，歷經詭異的青蛙假面舞會。覺者們宣稱，他們最終獲得一種確信——萬物從未真正錯位，並體驗到一種比沼澤中瘋狂跳躍更為蓬勃的寧靜。

## 六大破咒之法

（i）通常而言，這道魔法咒語效力驚人，其欺騙性與成癮性使得受害者終生不覺其存在。甚至當咒語控制力稍顯鬆動時，他們便會莫名不安。

而這咒語實則荒誕不經——"你就是你外表呈現的"幼稚得

無需認真對待。距我零英寸處的本質,怎會等同於百英寸外的表像?只需凝視此處見證真實,再對照鏡中他人所見,便知二者毫無相似。笑聲或許是最恰當的破咒之術。但為求周全,另附五法。前二者總結前文,餘者皆為補充。

(ii)觀察尚未中咒的幼童與自稱破咒的成年覺者。他們以各種方式向世界宣告:自己只是容納萬物的無邊虛空。

(iii)第三項關鍵破咒法要求讀者即刻驗證:當下體驗中並無某個"物體"(覺知不是一個實體)在接收這些文字、段落、頁面、家具或窗外風景。若停止驗證,未能持續確認"觀者已全然消融於所見",觀者必將因積習重陷"自我實存"的咒語。

(iv)第四法為選修項:以"本然空無"這一至簡至深洞見重新審視世界經文,如同用金屬探測器從沙石中篩出昭示本性的真金。古老而廣泛的求索印證,令人振奮。

(v)第五法(同第四法僅為指引)借神話、哲學、文藝的世俗證據。典型童話的主角總是養于農戶的皇室後裔,需克服重重障礙重獲王位(偶獲天助)。柏拉圖等諸多先賢皆描繪嬰孩自光明聖境墜入蒙昧塵世的故事。若非憑藉天國智慧的記憶閃回,孩童何以瞬間識破世間真理?特拉赫恩(Thomas Traherne)《世紀頌》(Centuries)謳歌自然孩童的多重至福,痛斥成人玷污的"污穢伎倆";華茲華斯(Wordsworth)《不朽頌》(Intimations of Immortality from Recollections of Early Childhood)更廣為人知("我們披著榮耀雲彩自上帝家園降臨…"但很快"監獄陰影籠罩成長中的男孩")。真正的藝術家都承認:孩童畫作堪比其最富靈感的創作——直到孩子中咒,自視為"會畫畫的小東西",而非"

讓畫作自然顯現的空無之境"。

前文所述，不過是人類對孩童神聖本質直覺認知的吉光片羽。這絕非意味著我們應當或能夠永遠停留在童真狀態，拒絕參與"青蛙遊戲"直至精通其中。從澄澈的孩童之境通往更通透的覺者之地，沒有捷徑可走——我們必須穿越那片被迷霧與咒語籠罩的所謂"成人國度"。其真義在於：人類冥冥中知曉，真正的成熟，乃是以更覺醒的姿態活出童年最珍貴的本質，讓生命之輪終得圓滿。暮年時的無染自在，理應與童稚之初同輝。而那段必經的遊戲歲月——除非我們甘受煎熬或執意拒絕成長——絕不該任由其蔓延至中年之後，乃至更遠。

（vi）終極破咒法：實踐。當這種內觀持續不斷，當內在的自然孩童被反覆喚醒，將帶來怎樣的蛻變？是否所有忽視"誰才需要療癒"這一核心的療法，終究只是隔靴搔癢？是否我唯一的病症，就是那個可悲的、甘願被他人定義的錯誤身份？而唯一的解藥，便是活出我所照見的本真？只要"父母自我"仍在禁錮"兒童自我"，我便無法真正健全？除非停止參與"青蛙遊戲"（或稱"對抗"、"臉的遊戲"），否則永遠困在無數衍生遊戲中不得自由？這些命題亟待驗證，也為交互分析治療師指明方向——他們需先破除自身咒縛，才能拯救這個沉溺魔法的世界。

## 注釋

1 《紐約時報雜誌》，1972年11月22日，引自托馬斯・A・哈裡斯（Thomas A. Harris）訪談，見Steiner（1974年）第10頁。

2 這段偽裝成事實陳述的咒語版本，令人聯想到中世紀的動物心理學——其將夜鶯的歌聲描述為愛情從鳥兒心中湧出的激情吶喊、蛇被定義為邪惡骯髒、孔雀被視作自負等等。實際上，這種舊式擬人論遠不及現代版本走得極端。在引用的案例中，現代版本刻意將某種自我認知強加於自然孩童，而這種認知與孩童真實的自我體驗必然毫無關聯。正如我們所見，種種跡象表明：在孩童自身的感知中，他遠比周圍最高大的成人更為龐大，也更為強大。至於認為規律性排便時伴隨的溫暖感、愉悅體驗和特殊氣味在自然孩童的親身感受中屬"骯髒"——還有什麼比這更荒謬？所謂"骯髒"的概念是後來才被灌輸的。

3 作為180度認知反轉的親身驗證，本文早前已邀請讀者自行開展小實驗。此處斜體段落的理解深度，將取決於讀者實際執行這些實驗的程度。

www.ingramcontent.com/pod-product-compliance
Lightning Source LLC
Chambersburg PA
CBHW071235160426
43196CB00009B/1077